湖南流域文化丛书

总编／贺培育　副总编／李斌　郭钦

洞庭湖区文化研究

李跃龙　杨斌／编著

社会科学文献出版社

SOCIAL SCIENCES ACADEMIC PRESS (CHINA)

湖南流域文化丛书编委会

作者简介

李跃龙 湖南省文史研究馆党组副书记、研究员，主要从事地方文史和洞庭湖等领域的研究。第十一届湖南省政协委员，第二届中国湖泊论坛专家咨询委员，洞庭湖区生态遥感监测湖南省重点实验室学术委员。主编和著有《洞庭湖志》《洞庭湖的演变、开发和治理简史》《堤垸与洞庭湖区社会》《湖南省民俗志》《湖湘文化经典100句》等，撰写《重识母亲湖》系列文章。

杨　斌 湖南省社会科学院文献信息中心古籍部主任、副研究馆员，主要从事历史地理、历史文献研究。参与国家自然科学基金、国家社会科学基金项目3项，主持省社科基金项目2项，参与多项省部级课题；参与编撰多部著作；先后在《历史地理》《中国历史地理论丛》《求索》《苏州大学学报》《情报资料工作》等刊物发表学术文章10余篇，成果被人大复印报刊资料详摘1次。

一湖四水的文化承载

（总序）

　　湖南历史悠久、文脉绵长、底蕴深厚，生于斯，长于斯，那山、那水、那人家，亘古及今，湖湘人民生生不息地孕育、传承和发展了博大精深的湖湘文化。诚如一代国学大师钱基博在其《近百年湖南学风骈文通义》导言中所言："湖南之为省，北阻大江，南薄五岭，西接黔蜀，群苗所萃，盖四塞之国。其地水少而山多。重山叠岭，滩河峻激，而舟车不易为交通。顽石赭土，地质刚坚，而民性多流于倔强，以故风气锢塞，常不为中原人文所沾被。抑亦风气自创，能别于中原人物以独立。人杰地灵，大儒迭起，前不见古人，后不见来者，宏识孤怀，涵今茹古，罔不有独立自由之思想，有坚强不磨之志节。湛深古学而能自辟蹊径，不为古学所囿。义以淑群，行必厉己，以开一代之风气，盖地理使之然也。"① 这是钱基博对湖南地理因素对湖南人文学风的形成及影响的独到见解。湖湘文化作为中华文化的重要组成部分，因受湖南地理环境因素的影响具有鲜明的地域特色。站在全国的角度看，湖湘文化自成一体，独具特色，但是从湖南境内看，湖湘文化又因其境内的不同地域而形成各具特色的子系统区域文化。流域是指以某一条河流为主线，由分水线包围的河流集水区所形成的独

---

① 　钱基博：《近百年湖南学风骈文通义》，上海古籍出版社，2012，第5页。

立区域。常言道"一方水土养一方人"。水为生命之源，河流是人类文明发祥、发展的重要载体，"人"作为文化和文明的主体，我们虽然不能以绝对的环境论来阐释环境决定一切，但是生活在特定区域环境下的人一定会与这一区域的地理因素产生千丝万缕的必然联系。为此，我们根据湖南山水特点，以水为纲，将湖湘文化按湘江流域、资江流域、沅江流域、澧水流域和洞庭湖区划分开来，力图以流域为单元，通过"一湖四水"的文化承载来研究湖湘文化，以达新解。

一　湘水壮阔　文运天开

湘江又称湘水，为长江中游南岸洞庭湖水系一级重要支流，湖南四大河流之一。湘江源头由东西两源组成，西源发于广西壮族自治区兴安县近峰岭，据《水经注》载："湘水出零陵始安县阳海山。"清钱邦芑《湘水考》载："湘水，源出广西桂林府兴安县海阳山，山居灵川、兴安之界上，多奇峰绝壑，泉水之始出也，其流仅可滥觞。"东源发自湖南省永州市蓝山县紫良瑶族乡野狗岭，为潇水源头，于永州市零陵区萍岛与西源汇合。湘江流域面积为湖南四水之最，湖南 14个市州有 8 个在湘江流域，全省经济、政治、文化和人口重心都在湘江流域，因此，湘江被誉为湖南的母亲河，"湘"成为湖南省的简称。

湘江流域位居湖南中东部，河谷开阔，江宽水缓，自古得灌溉和舟楫之利，北通中原、南达岭南的优越区位，使湘江流域的文化承载丰满而厚重。由于人类趋利避害、逐水而居及水系的关系，湘江流域发育形成了许多临水型城市，如长沙、湘潭、株洲、衡阳、永州等，其中长沙、衡阳、永州是最具有代表性的集湘江流域文化之大成的城市文明综合体。长沙地处湘江下游及浏阳河与湘江交汇处，位居湘江流域门户，为中原通达岭南的水陆枢纽，具有"南连衡岳，北连洞庭，势控荆湘，缩毂南北"① 的区位优势，为湖南水陆交通要冲，春秋战国时期逐渐形成城邑，为秦长沙郡、汉长沙国治所，有"楚汉名城"之称。长沙城市的发展是历代政治治所和湘江流域水陆交通完美结合的结果，自秦代以后，长沙逐渐发展成为湖南地区的政治、经济、文化和交通中心。衡阳，位于湘江中下游交界处的衡阳盆地，蒸水、耒水与湘江交汇处，被誉为"三水汇聚，衡雁福地"，为中原通往岭南的重要陆路节点和水路交通枢纽，春秋战国时为楚南人烟密集和商贸繁盛之地，成为楚南重镇，自有建置以来即为历代郡、府、路、州治所，是一座文化底蕴深厚、充满活力的临水型城市。永州又称零陵，地处潇水与湘江交汇处，为湘江中上游水陆交通要冲，是湘江流域通达岭南两广地区的重要节点，两汉时期的零陵郡治设置于此，历为郡、府、路、州治所，是一座文化底蕴深厚、人文气息浓厚的历史文化名城。湘江流域的城市因水而生，因水而兴。近现代以来，粤汉铁路、湘桂铁路都沿湘江流域的河谷布线，如今京广高铁、京珠高速也同样如此。湘江流域地域、地势、河流与交通区位同向，可谓得天独厚，湘江流域由此造就了较为兴盛的文化与文明。

二　资水险急　文化出彩

资江又称资水，为长江中游南岸洞庭湖水系一级支流，湖南四大河流之一。资江西源发于城步苗族自治县青界山主峰黄马界西麓，俗称赧水，旧志又称资水或都梁水，由西南向东北至邵阳县塘渡口镇双江口与夫夷水汇合。资江东源发源于广西壮族自治区资源县境内越城

① 湖南省博物馆、湖南省文物考古研究所、长沙市博物馆、长沙市文物考古研究所：《长沙楚墓》上卷，文物出版社，2000，第1页。

岭山最高峰猫儿山，俗称夫夷水，由南向北流至新宁县窑市镇六坪村塔子寨进入湖南，在邵阳县双江口与西源赧水汇合。两源汇合后始称资江，旧志和传统习惯多以赧水为资水。从整个资江流域看，由于中游地区山高水险，资江流域文化呈现三段式结构，上、中、下游三大区域各具特色，各领风骚，构成了资水险急、人文出彩的独特文化风貌。

资江流域上游地区主要为今邵阳市域，地形以邵阳盆地为中心，西有雪峰山为屏障，南有越城岭阻隔，北为高山峡谷锁闭，唯有东面与湘江流域以缓丘相连，特别是湘江支流涟水深入盆地东北部边缘，分水岭相当低矮平缓，因此资江流域上游地区深受湘江流域文化的影响。资江上游地区虽然深受湘江流域文化的影响，但是其流域地形特点也孕育了本地域显著的文化特色。在语言上，资水上游地区虽然与湘江中下游同属汉语湘方言区，但湘江流域地形开阔，受其他方言影响较大，形成新湘语区，而资江上游地区西、南、北三面有高山阻隔，受其他方言影响小，较好地保留了古湘语成分，形成老湘语区。在地理因素对人类生产生活影响上，资江上游地区为典型的盆地结构，来自东南的暖湿气流在翻越南岭山脉后形成下沉气流，因而降水较湖南其他地区偏少，形成干旱走廊，如遇干旱年份，农作物歉收，加之人多地少，为了养家糊口、添补家用，当地人多养成精打细算及出门做手艺活和贩货走鬻的习性。明清至民国时期，邵阳货郎走街串巷，邵阳手艺工匠进城入乡，宝庆会馆遍及各地，邵阳商帮用拳头开辟武汉鹦鹉洲码头，靠蛮勇立足汉正街。如今资江流域上游的邵阳人血液中流淌着精明能干的基因，承袭着经商办厂的文化传统。

资江中游穿流雪峰山脉，山高水险，水流湍急，支流短小，流域范围涵盖今新化、安化及冷水江大部分地域。由于特殊的地理因素和人居环境，资江中游流域因山高谷深、平地有限而形成了高山灌溉系统的梯田农耕文化，因山高林密、巡山狩猎而产生了崇拜自然山林的巫风文化，因水急浪险、搏浪涉水而养成了勇猛爽直的尚武文化。资江中游的雪峰山区，习惯上被称为"梅山地区"，这里的山统称为"梅山"，新化俗称"上梅山"，安化俗称"下梅山"，这一地域所孕育、产生的地域文化，被学界称为"梅山文化"。

资江流域下游地区属于平原和缓丘区，河床展宽、水流平缓，位居洞庭湖南岸，在地形地貌上与沅江下游、湘江下游连成一片，加之秦汉以后，这一地域在行政管理上长期受湘江流域长沙郡、长沙府的统辖，因此资江下游地区的经济、政治、文化等都深受湘江流域影响，该地域的语言与长沙相近，同属新湘语方言区，人文风俗也几近于长沙，即使在当今时代，这一地域也被称为长沙的"后花园"。

资江流域的城市多因水而生，但受地形因素的影响，资江流域的临水型城市，呈现上下游发展强、中游发展偏弱的特点，整个流域的城市发展以邵阳和益阳最具有代表性。邵阳位居资江上游邵阳盆地中心，地处邵水与资江交汇处，水运便利、地形开阔，这使邵阳成为资江上游地区的政治、经济、文化和交通中心，自两汉建置以来，成为历代郡、府、路、州治所。益阳地处资江下游，为资江流域门户，也是洞庭湖南岸陆路的重要节点，春秋战国时期，楚国就在此设立益阳县治，便利的水陆交通使益阳发展成为资江流域下游和环洞庭湖区的重要城市。

三 沅水悠长 文渊多样

沅江又称沅水，为长江中游南岸洞庭湖水系一级重要支流，湖南四大河流之一。关于沅江源头，有贵州省都匀市云雾山鸡冠岭、都匀市斗篷山和贵定县岩下乡摆洗村等多种说法，第一次全国水利普查，确认贵州省黔南布依族苗族自治州贵定县昌明镇高坡村为沅江的源头。传统习惯上，认为沅江发源于贵州省东南部，有南北二源。南源马尾河，又称龙头江，发源于都匀县（今都匀市）云雾山鸡冠岭；北源重安江，又称诸梁江，源出麻江县平越间大山。沅江以南源为正源，南北二源相汇合后，称清水江，流经至湖南省会同县漠滨乡金子村入境湖南，东流至洪江市（原黔阳县）托口镇与渠水汇合，始称沅江。

沅江流域中上游地区是湘、黔、鄂、桂、渝四省一市边区文化相互交融、相互影响的区域，受行政统属的影响，在贵州境内的地域文化称为黔文化，重庆东南和湖北西南部边境的地域文化习惯上称为巴渝文化，而在湖南省境内的地域文化为湖湘文化。沅江流域中上游的核心区域在湖南省境内，其地域范围为怀化市、湘西土家族苗族自治州及邵阳市的城步苗族自治县和绥宁县，沅江水系的主要支流渠水、潕水、巫水、溆水、辰水、武水、酉水都在湖南境内汇入干流。沅江流域中上游湖南境内的早期文明涵盖了本流域特有的潕水文化、高庙文化和外来的大溪文化、屈家岭文化、龙山文化，文化序列完整、脉络清晰，人类活动遗迹众多，说明在远古时代的渔猎经济条件下，这一地域的生态地理环境适合早期人类繁衍生息。

在历史的发展长河中，沅江流域的早期先民被称为群蛮和百濮，他们可能是沅水流域真正的世居族群。蚩尤部落在北方中原各部落联盟之间的角逐中失败，由江淮地区经洞庭湖沿沅江河谷进入湘西和黔东南地区，从而形成苗蛮集团并发展演变成为苗族、瑶族的先民；随后沅江流域西北部巴蜀地区的先民也在北方部族的挤压下向湘西沅江流域迁徙，巴人成为土家族的先民。苗蛮集团和巴人迁入并与当地世居族群不断融合，形成了沅江流域中上游地区的多民族格局。沅江流域中上游地区的各少数民族在史书中通常被称为"五溪蛮"或"武陵蛮"。当然，随着时间的推移和时代的进步，经过历代中央王朝的不断征伐、开拓、移民和教化，汉族和其他民族也逐渐进入沅水中上游地区，他们大多聚居在河谷平原、山间盆地、交通要道和行政治所，因此居于河谷平原、山间盆地、交通要道和行政治所附近的少数民族逐渐与汉民族融合，而僻居高山深谷的少数民族则仍然保留着原有民族的特性，沅江流域中上游地区因而成为以汉、苗、侗、土家族为主体，瑶、布依、白、水、壮、回族等多民族聚居的地区，成为中原和东部汉族聚居地区与西南少数民族地区交相融合的区域。明清时期，滇黔地区获得开发，"改土归流"推行，随着移民开发和军旅驻防，大批移民、官宦眷属和江浙闽商来到沅江流域中上游地区，楚巫文化、苗蛮文化、巴蜀文化（川渝分治后称"巴渝文化"）、侗壮文化及中原文化、江浙文化和妈祖文化在这里交融互动，构成了沅江流域中上游地区以五溪文化为核心的多元文化交融图景。民俗上多民族交融、相互吸纳，语言上以西南官话为主、各族语言并存，飞山庙、盘瓠庙、天王庙、龙王庙、伏波庙、苏州会馆、"万寿宫"、"天后宫"等都在沅江流域中上游地区留下众多遗迹就不足为奇了。清代湖南建省后，沅江流域中上游湖南境内的五溪地区隶属湖南巡抚管辖，厚重多样的五溪文化成为湖湘文化的重要组成部分。近现代以来，随着社会的不断进步和交通的不断完善，沅江流域中上游湖南境内的五溪地区受东部湘江和资江流域的文化影响也进一步加深。

沅江流域下游地区为今常德市域的一部分，沅江干流进入平原缓丘区，水势平缓、河面宽阔，由于位居沅江下游，因而成为滇黔和湘西的门户。明洪武五年（1372），维吾尔族将领哈勒·八十奉命率军驻守常德，其军中的回族和维吾尔族将士随后在沅江流域下游地区落籍定居并繁衍生息，由此带来了穆斯林文化，他们与当地人和谐相处，丰富了沅江流域下游地区的文化内涵。沅江流域下游地区，地势平坦、无险可据。这里既是通往湘西、黔东、川（今渝）东南地区的水陆要冲，又是北方中原地区与南方及岭南地区的陆路交通的节点，优越的自然条件和地理区位，使这一地区容易受到北方中原文化的影响而成为湖南境内开化、开发最早的地域。善卷的"让王不受"形成了"善德文化"，屈原的流放南来催生了"爱国情怀"，陶渊明的《桃花源记》展现了豁达乐观的胸襟，刘禹锡的"竹枝词"激发了"诗兴词韵"，特殊的地理环境，使沅江流域下游地区的土著文化与荆楚文化、中原文化在这里碰撞、交流、融合，并不断继承、吸收、演进和发展从而形成湖湘文化中一种具有鲜明特色的地域文化，构成了中原文化、巫楚文化、湖湘文化在这里交相辉映的图景。

沅江流域的城市为典型的临水型城市，其中以常德、沅陵和洪江最具代表性，但由于地形因素，除下游常德城市发展成熟、建置稳定外，其他中上游城市因受山区河谷地形影响，城市都呈现发展缓慢和建置不稳定的特征。沅江流域中上游地区由于在地形上高山阻隔、地貌多样，形成了具有多民族特色和多元结构的"五溪文化"，在方言上与川、黔语言相近，属西南官话；而下游地区在地形上开阔平坦，形成了承南启北、相互交融的地域文化，在方言上与湖北方言相近，属北方官话荆楚话。这种中上游地区与下游地区截然不同的地形差异，构成了沅江流域文化的多样性，使沅江流域文化多元而丰满。

四 澧水靛蓝 文明深厚

澧水因《楚辞》"沅有芷兮澧有兰"之句，又名兰江，为长江中游南岸洞庭湖水系一级支流，湖南四大河流之一。关于澧水得名之来由，一说因其上游"绿水六十里，水成靛澧色"而得名；一说远古时期，当地先民多居丛岩邃谷，甘泉冷冽，岚瘴郁蒸，非辛辣刚烈之食不足以温胃健脾，故酿制甜酒，煮酒豪饮成习，因醴为甜酒，由是"醴""澧"同音异写，遂得澧水之名。澧水发源于湖南西北部与湖北西南部交界处的武陵山脉东北支南麓，有北、中、南三源。北源发于桑植县五道水镇杉木界，中源发于龙山县大安乡翻身村，南源发于永顺县龙家寨东北。通常以北源为正源，三源于桑植县南岔汇合后，由西向东流经大庸（今张家界市永定区）、慈利、石门、临澧、澧县、津市等县市，于津市市小渡口注入洞庭湖。澧水为湖南四水中流程最短的一条河流，但澧水流域地处武陵山脉最为高耸延绵的一列山岭的南侧，打开湖南地形图，就会在湖南西北部看到这列山岭巍峨延绵的"身躯"，有"湖南屋脊"之称。澧水在湖南四水中以水清深澈和文明厚重而著名，故其特点堪称澧水靛蓝、文明深厚。在湖南四水中澧水虽然流程最短，但由于其独特的区位和地质地貌等地理条件，澧水流域文化呈现深厚与丰富多重并举、人文与自然交相辉映的绚丽图景。

根据考古发掘资料，在澧水流域上中下游地区都发现旧石器时代和新石器时代遗址，特别是中下游地区的河谷台地和澧阳平原所发现的旧、新石器时代遗址达500多处，由于这些文化遗存具有鲜明的地域特征，考古学界将这类文化遗存称为"澧水文化类群"，其文化序列为"彭头山文化"—"皂市下层文化"—"大溪文化"—"屈家岭文化"—"长江中游龙山文化"，承袭关系完整而连续，展现了澧水流域深厚的文化脉络。其中较为著名的有：津市虎爪山遗址、燕尔洞"石门人"遗址、澧县彭头山文化遗址、澧县八十垱遗址、石门皂市下层文化遗址、澧县城头山古城遗址等。

澧水流域与沅江流域虽同为群蛮百濮所居，但与沅江流域稍有不同。因澧水流域与鄂西南及巴蜀地区相连，所以在群蛮百濮的区分上，澧水流域多为巴濮、庸人，沅江流域多为苗蛮、濮僚。澧水流域的巴濮和庸人通过交相融合成为土家族的先民，这也是现今澧水流域中上游地区的少数民族多为土家族的原因。澧水流域地处湖南西北部，其下游澧阳平原与湖北江汉平原连为一体，同为长江中下游平原的一部分，而上游地区与湖北西南部相邻，与重庆东南部近在咫尺，同属武陵山区，自古以来，这里就是湖湘地区北通中原、西抵巴蜀的交通要道。澧水中上游地区与沅江中上游地区同属武陵山区，这里的少数民族都被统称为"武陵蛮"，虽然中央王朝及中原文化逐渐进入这一地区，但由于"蛮夷叛服无常"，加之此地多崇山峻岭的地形因素，因此，澧水中上游地区形成了以土家族、汉族、白族为主体的多元文化区域。近现代以来，随着社会经济和交通的发展，澧水流域各种文化逐渐相互交融，成为湖湘文化的重要组成部分。

澧水流域除了人文历史文化外，还有一张闻名世界的自然文化名片——世界自然文化遗产。澧水流域中上游地区以张家界境内群山为代表的山体多由石英砂岩构成，特殊地质结构和多雨的气候条件，使石英砂岩在暴雨的冲刷下发育为成景母岩，再通过流水侵蚀、重力崩塌、风化等外力作用，形成以棱角平直的高大石柱林为主，以深切嶂谷、石墙、天生桥、方山、平台等为辅的地貌形态，孕育出"奇峰三千、秀水八百"的独特地貌景观，被誉为"天然水墨，人间仙境"。

五　洞庭浩渺　人文荟萃

洞庭湖位于长江中游南岸，是中国著名的五大淡水湖之一。远古时期，在今洞庭湖平原和江汉平原的长江中游地区有一片水域辽阔的汪洋大湖，古称云梦泽。由于长江在流出三峡进入平原地区后，水势变缓、流速降低，长期的泥沙淤积，使古云梦泽逐渐缩小，从而演变成为现今的洞庭湖。洞庭湖西北和北面通过松滋、太平、藕池、调弦四口接纳长江来水，南和西有湘、资、沅、澧四水汇注，东有汨罗江、新墙河等小支流汇入，于东北在岳阳市城陵矶注入长江。洞庭湖是长江流域江湖关系最密切和蓄洪调水能力最强的调蓄性湖泊，具有强大的蓄洪能力，是长江中下游地区防洪安全的重要保障。历史上，洞庭湖曾号称"八百里洞庭"，长期位居"五湖之首"，由于位居长江中游荆江南岸，又有四口与长江相通，加之湘、资、沅、澧四水注入，其接纳的入湖水量和覆盖的流域面积是整个长江流域最大的。关于洞庭湖的面积，如今还没有确切一致的说法，据相关专家测算，作为蓄洪和行洪型的调蓄性湖泊，如果将现有湖面面积加上洪道的水域面积，洞庭湖可能仍然是中国第一大淡水湖泊。由于四水汇注、北通长江，因此洞庭湖区既是湘、资、沅、澧四水的地理门户，也是四水流域经济、政治、社会和文化相互交融的联系纽带，其区域文化呈现由水性、大度、包容、抗争和忧乐等多重因素组成的复合型特性，可概称为"洞庭浩渺、文化荟萃"。洞庭湖区地形平坦、土地肥沃、物产丰富，因盛产鱼虾和水稻而成为著名的"鱼米之乡"，其所孕育承载的区域文化既有南来北往、四水汇聚的融合，又有烟波浩渺的大湖激荡，其所呈现的文化特色使湖湘文化更加光芒而耀眼。

洞庭湖区位于湖南北部，地处湘、资、沅、澧四水下游，地势平坦、河网密布、堤垸纵横、港汊交错，尽显平原水乡特色，优越的地形和丰富的水资源为人类的生产生活提供了必要的条件。由于洞庭湖位于湖南省北部，又是湘、资、沅、澧四水注入的下游地域，历史上的任何时期，不管是尧、舜、禹南巡，还是楚人南下、秦汉南征，但凡中原地区的经济、政治、军事、文化等与湖南交流交往都要首先经过洞庭湖地区。洞庭湖地区既是近现代的公路、铁路南北交通干线所必经之地，也是沿洞庭湖东西两侧进入湖南所必经之地，因此这一地域成为湖南文化交融最活跃的地区，四水流域文化的汇注和南北文化的交融形成了洞庭湖区文化的包容性。由于洞庭湖属于调蓄型通江大湖，因此生活在湖区的人们，在长期与湖水为伴、与洪灾水患搏击抗争的过程中既形成了多情柔和的水一般的品格，又养成了同舟共济的团队和抗争精神，这或许就是如今湖南人戏称所谓的"常德帮、岳阳帮、益阳帮"的文化土壤。洞庭湖区所形成的这些文化特性展现出的是水天辽阔、大度坦荡及忧国忧民的大湖文化。

洞庭湖区的城市属平原水乡与河湖结合型临水城市。在农耕和渔猎经济的古代，洞庭湖西岸的澧阳平原就迎来了中国古代早期城市文明的曙光，以城头山古城遗址为代表的古代城市，标志着洞庭湖区的城市起源、发展与水利、地利有着天然的联系。洞庭湖区的城市都属于濒河湖、尽地利的临水型城市，但由于湖区多水患且湖巷河汊众多，沙洲阻隔，城市发展空间有限，只有湖河结合较好的门户型临水城市发展空间更为广阔，其中以岳阳、益阳、常德最具代表性。岳阳古称"巴陵"，地处洞庭湖与长江交汇处，汇纳四水，吞吐长江，是湖南境内水路交通区位最优越的临水型城市。岳阳扼洞庭湖通长江之口，为洞庭湖东岸水路、陆路进出湖南的必经之地，其城市发展在洞庭湖区流域文化中具有极其重要的地位。益阳、常德分别为洞庭湖南岸和西岸湖河结合的临水型城市，二者濒湖临河，既有湖水相托，又有扼守资江、沅江门户及流域广袤腹地的区位地理优势，因而发展成为洞庭湖区的重要城市。岳阳、益阳、常德三座城市既得洞庭湖之利，又得通长江、资江、沅江之便，三者环绕洞庭，对湖区城市的发展具有极强的辐射和引领带动作用。

湖南流域文化是中华文明文脉的重要组成部分。习近平强调，人与水的关系很重要。世界几大文明都发源于大江大河。人离不开水，但水患又是人类的心腹大患。人类在与自然共处、共生和斗争的进程中不断进步。和谐是共处平衡的表现，但达成和谐需要有很多斗争。中华民族正是在同自然灾害做斗争中发展起来的伟大民族。湖湘文化是湖南省境内文化的总称，通过洞庭湖和湘、资、沅、澧四水流域文化的承载而体现，无论是湘、资之气，还是沅、澧之风，都是湖湘文化的重要组成部分。为传承中华优秀传统文化，我们根据湖南省境内湘、资、沅、澧四水流域及洞庭湖区的地理、人文、风俗等文化特点，撰写了这套"湖南流域文化丛书"，其目的就是以水为纲，以流域为单元，以全景式的新视角将湖湘文化呈现给读者，以期为湖南流域文化的挖掘、传承、保护、开发、研究提供有益的探索，为赓续湖湘历史文脉、讲好"湖南故事"、坚定文化自信注入精神动力。

贺培育

2022 年 6 月

目　录

绪论： 洞庭湖是思想和文化的湖

居中国五大淡水湖之首的洞庭湖，孕育了源远流长的文化与文明。从洞庭湖西域的津市虎爪山、澧县城头山，到安乡县汤家岗遗址、华容县七星墩等，已经被考古发掘证明是中国史前文明的"南方高地"。从古至今，洞庭湖区得天独厚的自然资源和农业生产条件，养育了代代湖湘儿女，巴人东迁、糜人安居，都以湖区为重要目的地。春秋末期，楚人越过长江向南拓展，通过不断经营，洞庭湖地区成为楚国的"粮仓"，号称"楚江南"。虽然人文的、地理的"江南"，其位置在历史上不断变迁，但"江南"这一在中国历史辞典里代表着富庶和殷实的文化符号，最早指的就是楚国的江南洞庭湖地区。秦汉以还，无论是"永嘉之乱"、"安史之乱"、明末清初江西填湖广，还是中华人民共和国成立后国营农场建设高潮时期，洞庭湖区一直是历次全国范围大移民的重要目的地之一。它承载了大量的人口，滋养了千千万万的民众，是名副其实的"母亲湖"。

洞庭湖是著名的"鱼米之乡"，是全国重要的商品粮棉油产地、水产养殖基地，是农耕文明的代表地。司马迁《史记》、班固《汉书》用"稻饭羹鱼""无饥馑之患，亦无千金之家"来描绘其社会经济生活，"稻饭羹鱼"也成为鱼米之乡在不同时期的代名词。洞庭湖给予人类以慷慨和丰厚的回报，除养活这一地区的民众外，明清以来，逐渐成为中国最大的粮食输出地。到清乾隆年间（1736～1795），随着洞庭湖区围垦洲土高潮的出现，劳动力、农业技术和资本等生产要素叠加湖区，湖南省的耕地面积急剧增加，粮食产量逐步赶上并超过湖北省。新出现的民间谚语"湖南熟，天下足"进而取代了"湖广熟，天下足"。"粮船结队下长江"，供食天下，洞庭湖区成为最重要的国家粮仓，也一直是全国九大商品粮食生产基地之一。

洞庭湖区的农业文明所表现出来的特质，往往与湖南省其他区域有所不同。湖区的农业，最显著的特征是御水和排渍，体现为一种抗洪文化。堤垸就是民众百姓的家园和命根子，防汛抢险需要协作，它不需要争夺，而是顽强守卫，代表着一种万众一心、团结拼搏的精神。湖区又是一个开放的移民社会，五姓杂处，宗族势力相对薄弱，风俗习惯上崇尚由繁入简，移风易俗尤为趋同。移民向来不太安于现状，具有开拓精神，追求美好生活的意愿相对迫切。湖区民众被赋予了一种与传统社会大众心理稍微不同的群体性格，这也是我们在研究洞庭湖区经济社会发展时需要特别注意的一个现象。

洞庭湖文化中有独特的流寓文化元素，以忠君、爱国、忧民为主题。《岳阳楼记》就是对流寓文化主题的概括。范仲淹是吴县（今苏州市吴中区和相城区）人，他到未到过湖南，目前学术界尚无定论。但安乡县旧有范公读书台遗址，表明了湖南民众对他的喜爱。关于《岳阳楼记》和洞庭湖文化的关系，我们认为可以从两个方面来理解。其一，因为洞庭湖所处的区位，历史上重要的政界人士和文化名人大都到过湖区，特别是被贬谪的失意政治人物和遭到流放的文人士大夫，形成了洞庭湖流域地区独特的流寓文化，从屈原开始，到贾谊、李白、杜甫、刘禹锡、柳宗元、韩愈、寇准等，群贤毕集。流寓文化从屈原起逐渐形成忠君、爱国、忧民的思想主题，至范仲淹应滕宗谅之邀在河南邓州花洲书院写作《岳阳楼记》，对流寓文化的主题做一个总的概括，那就是儒家主流文化所倡导的"居庙堂之高则忧其民，处江湖之远则忧其君""先天下之忧而忧，后天下之乐而乐"，这条思想的脉络是十分清晰的。其二，范仲淹之后，湖南人不断总结和发扬从屈原到范仲淹的流寓文化传统，上升到湖湘文化"心忧天下""敢为人先"的思想内核。年轻时的左宗棠专门用"身无半亩，心忧天下；读破万卷，神交古人"作座右铭，勉励自己。笔者经专门检索道光以来有关洞庭湖和岳州府、县的地方志艺文，以忧乐为题材的占近三分之一，然后是吊屈，咏湘君又次之。目前为止，这几类题材一直是艺文的核心，在诗词楹联中尤显突出。洞庭湖诗文创作繁荣发展并形成这样的主题特色，在中国的几大湖泊文化中是不多见的或者是唯一的。

湖湘文化的精神特质包括爱国主义的主旋律，重实践、经世致用的务实学风，强悍民风所培养的奋斗精神、牺牲精神，不抱团、开放包容的多元文化因素等，这些精神特质与洞庭湖区人文历史积淀密不可分。分开来说，湖南是中华道德文化的发源地，而在湖南又可分为两个源头，一个是湘南地区的"舜"文化，另一个就是洞庭湖区的"德"文化，"常德德山山有德"，说的就是善卷的德文化。湖南又是爱国主义发源地，从历史唯物主义立场出发，爱国主义在当时的主要内容就是忠君和爱民，这种思想由屈原发挥到极致，伴随其流放的足迹遍布洞庭湖区及其流域，不断启迪和教育湖南人。从王夫之到毛泽东，他们终生喜爱屈原，祖述屈原，受其精神滋润泽被。虽然爱国主义在不同时期不断被赋予新的时代内容，却依然是湖湘文化的重要内涵和基石。

洞庭湖的人文历史，不但拥有中国传统文化的主旋律，也具有丰富多彩的、普通老百姓所喜闻乐见的传说故事和民间信仰。如二妃传说、孟姜女、范蠡和西施、柳毅与小龙女、刘海与狐仙等，或人或神，彰显出湖区民众的内心价值世界。这些神话人物对湖湘文化产生了巨大影响，这些传说也大都成为湖南省的非物质文化遗产，通过文人士大夫的提倡，其文化基因已传承给湖南女性，她们敢于追求自己的幸福，追求理想中的爱情。这个特点是研究者不得不予以重视的。

洞庭湖文化的包容性和多元性，也为湖湘文化增添了精彩的一笔。洞庭湖文化的伟大之处在于，它既是中国传统儒家文化的堡垒，又是其他民间文化和流派的精神乐园。战国末期屈原放逐地沅湘的渔父，其世界观是"不凝滞于物而能与世推移"，追求一种心灵与世事的和谐、个人与社会的统一。而晋代陶渊明作《桃花源记》并诗，虚构一个心目中的理想社会——洞庭湖西部的水乡泽国，并使其成为他的精神家园。从渔父的"沧浪之水"到陶渊明的"桃花源"，正是烟波浩渺的洞庭湖为湖湘文化打造了一个多元文化共存的时空环境。

湖湘文化和洞庭湖文化不能绝对分割开来。从湖南地理上看，它东、南、西三面环山，中北部为丘陵和平原，因洞庭湖和长江与湖北省毗邻，洞庭湖流域面积大于湖南省面积而又基本吻合，这是一个相对封闭、独立、非常完整的地理单元。文化也一样，湖湘文化和洞庭湖文化同样不能绝对分割开来。湖湘文化是整体，洞庭湖文化是分区，洞庭湖是湖湘文化的重要发源地，洞庭湖文化则是湖湘文化的重要组成部分。仁者乐山，智者乐水。十里不同风，百里不同俗。湖南省既有"山国"之称，亦有"泽国"之名，泽国实指洞庭湖。从三湘到四水，从洞庭湖到九嶷山，从湘东到大湘西，从汉族民众到土家族、苗族、瑶族、侗族、白族、回族等少数民族同胞，和睦相处，差别化的发展极大地丰富了湖南的文化光谱。洞庭湖文化作为湖湘文化的组成部分，孕育和丰富了湖湘文化。

洞庭湖是中国最重要的淡水湖泊之一，它的地理区位十分特殊，起到沟通东西、连接南北的作用。无论古往今来交通状况发生什么变化，南来北往、从东到西的人士几乎都要通过这一区域。中国历史上很多有较大影响的人物，尤其是文化人物，都到过洞庭湖，他们或者为官，或者遭贬，或者流寓，都曾流连于这一片区域，"迁客骚人，多会于此，览物之情，得无异乎"。流寓的文化现象成为洞庭湖人文创作独特的历史机遇，爱国主义成为洞庭湖人文的主旋律和优秀文化传统，流寓过程中的现实社会问题形成这一地域文化重实践、经世致用的务实学风，流寓湖区的文化大师们自强不息的品质又形成了洞庭湖水域文化的奋斗精神。中国科学院南京地理与湖泊研究所在大量研究工作的基础上，曾提出洞庭湖水文化的命题。他们呼吁"关心洞庭湖的人们，尤其是广大科技工作者对发掘湖湘地域文化内涵的意义与重要性予以关注，对那些体现民族与地域文化特色的民间传统习俗、价值观念及其物质载体的山水景物与历史名胜保护予以充分关心。洞庭湖地区堪称历史文物之邦，拥有许多不可多得、富有特色的地域文化资源"。[1] 他们初步梳理了洞庭湖区域屈原和龙舟竞渡、君山、德山、钦山、桃花源、李杜诗、范文等人文事象。[2] 太湖流域的人们，发展出了渔猎、稻作、水利、航运等生产和生活方式，以及独树一帜的太湖文化。屈原放逐沅湘所形成的流放文化成为中国传统文化中的重要组成部分，范仲淹所倡导的"先忧后乐"精神成为湖湘文化的精髓和儒家文化积极用世的核心，二妃传说等构架了中国神话故事中浪漫主义的经典，从"沧浪之水"到"世外桃源"所反映的湖乡水域多元文化因素，把洞庭湖从中国最重要的淡水湖泊提升到中国传统湖泊文化中"湖长"的高度，实居五湖之首。洞庭湖是思想的湖、文化的湖。

---

① 窦鸿身、姜加虎主编《洞庭湖》，中国科学技术大学出版社，2000，第336页。

② 窦鸿身、姜加虎主编《中国五大淡水湖》，中国科学技术大学出版社，2003，第240页。

第一章
沧海桑田： 湖南的母亲湖

接纳了湘、资、沅、澧和长江松滋、太平、藕池、调弦之水的浩渺洞庭，在数万年地质演化和与人类活动叠加互动中，孕育了丰富的湖湘文明与湖湘文化，形成了享誉中国乃至世界的独特的水文化，成为灿烂中华传统文化的重要组成部分。

一 洞庭湖称谓探微及其历史变迁

古往今来，洞庭湖一直备受世人瞩目，除开显要的地理位置，一方水土涵育了丰饶的物产资源，更因其迷人的湖光山色，生动的流传典故，为文人称道，留下了数不胜数的经典诗文。"云梦""洞庭""九江"等作为洞庭湖曾经的名称，在文献中频繁出现，给人以无尽的遐想。

当然，历史上的洞庭湖既有"衔远山，吞长江，浩浩汤汤，横无际涯"的八百里壮阔景象，也有"阔不及向者之半"的萎缩景象。时人眼中的洞庭湖总是不同模样，这种巨大反差，同样引起了不同时代文人学者的关注和研究。

（一）追寻洞庭湖称谓变迁的历史轨迹

洞庭湖在历史上的称谓颇多，云梦泽、九江、五渚、三湖、重湖、青草湖等名称分别在不同时期指代过洞庭湖，而又以洞庭一名最盛，沿用至今。

1."洞庭"与"洞庭湖"

"洞庭"之名早在先秦典籍中就出现了。

《山海经》卷五《中山经》记载："又东南一百二十里曰洞庭之山……帝之二女居之，是常游于江渊，澧沅之风，交潇湘之渊。"①

《湘妃庙记略》记载："洞庭，盖神仙洞府之一也，以其为洞府之庭，故以是称，湖名因山。"②

由此可见，"洞庭"所指为湖中之洞庭山。为什么传说中"帝之二女"会居洞庭山上？

相传，舜帝南巡，尧之二女娥皇、女英追随而来，至洞庭山，闻舜帝已死于九嶷山而葬于苍梧。二女相思恸哭，"泪下沾竹，文悉为之斑"。后共赴无尽湖水，追舜帝而去。至今君山之上还有湘妃墓和斑竹。洞庭一山，已然成为神仙洞府所在。而君山一地，峙于洞庭湖入大江门户之间，四面环水，可谓天有洞庭，地有洞庭，人有洞庭。

《庄子·天运》记载："帝张咸池之乐于洞庭之野。"

《庄子·至乐》记载："咸池九韶之乐，张之洞庭之野。"

"野"在先秦时代，既表示郊外，也指偏僻之处。《庄子》记载"洞庭之野"中的"洞庭"是水域之意，"洞庭之野"可能是指湖沼平原景象，也可能是指位置较偏的洞庭地区。

由上述观之，"洞庭"既有山之意，亦有湖面水体之意。后世因"洞庭"之名增多，无法辨别其具体指代，洞庭湖之名逐渐形成并开始固定。

---

① 〔晋〕郭璞注《山海经》卷五《中山经》，上海涵芬楼借江安傅氏双鉴楼藏明成化刻本影印本。

② 〔唐〕李密思：《湘君庙记略》，载《嘉庆巴陵县志》卷二十二《艺文》，第5页。

2. "云梦"与"洞庭湖"

在"云梦"与洞庭湖的联系上，最有名的当数唐代著名诗人孟浩然所著《望洞庭湖赠张丞相》"气蒸云梦泽，波撼岳阳城"的千古佳句。

"云梦"一词出现于先秦时期。《战国策·楚策一》载："于是，楚王游于云梦，结驷千乘，旌旗蔽日。野火之起也若云蜺，兕虎嗥之声若雷霆，有狂兕车依轮而至。"这里描述的是楚王在云梦游猎的场景，显然，云梦当属广阔的山林原野而非湖泽沼池，是春秋战国时期楚王狩猎区的泛称。① 汉司马相如《子虚赋》也有对云梦的描写，其范围则是长江以北、武汉以东的大别山麓，西至鄂西山地，北及大洪山区的广阔地域，而他所言南部"则有平原广泽"，即为云梦泽。

历史上诸多文献中，将"云梦泽"指代洞庭湖，那么洞庭湖真的就是云梦泽吗？

作为先秦九薮之一，古云梦泽在《周礼》《尔雅》等书中言在荆州、在楚地，至于具体位置，也无从考据。秦以降，人们对于这个问题有不同的说法，大致可以分为三个阶段。

一是两汉三国时期，文献中的云梦泽或在华容县境内，或在江陵之东，江、汉之间。班固《汉书·地理志》、应劭《风俗通义》都说云梦泽在华容南，《水经·禹贡山水泽地所在》说云梦泽在华容东，华容故城在今潜江县西南。《史记·河渠书》载，春秋战国时的楚，曾"通渠汉水云梦之野"，从郢都凿渠东通汉水，中间经过云梦泽地区。《史记·货殖列传》论各地风俗有云，"江陵故郢都，西通巫、巴，东有云梦之饶"，指明云梦泽在江陵之东。这两种说法实质上是一样的，说明云梦泽在江陵以东，大江、汉水之间。《三国志·魏

---

① 谭其骧：《云梦与云梦泽》，《复旦学报》（社会科学版）1980 年第 S1 期。

书·武帝纪》注引《山阳公载记》云，曹操赤壁战败后，"引军从华
容道步归，遇泥泞，道不通"。《太平御览》卷十五记载，当时随曹
操出征的王粲，在事后讲过这样的话："行至云梦大泽中，遇大雾，
迷失道路。"很显然，云梦泽在华容道中。

二是从西晋初杜预开始，云梦泽就被认为是"跨江南北"的，在
江南的就是巴丘湖，即洞庭湖。杜预云："南郡枝江县西有云梦城，
江夏安陆县亦有云梦。或曰，'南郡华容县东南有巴丘湖，江南之梦'
也。"[①] 杜预认为春秋时江南、江北都有云梦泽，又知道江南的枝江
县、江北的安陆县都有一个云梦城，但都没有泽，而巴丘湖，即洞庭
湖位于华容县的东南方，是一个大泽，有人认为这就是江南的云梦
泽，他便采纳了这一说法，但又觉得没有把握，所以加上"或曰"二
字。东晋郭璞注《尔雅》，称云梦泽"今南郡华容县东南巴丘湖是
也"，直接将云梦泽与巴丘湖画上等号。

三是从郦道元开始，把云梦都看成连成一片的云梦泽的一部分。
至清代，随着考据学的发展，相关史料日益齐备，云梦泽的范围也就
越扩越大。顾祖禹在《读史方舆纪要》一书中引用《汉阳志》云：
"今巴陵、枝江、荆门、安陆之境，皆云有云梦，盖云梦本跨江南北，
为泽甚广。而后世悉为邑居聚落，故地之以云梦名者非一处。"[②] 稍后
的齐召南《水道提纲》（成书于乾隆中期）卷十三《入江巨川三》，
"云梦"条云："云梦跨江南北盖八九百里。今自枝江而东，为松滋，
东南为公安，又东南为石首，为华容，滨江南岸多数泽，即古称谓
'江南之梦'也。"[③] 这里提及的云梦泽，包括了整个江汉平原，也涉

---

① 转引自〔唐〕孔颖达等《春秋正义·书六》，上海涵芬楼影印海盐张氏涉园藏日本覆印
　景钞正宗寺本。
② 〔清〕顾祖禹：《读史方舆纪要》卷七十七《湖广三》，清敷文阁藏版，第28页。
③ 转引自朱崀《云梦辩》，载《同治监利县志》卷十一《艺文志》，第4～5页。

及洞庭湖区。

当今学者大多认为"云梦泽"在长江以北。谭其骧先生认为，"云梦泽"只限于江北，春秋时分为两大块，一在今天门、应城两市一带，一在今江陵以东与城陵矶至武汉长江段西侧泛滥平原之间的江陵、潜江、监利、沔阳、洪湖西北部一带。① 石泉先生认为，江汉平原湖泊众多，"云梦泽"只是特指其中几个。具体而言，春秋战国时，江汉平原有两个"云梦泽"。一是在今钟祥、京山之间的"云杜梦"，它最古老最著名，汉初消亡；一是在今钟祥西北境"江南之梦"（此"江"非指长江，而是指今蛮河）。②

"云梦"一词从广义说，是包括山地、丘陵、平原和湖泊等多种地貌形态在内的、范围广阔的春秋战国时期楚王的狩猎区，而"云梦泽"则是其中局限于江汉平原以湖沼地貌为主的一部分。这是当前最为科学的解释。汉以降，不少人将"云梦"与"云梦泽"混为一谈，使"云梦泽"范围扩展至洞庭湖，许多文人骚客直将"云梦泽"指代洞庭湖。

3. "九江"与"洞庭湖"

《中国名湖志典》说，洞庭湖"最早称九江，因有九条江汇入而得名。春秋战国时期以湖中有一洞庭山（现君山），乃称洞庭湖"③。

这里提到了洞庭湖的另外一个称呼"九江"。众所周知，现在说的"九江"，一般是指江西省九江市，而洞庭为"九江"却鲜有提及。

考诸文献，《山海经》云："洞庭之山，帝之二女居之，是常游于江渊，澧沅之风，交潇湘之渊，是在九江之间。"此说当为后世诸人援证之据。

---

① 谭其骧：《长水集》，人民出版社，1987，第105～125页。
② 石泉、蔡述明：《古云梦泽研究》，湖北教育出版社，1996。
③ 刘华训编著《中国名湖志典》，中国旅游出版社，1990，第116页。

宋曾彦和释《禹贡·九江》引《楚地记》云："巴陵，潇湘之渊，在九江之间。"①

宋朱熹的《九江彭蠡辨》载："唯国初胡秘监旦、近世晁詹事说之，皆以九江为洞庭，则其援证极精博。"② 由此观之，宋初胡旦持九江即为洞庭湖之说。

此后，罗泌认为："《山海经》洞庭之山在九江之中"，"岳之洞庭荆之九江也"。恽敬在《九江考》一文中引用了曾旦的观点，曾氏认为："《楚地记》巴陵在九江之间，今巴陵之上即洞庭也。"③

《晦庵先生朱文公文集》记载："（曾彦和）又言九江即是洞庭，引汉志沅水、渐水、元水、底水、叙水、酉水、澧水、湘水、资水，皆合洞庭中，东入于江，江则过之而已，九水合于洞庭泽，故洞庭亦可名九江。"④

罗泌、曾旦、朱熹、曾彦和等均承胡旦之说，以洞庭诸水为九江。

这都是宋人的说法。清代学者皮锡瑞在《经学通论》中论禹贡山川："九江，《史记》云'余登庐山，观禹疏九江'。《汉志·庐江郡·寻阳》，'《禹贡》：九江在南，皆东合为大江'。又豫章郡'莽曰九江'，有鄱水、余水、修水、豫章水、盱水、蜀水、南水、彭水，皆入湖汉，合湖汉水为九，入江，则九江在汉庐江、豫章二郡之地。宋胡旦毛晃始傅会《山海经》，以九江为洞庭，近治《禹贡》者多惑之。"⑤

---

① 转引自《道光永州府志》卷二《名胜志》，第39页。
② 〔宋〕朱熹：《九江彭蠡辨》，载《同治九江府志》卷四十九《艺文志》，第57页。
③ 〔清〕恽敬：《九江考》，载《同治九江府志》卷四十九《艺文志》，第38页。
④ 〔宋〕朱熹：《晦庵先生朱文公文集》卷第五十一《答董叔重》，1918年上海商务印书馆影印本。
⑤ 〔清〕皮锡瑞：《经学通论》，清光绪二十二年刻本，第18页。

由此可见，"九江"在宋代多用于指代洞庭湖，后世逐渐舍弃了这一提法。

4."青草湖"与"洞庭湖"

今青草湖在洞庭湖东南部，为湘水汇聚而成。一说因湖南有青草山得名；一说因春冬水涸，满湖青草弥望，故名。

唐王勃名篇《滕王阁序》有："豫章故郡，洪都新府。星分翼轸，地接衡庐。襟三江而带五湖，控蛮荆而引瓯越。"清人吴楚材等所编的《解题汇评古文观止》收录了此篇，对"五湖"的注解是："太湖在苏州，鄱阳湖在饶州，青草湖在岳州，丹阳湖在润州，洞庭湖在鄂州。"①

唐李吉甫《元和郡县志》亦云："巴邱湖，又名青草湖，在（巴陵）县南七十九里，周回二百六十五里。俗云古云梦泽也。"②清人赵殿成《王右丞集笺注》中笺注唐王维《送杨少府贬郴州》引《康熙大清一统志》言："青草湖，一名巴邱湖。北连洞庭，南接潇湘，东纳汨罗之水。每夏秋水泛，与洞庭为一水；涸则此湖先干，青草生焉，是其义矣。"③

由是观之，青草湖向来和洞庭湖并称，后来随着湖的面积扩大，原来这一带的许多湖泊，如洞庭、青草、赤沙诸湖开始连为一体。这个时候，人们已经分辨不出各湖原来的水域，于是开始使用湖名的通称，时称"洞庭"，时称"青草"，或二湖并称。这一点也可以从当时的诗作中体现出来。

南朝陈文学家阴铿有一首《渡青草湖》："洞庭春溜满，平湖锦

---

① 〔清〕吴楚材、吴调侯编选《解题汇评古文观止》（下），华东师范大学出版社，2002，第399页。
② 〔唐〕李吉甫：《元和郡县志》卷二十八，清光绪二十五年广雅书局铅印本，第19页。
③ 〔唐〕王维：《王右丞集笺注》，〔清〕赵殿成笺注，文渊阁四库全书版，第26页。

帆张。沅水桃花色，湘流杜若香。穴去茅山近，江连巫峡长……"①

唐代杜甫有《宿青草湖》："洞庭犹在目，青草续为名。宿桨依农事，邮签报水程。寒冰争倚薄，云月递微明。湖雁双双起，人来故北征。"②

宋代连文凤的《送刘悦心教授任浏阳》："一穗藜烟待校书，携书且此作师儒。扶持学法防时弊，教养人材应世需。兰汀汀洲身外楚，孤莼乡国梦中吴。片帆好趁秋风便，吟过洞庭青草湖。"

宋代戴复古有词《柳梢青·岳阳楼》："袖剑飞吟。洞庭青草，秋水深深。万顷波光，岳阳楼上，一快披襟。不须携酒登临。问有酒，何人共斟？变尽人间，君山一点，自古如今。"

在众多文人眼中，"洞庭""青草"两个湖名是并称的。直到后来，洞庭湖湖面扩张，是以多有"洞庭"，少有"青草"。

除了以上述及的一些称谓，洞庭湖在历史上还有"五渚""三湖""重湖"等名称，或载于史志，或见诸诗文。

近年，有学者从地名的原始语言归属视角探索"洞庭"来源，周宏伟认为洞庭为古越语的可能性很大，意即红色的平地，古越族人之所以称洞庭平原一带为红色的平地，是因为其时洞庭平原一带地表土壤呈红色，古越语地名反映了洞庭平原土壤的自然特征。③

（二）盈缩之间：不断变动的洞庭湖位置与面积

进入有文字记载的人类历史时期后，人类经营活动对自然环境的影响日渐加强，入湖水量与泥沙含量的变化、围湖垦殖活动的兴衰起

---

① 〔南朝陈〕阴铿：《渡青草湖》，载《嘉庆沅江县志》卷二十九《艺文志·五言排律》，第 18 页。

② 〔唐〕杜甫：《宿青草湖》，载《乾隆长沙府志》卷四十七《艺文·五律》，第 5 页。

③ 周宏伟：《释"洞庭"及其相关问题》，《中国历史地理论丛》2010 年第 3 期。

落、荆江与洞庭湖关系的演化等，成为制约洞庭湖湖面及水道变迁的重要因素。曾经号称"八百里洞庭"的洞庭湖，由于自然的泥沙淤积萎缩和洪水淹没扩大、人为的围湖造田及退田还湖，湖泊实际水面面积与位置在历史上发生过多次沧桑变动。洞庭湖在宋代、清代都曾因为严重的泥沙淤积以及随之兴起的围垦而濒临"灭亡"，但进一步的发展演变并不是洞庭湖的消失，而是洪水溃垸、湖垸互换和湖泊的"回春"扩大。显然，过度压缩湖面，造成湖底淤积进一步加重和湖泊调蓄能力的减小乃至丧失，导致河湖水位的抬升和洪涝灾害的加剧，自然界的"报复"也就不可避免了。就历史时期洞庭湖变迁的总的趋势看，湖盆内泥沙充填淤积的速度明显超过湖盆本身的沉陷速度。在影响湖盆淤积的各种因素中，人为因素、社会因素的作用明显超过纯自然因素的作用，在湖泊多次发生周期性扩大和缩小过程中，总的趋势是湖面面积逐渐缩小，湖水水位持续抬升。

1. 先秦两汉时期

先秦两汉时期，荆江经虎渡河分流南下洞庭湖。荆江南岸地势北高南低，流经今松滋、公安二县境的古代油水与虎渡河合南流入湖。这一时期史籍多称洞庭湖为"九江"，它水势浩大，为一江合湘、资、沅、澧四水及荆江分洪水流然后北注长江的巨大湖泽。

最早记载荆江分流南下洞庭的是成书于战国时期的《尚书·禹贡》。该书记载："岷山导江，东别为沱；又东至于澧，过'九江'，至于东陵。"不过，对于"九江"的确指，学者们存在不同的意见，多数认为应为洞庭湖。

战国末期长期在洞庭湖区生活的屈原，在《楚辞》有关篇章中，曾多次提到洞庭湖西北通江的事实。《九歌·湘君》："沛吾乘兮桂舟……遭吾道兮洞庭……望涔阳兮极浦，横大江兮扬灵（舲）。"屈原由洞庭湖口附近的君山乘舟出发，绕行于洞庭湖水道，看到"涔阳浦"的尽头，很快就要横越长江航行（而北上郢都了）。王逸《楚辞章句》卷二《九歌》载："涔阳，江碕名，近附郢。"① 许慎《说文》载："涔阳渚在郢。"《文选》吕向注："涔阳浦接于楚都（郢城）。"可见当时江湖相通的水道与今日虎渡河太平口位置大致相当。

《战国策》有关篇章记载，战国后期，秦国由巴蜀起兵进攻楚国的黔中郡，乘船经巴水、西汉水（今嘉陵江支流），沿长江出峡，"四日而至五渚"（《战国策·燕策二》，又见于《史记·苏秦列传》）。前 277 年，秦派蜀郡太守张若起兵攻楚，即循此路线，略取楚国"江南"之地为秦的黔中郡（《史记·秦本纪》）。"江南"，据《战国策·秦策一》记载，为"洞庭五都江南"。秦的黔中郡，即汉代武陵郡，在今湖南西部至贵州东部。秦舟师所至的"五渚"或"洞庭五都江"，即"虎渡"或"洞庭虎渡江"。因为古代楚方言中"虎"为"於菟"，音"乌涂"，"乌""五"同音，"涂渡"与"都"或"渚"为合声连语，故"五渚"为"虎渡"，"五都江"为古虎渡河的同音异写。②

关于洞庭湖接纳湘、资、沅、澧四水的情况，成书于战国时代的《山海经·中山经》明确记载："洞庭之山……澧沅之风，交潇湘之渊，是在九江之间。"这是证明《尚书·禹贡》所说"九江"为洞庭湖区的重要依据，也是记录洞庭接纳四水的早期文献。另外，屈原在其《楚辞》中多次以"沅、湘"合称或将"沅、澧"并提来描述洞庭湖水流。如"济沅湘以南征兮"（《离骚》）、"令沅湘兮无波"（《九歌·湘君》）、"沅有芷而澧有兰……观流水兮潺缓"（《九歌·湘夫人》）、"临沅湘之玄渊兮，遂自忍而沈流"（《九章·惜往日》）等，

---

① 〔东汉〕王逸：《楚辞章句》卷二《九歌》，〔宋〕洪兴祖补注，上海涵芬楼据江南图书馆藏明繙宋本影印。

② 卞鸿翔：《洞庭五渚江南考辨》，载《社会科学战线》编辑部编《古籍论丛》（第二辑），福建人民出版社，1985。

不胜枚举。屈原在《九章·怀沙》中还说:"浩浩沅湘",表明先秦时期洞庭湖不仅四水汇注,而且水面浩大。类似的记载还有《尚书·禹贡》中云"九江孔殷",《史记·秦始皇本纪》载秦始皇南巡,因在洞庭湖遇风浪"几不得渡"。无不反映当时洞庭湖水面的浩大。

《汉书·地理志》记载了湘、资、沅、澧四水汇合的情况:资水"东北至益阳入沅",澧水"东至下隽入沅",沅水"东南至益阳入江",湘水"北至酃入江"。后两处"入江"可能会引起认识上的歧义。有人依据《汉书·地理志》的这些记载,认为先秦两汉时期四水是分别注入长江的。其实汉代益阳县治在今益阳市西(一说在今市东八十里),下隽县治在今岳阳、汨罗之间的新墙河口,酃县治在今衡阳市东。显然,湘水不可能在酃县入长江,沅水也不能在益阳入长江,只能指湘江下游。沅、湘在益阳境内合流,而《汉书·地理志》本已明确记载沅水和资水、澧水是汇合在一起的,故四水合流入汇洞庭湖的情况应该是可以确认的事实。

先秦两汉有关洞庭湖的文献本来就不多,对这一时期洞庭湖的具体范围和面积大小,并无任何文献记载。至于当时湖区的垦殖情况,仅《元和郡县志》记载说:东汉初年,樊重(光武帝刘秀的外祖父)在西洞庭湖区兴筑过"筑陂"的工程,其位置在今常德市北八十九里,据说"有肥田数千顷,岁收谷子万斛"①,《元和郡县志》此条已佚,此据《舆地纪胜》引《元和郡县志》记载。据洞庭湖区现有考古发掘资料可知,分布遍及湖区各地的新石器文化层只至龙山期(距今4000～4500年)就中断了,湖区腹地至今尚未发现商周秦汉时期的任何重要遗址或墓葬。这就表明,在距今4000多年以前,即中国

---

① 〔宋〕王象之:《舆地纪胜》卷六十八《荆湖北路·常德府》,〔清〕岑建功补,清道光二十九年刻本,第6页。

有史记载的文明伊始之时，洞庭湖的水面突然扩大，滨湖许多平原地带连同早期人类的文化遗存都已沉入湖底。这正与史书记载的相传为尧舜时代的上古洪水时期一致。从这时起，直至战国秦汉，各朝代在湖区腹地海拔 30 米以下地域很少留下文化遗址或墓葬，有关这些地方的政治、经济和其他活动的文字记载也很少。而且，秦汉时期统治者在以丘陵岗地为主的湖区边缘陆续设置县治，如秦代于洞庭湖南岸及东南岸设益阳县、罗县，西汉在湖区西北设孱陵县，湖区西南设临沅县、索县，洞庭湖东岸设下隽县，东汉又在湖区西北设作唐县，而在湖区平原的中部除华容隆起之外则没有一个县治。现在已发现的大量商周秦汉时期的遗址和墓葬，几乎集中分布于湖区外缘的环湖丘岗地带和四水下游，湖区腹地除华容隆起外现为堤垸平原和湖、河水网的地带，当时应为一片广阔浩渺的湖面。依据商周秦汉时期文化遗址的分布位置，结合现在所能查证的文献资料，可以概略勾绘出先秦两汉时期的湖面范围，估算当时的湖泊面积超过 6000 平方千米。[①]

2. 魏晋南北朝时期

三国时期成书的《水经》首次记载，油水改由孱陵县（今湖北公安县西南）北"东北入于江"（《水经·油水篇》）。同书还记载江水在公安县北"右合油口"（《水经·江水篇》）。《水经》及 5 世纪北魏郦道元所作的《水经注》，均没有有关虎渡河或其他荆江分洪入湖水道的记载。《水经注·油水注》还明确记载当时油水在公安县西"北流，注于大江"。油水改流入江的事实，表明东汉末三国初年的"荆江—洞庭湖关系"发生过一次重大的转变，荆江南岸的地势已由北高南低变为南高北低，洞庭湖不再接受汛期荆江分流的洪水。造成

---

① 湖南省农业区划委员会编著《湖南省农业区划》（第一辑），湖南科技出版社，1986，第253页。

这一局面的原因主要来自自然方面，即先秦两汉时期长时期的江湖相通，洞庭湖发生极其缓慢的自然淤积，加之人工的围垦已经有了初步的发展，湖泊水面有所缩小，汛期湖水位有所壅高，从而使油水及荆江分洪水流南流入湖时受到阻碍。

复旦大学张修桂《洞庭湖演变的历史过程》一文认为，"东晋、南朝之际"，"在公安油口下游的荆江南岸，开始出现景口、沧口两股长江分流汇合而成的强盛沧水"，"开始干扰洞庭水系"，其依据也是《水经注》。其实《水经注》中说到景口和沧口时，只在《水经注·江水注》提及江水"又东经公安县北，县有油水，水东有景口，口即武陵郡界；景口东有沧口，沧水南与景水合，又东通澧水及诸陂湖"。这里并没有说它们是"东晋、南朝之际"形成的，也没有说它们是"长江分流"南下洞庭的"强盛"水流，只是把它们作为汇流入江的小水口来讲述，因为《水经注》明确记载与景、沧二口最贴近的油水是"北流注入大江"的，景、沧二口东则的龙穴水口、清水口、生江口等也都是北流入江的"江浦"，景、沧二口似乎也只是分澧水而北流入江的水口。

魏晋南北朝时期荆江主要通过北岸的水口向江汉平原分泄洪水，对此，《水经》和《水经注》均有明确记载。《水经·江水三》："（江水）又东至华容县西，夏水出焉。""又东南当华容县南，涌水出焉。"《水经·夏水篇》："夏水出江，流于江陵县东南。"《水经注·江水注》直接把夏水当作长江左支，"江水左迆，为中夏水"；《水经注·夏水注》更明确指出"江津豫章口东有中夏口，是夏水之首，江之泛也"；又引应劭《十三州记》记载"江别入沔，为夏水源。夫夏之为名，始于分江，冬竭夏流，故纳厥称"[1]。《水经注·江水注》中

---

① 转引自〔东汉〕桑钦撰《水经》卷三十二，〔北魏〕郦道元注，朱谋㙔笺，明崇祯二年刻本，第15页。

还记载了荆江北岸其他水口也是分江水入夏水的，如豫章口"夏水所通也"，子夏口"江水左迤北出，通于夏水"，俞口"夏水泛盛则有，冬无之"等，它们全都在荆江北岸。在上述荆江分流北入江汉平原的水口中，以中夏口最大，为夏水之源。正是它与豫章口一起将荆江汛期过多的洪水径流量分泄，使进入荆江干流的流量常年较为恒定，曲流顶冲位置较为固定，故荆江典型的蜿蜒河道当时已经形成。

魏晋南北朝时期与江湖关系演变有关的另一重要事件是"杜预运河"的出现。《晋书·杜预传》载："旧水道唯沔汉达江陵千数百里，北无通路；又巴丘湖，沅湘之会，表里山川，实为险固，荆蛮之所恃也。"① 杜预在平定东吴之后就开了这条"开杨口，起夏水，达巴陵千余里，内泻长江之险，外通零桂之漕"② 的运河。杨口为杨水与夏水汇合后注入汉水之口，在今湖北潜江市东北泽口镇附近。杜预镇守的荆州治在今湖北襄阳市，他开凿的这一运河主要流经荆江以北的江汉平原。

魏晋南北朝时期，洞庭湖的水情除了先秦两汉时期已表现很突出的"秋汛"外，湖水在春季涨水形成"桃汛"为这时的一大特点。阴铿《渡青草湖》诗描述："洞庭春溜满，平湖锦帆张。沅水桃花色，湘流杜若香。"这与湖南春季多雨，而湘、沅等水春汛较大的水情特征完全一致。汉末以后，北方战乱频繁，湖南境内特别是洞庭湖区和湘江流域人口剧增，天然植被遭受一定程度的破坏，入湖泥沙有所增加。两汉至三国时原位于新墙河口的汉代下隽县城，可能就因为河口淤塞，没有了原先优越的水上交通和港口条件而日益衰微，最终失去了县域政治中心、经济中心的地位。

---

① 转引自《嘉庆巴陵县志》卷十六《名宦上》，第5页。
② 转引自《嘉庆巴陵县志》卷十六《名宦上》，第5页。

魏晋南北朝时期，洞庭湖区的围垦活动已经初具规模。三国时，吴丹阳太守（丹阳郡，汉置，原治今安徽宣城市，三国吴移治于今南京市）李衡在武陵龙阳（今汉寿县）氾洲上"作宅，种橘千株"，"岁得绢数千匹，家道富足"①。这一"氾洲"遗址，在今汉寿县大围堤西，其范围虽然有限，但标志着湖区垦殖在当时已相当兴盛。《水经注·澧水注》记载澧水支流涔水下游有一面积数千顷，即几十万亩的"涔坪屯"。西晋惠帝永宁元年（301）四川爆发了以李特为首的流民起义，巴蜀人民为了躲避战乱，纷纷出川东下，流寓荆湘者多达十余万人，其中一半流民分布于洞庭湖区。这么多的流民，显然是以垦殖这里丰富的洲土为生的。东晋初年，大量的北方流民进入洞庭湖区，如原在河南平阳县境内的义阳郡流民，大量涌入洞庭湖西岸，晋穆帝时（345~351）侨设南义阳郡以统摄。四川、三峡地区的流民则大量移居洞庭湖南岸，南朝宋后废帝元徽二年（474）乃割罗县、益阳、湘西三县地设置湘阴县（故治在今县城北七十五里的琴棋望）以安置这些巴、峡流民。东晋南朝时期大量外来人口进入洞庭湖区，在湖区形成了第一次围湖垦殖的高潮。与之相对应的是，魏晋南北朝时期政府不断向湖区腹地增设县治，表明当时人类的围湖垦殖活动是不断由湖区边缘向湖区腹地深入的，这也说明先秦两汉时期的浩渺大湖开始被分割，逐渐缩小。

关于这一时期的湖泊面积，《水经注·湘水注》记载：洞庭湖"湖水广圆五百余里，日月若出没于其中"。"湖水广圆"指湖泊天然水面的周长，以周长大小代表平面图形实际占地面积的多少，这是中国传统的计量方法之一。虽说不免粗略了一些，但用于比较大

---

① 〔宋〕乐史：《太平寰宇记》卷一百一十八《江南西道·朗州》，〔清〕陈兰森补阙，清南昌万廷兰刻本，第12页。

小的情况相当广泛，甚至直到今日在简易水文测量与计算中还被采用。《水经注》记载"湖水广圆五百余里"，应指湖面折算成正方形或圆形的周长数。以周长 500 里估算：若湖泊平面形状近似于正方形，可推算湖面积约为 3900 平方千米；若湖泊平面形态近似于正圆形，可推算湖面积约为 4900 平方千米。因《水经注》是综合了魏晋南北朝时期文献资料写成的，故这一记载可以代表魏晋南北朝时期洞庭湖的相对可靠面积数。在上述依正方形和圆形推算的两数据中，可取其中值 4400 平方千米代表这一时期洞庭湖主体的稳定水面大小。另宋李昉等撰《太平御览》所引南朝刘宋年间（420～479）盛弘之《荆州记》记载："巴陵南有青草湖，周回数百里，日月出没其中。"[1]"周回"，即周长。用上述方式可估算青草湖至少有 600 平方千米以上的面积。另外，《水经注·澧水注》中记载澧水下游还有"赤沙湖"，《水经注·湘水注》《水经注·沅水注》中也记载了各水入湖三角洲内部还有许多"大湖""诸湖""湖汊""陂湖"之类，由于它们的总数缺乏完全统计，大小也无法估算，暂以现今位于堤垸内的内湖总面积 1000 平方千米来匡算，则魏晋南北朝时期的洞庭湖，包括青草湖、赤沙湖及其他边缘湖群在内的湖泊总水面接近 6000 平方千米。

3. 唐宋时期

隋唐时期，荆江与洞庭湖的关系仍维持着魏晋南北朝时期"湖高江低、江不入湖"的局面，但由于湖泊的缓慢自然淤积，洞庭湖的汛枯水位变化已很显著。唐赵冬曦诗《序》云，"巴邱、南湼湖者，盖沅、湘、澧、汨之余波焉，兹水也，沦汇洞庭，澹澹千里，夏潦奔注

---

[1]　〔宋〕李昉等：《太平御览》卷六十六《地部三十一》，1936 年上海商务印书馆影印本，第 2 页。

则溢此湖"，① 夏季各水汇注洞庭湖，则湖水漫溢入此湖，"冬霜既零，则涸为平野"。《皇朝舆地通考》引宋代祝穆曰"青草湖，北连洞庭，南接潇湘，东纳汨罗之水"，② 故而得名"青草湖"。这两则记载中均提到了汨罗江，关于它下游尾闾的汛枯水位变化，太和二年（828）蒋防所撰《汨罗庙碑记》引当时《图经》说："汨冬水二尺，夏九尺，则为大水也。"③ 据此可以推知，唐代洞庭湖东岸的冬夏水位变化幅度也有两米多。洞庭湖枯季水面退缩，湖底大多露出。

唐初湖南人口较少，森林植被破坏尚不严重，各入湖河流的含沙量较低，故唐代诗人常常在诗文中咏赞湘水、洞庭湖等水色清澈碧绿，一望见底。如刘禹锡《送李策秀才还湖南因寄幕中亲故兼简衡州吕八郎中》诗写道："湘江含碧虚，衡岭浮翠晶。岂伊山水异？适与人事并。"④ 其《游桃源一百韵》诗说："沅江清悠悠，连山郁岑寂。回流抱绝巘，皎镜含虚碧。"⑤ 他作文送人时还说："潇湘间无土山，无浊水。"李谅《舟过浯溪怀古》诗称湘江"清可鉴毛发"⑥，孟浩然形容湘江的清澈，"纤鳞百尺深可窥"⑦。韩愈《岳阳楼别窦司直》诗中极力称赞湖水的澄澈透明，"泓澄湛凝绿，物影巧相况"⑧。不过唐代中叶湖南山林因伐薪樵采、刀耕火种而遭受破坏的情况已趋严重。柳宗元《自衡阳移桂十余本植零陵所住精舍》中提到"火耕困烟烬，

① 《嘉庆巴陵县志》卷五《山川》，第20页。
② 〔清〕通文主人编《皇朝舆地通考》卷十三上《湖南·岳州府》，光绪二十九年上海通文书局石印本，第20页。
③ 〔唐〕蒋防：《汨罗庙碑记》，载《嘉庆湘阴县志》卷三十五《艺文》，第3页。
④ 〔唐〕刘禹锡：《送李策秀才还湖南因寄幕中亲故兼简衡州吕八郎中》，载《乾隆清泉县志》卷二十八《艺文志·诗》，第10页。
⑤ 〔唐〕刘禹锡：《游桃源一百韵》，载〔唐〕刘禹锡《刘梦得文集》第一卷《古诗》，1919年上海涵芬楼影印董氏影宋本。
⑥ 〔唐〕李谅：《舟过浯溪怀古》，载《嘉庆祁阳县志》卷五《浯溪下》，第1页。
⑦ 〔唐〕孟浩然：《湘南渔父》，载《嘉庆祁阳县志》卷二十三《艺文下》，第2页。
⑧ 〔唐〕韩愈：《岳阳楼别窦司直》，载《嘉庆巴陵县志》卷二十四《艺文》，第31页。

薪采久剥摧。"① 刘禹锡《武陵观火诗》指出山林破坏后必然引起严重水土流失："山木行剪伐，江泥宜壅途。"② 到了唐末，湘江下游各支流的泥沙含量已日趋增多，故僧齐已在其潇湘诗中称湘江下游已是"阔去都凝白，傍来尽带浑"③。

唐末五代时，荆江两岸堤防的完善使洪水漫溢的情况得到缓解，但同时荆江河床淤高和洪水位逐年增高，从而使魏晋以来那种"湖高于江，江不入湖"的局面发生变化。荆江筑堤始自东晋桓温命陈遵在江陵附近的荆江北岸构筑"金堤"，以后屡有加修。五代时高季兴割据荆南，将荆江南、北岸大堤修成统一整体。北岸自当阳至拖茅埠，南岸自松滋至城陵矶，长各六七百里，但南岸堤身较为单薄，石首县（今石首市）自宋初就常出现"江水为患""堤不可御"的险情。荆江南岸经常溃堤决口的事实，表明江湖关系已经逆转，洞庭湖又接受荆江汛期分水分沙，而过去一些分泄湖水入江的河道，必然又逐渐转变为分泄江水入湖的水道。北宋范致明《岳阳风土记》记载，藕池河，即《水经注》里提到的"清水口"，原为泄湖水入江的河道，宋代却由原先的"北通于江"转为"南通于湖"；还记载洞庭湖北岸的华容县"地皆面湖，夏秋霖潦，秋水时至，建宁（今石首市）南堤决即被水患"④。

宋代洞庭湖因荆江干扰日趋严重，湖泊水情和泥沙状况发生了一系列显著的变化。

首先，汛期荆江洪水位对东洞庭湖产生影响，由单纯的水位顶托，逐渐演变为倒灌入湖。唐末五代时孙光宪长期在荆南做官，《康

---

① 〔唐〕柳宗元：《自衡阳移桂十余本植零陵所住精舍》，载《乾隆清泉县志》卷二十三《艺文志·诗》，第 8 页。
② 〔唐〕刘禹锡：《武陵观火诗》，载《同治武陵县志》卷四十八《艺文志》，第 3 页。
③ 《道光永州府志》卷二上《名胜志·零陵》，第 41 页。
④ 〔宋〕范致明：《岳阳风土记》，明嘉靖四十二年刻本，第 18 页。

熙大清一统志》转引了孙光宪所著《北梦琐言》关于长江对洞庭湖影响的记载，该书首次记载了汛期长江与南水相互顶托造成洞庭湖面扩大的水情特点："湘江北流至岳阳达蜀江（长江）。夏潦后，蜀江涨势高，遏住湘波，让而溢为洞庭湖，凡阔数百里，而君山宛在水中。"① 可见岳阳附近江、湖水体的汛期遭遇和顶托现象相当明显，至于长江倒灌入湖，似乎还未说到。到了北宋时期，出现了江水倒灌入湖的情况，范致明的《岳阳风土记》对此做了记载："荆江出巴蜀，自高注下，浊流汹涌，夏秋暴涨则逆泛洞庭，潇湘清流顿皆混浊，岳人谓之'翻流水'；南至青草湖，或三五日乃还，俗云'水神朝君山'也。"可见北宋时期与五代时的单纯顶托相比，已出现了一个为时 3~5 日的小型逆流期。到了南宋时期，这一倒灌入湖的情况更为严重了，成书于宋代的《舆地纪胜》转引宋马子严所纂《岳阳甲志》云："荆江六、七月间，其水暴涨则逆流洞庭，潇湘清流为之改色，南至青草，旬日乃复，亦谓之'西水'。其水极冷，俗云岷峨雪消所致。"② "九月间，水入洞庭，复如'西水'，止三五日，谓之'蓼花水'，云其时也。"③ 与北宋时期逆流三五日的情况相比，南宋有两次倒灌，一次十日左右，一次三五日，且"西水""蓼花水"的称呼，至今在湖区渔民及沿湖居民中仍然流行。

其次，洞庭湖汛枯季节变化更为明显，湖区各地汛期洪水位不断抬升。孙光宪《北梦琐言》在记载当时洞庭湖因汛期江、湘顶托而形成"凡阔数百里"的湖面，"君山宛在水中"的情况之后，接着说到

---

① 〔清〕蒋廷锡修，〔清〕王安国等纂《康熙大清一统志》卷二百二十七《岳州府》，清道光九年木活字本，第 14 页。

② 〔宋〕王象之：《舆地纪胜》卷六十九《荆湖北路·岳州府》，〔清〕岑建功补，清道光二十九年刻本，第 5 页。

③ 〔宋〕王象之：《舆地纪胜》卷六十九《荆湖北路·岳州府》，〔清〕岑建功补，清道光二十九年刻本，第 9 页。

洞庭湖“枯期一条线”的情况：“秋水归壑，则此山（君山）复居于陆，唯一川湘水而已。海为桑田，于斯验也。”①范致明《岳阳风土记》记载的北宋时期洞庭湖汛枯异观的情况较五代时期则有过之无不及：“君山在洞庭湖中，昔人（这里指唐末诗人许棠）有诗云‘四顾疑无地，中流忽有山’，正谓此也。……近年冬深水落，渡江肩舁以游。”“肩舁以游”，即乘轿而行、涉水过湖，可见当时洞庭湖枯季与汛期迥然异观。至于湖泊汛、枯时期的划分，当时大致以夏历四月初至十月初为界限。北宋张舜民《郴行录》记载，洞庭湖“每岁十月以后、四月以前，水落洲生，四江可辨；余时弥漫，云涯相浃，日月出没，皆在其中”②。每年从四月初至十月前的汛期，之所以能形成弥漫汪洋的景象，与湖泊水位的抬升有关。《读史方舆纪要》引《水利考》记载，称“常德府城因当沅水入湖尾闾地带”“古多水患”“萧齐永明十六年（按：萧齐‘永明’年号共计仅十一年，此处‘十六’当作‘六’，‘十’字疑衍），沅水暴涨，浸城五尺，自是溃溢无时”“宋淳熙十六年大水，没城一丈五尺，漂民庐舍”。③据此可知，488年（南朝齐永明六年）至1189年（宋淳熙十六年），湖区特大洪水位上涨了一丈，主要是五代至南宋荆江堤防进一步善后所引起的湖面上涨。

最后，湖盆内泥沙淤积严重，水深日益减小。这在每年有使“潇湘清流为之改色”的荆江泥沙倒灌的东洞庭湖尤为明显。《岳阳风土记》记载：“岳阳楼旧岸有港名‘驼鹤港’，商人泊船于此……今已湮没如平陆，不复通舟。”这里说湖滨深水港湾原能停泊载重量千石的大船，已经淤成一片陆地了。至于湖中航道，《岳阳风土记》也记

---

① 〔清〕蒋廷锡修，〔清〕王安国等纂《康熙大清一统志》卷二百二十七《岳州府》，清道光九年木活字本，第14页。

② 〔宋〕张舜民：《郴行录》，载朱易安、复璇琮、周常林、戴建国主编《全宋笔记》（第八编十），大象出版社，2017，第284页。

③ 〔清〕顾祖禹：《读史方舆纪要》卷八十《湖广六》，清敷文阁刻本，第25页。

载了它们因泥沙淤塞在枯季发生搁浅的情况："大抵湖上舟行，虽沂流而遇顺风，加之人力，自旦及暮可二百里……冬春水落，往往浅涩；江道回曲，或远或近，虽无风涛之患，而常靠搁。"可见湖盆淤积普遍较为严重。淤积的直接后果是湖水深度变浅。《岳阳风土记》记载："洞庭湘湖（江），夏秋水涨不过数十尺，而荆口水深一、二百尺。穷冬，洞庭湖水已退尽，江湖寒洪，（有）在徒涉处得鱼数百斤者。"可见当时洞庭湖即使在汛期也不过深几十尺，枯季则干涸见底，可以"徒涉得鱼"。

唐宋时期，中国经济重心已由黄河流域转移到长江流域，洞庭湖区的围垦又进入一个新的高潮时期，从而使湖泊水面积受到压缩。

唐代，地方政府在洞庭湖西岸的武陵县境内先后进行过几次水利整修，据《新唐书·地理志》记载，武则天圣历元年（698），武陵县令崔嗣业对西洞庭湖农田水利进行了一次大规模整修，溃废与修复交替进行。当时洞庭湖西岸围垸鳞次栉比，长堤曲折蜿蜒，刘禹锡在朗州谪居时，写下了大量与圩堤有关的诗。他的《堤上行》说，"酒旗相望大堤头，堤下连樯堤上楼"，"长堤缭绕水徘徊，酒舍旗亭次第开"[1]；《采菱行》说："携觞荐芰夜经过，醉踏大堤相应歌"[2] 等。可见滨湖的武陵、龙阳等县境内，依堤为村市、商埠、道路，出门就要登堤，人民生活与堤休戚相关。

关于洞庭湖东岸围湖垦殖的情况记载较为缺乏，只能从唐代诗人记述中了解其大略。白居易《自蜀江至洞庭湖口有感而作》诗说："渗作膏腴田，踏平鱼鳖宅。龙宫变闾里，水府生禾麦。坐添百万户，

---

① 〔唐〕刘禹锡：《堤上行》，载〔唐〕刘禹锡《刘梦得文集》第八卷《乐府》，1919 年上海涵芬楼影印董氏影宋本。
② 〔唐〕刘禹锡：《采菱行》，载〔唐〕刘禹锡《刘梦得文集》第八卷《乐府》，1919 年上海涵芬楼影印董氏影宋本。

书我司徒籍。"① 乃是因当时大水溃堤、吞没良田而发的感叹之辞。与白居易同在元和年间（806～820）先后到达洞庭湖东岸的元稹和韩愈，都在诗中提到当时这里堤堰溃废的景象。元稹《竞舟》"积水堰堤坏，拔秧蒲稗稠"②，是指今岳阳一带的情况；韩愈《岳阳楼别窦司直》"朝过宜春口，极北缺堤障"，是指今湘阴、汨罗一带的情况。这种在元和年间（806～820）常常出现的堤堰溃废情况，在一定程度上反映了过度围湖造田引发的自然"恶性报复"。

《元和郡县志》记载："洞庭湖在（巴陵）县西南一里五十步，周回二百六十里。""青草湖在（巴陵）县南七十九里，周回二百六十五里。"③ 可见唐代洞庭湖面积缩小而青草湖面积扩大，两者面积几乎相等。若以周回（即周长）260里按正圆进行匡算，面积约为1300平方千米。若按南北长78里、东西宽52里的矩形计算，面积尚不足1000平方千米，故这里将湖面积估算为1100平方千米。依同样方式匡算青草湖为1200平方千米左右，故两湖相加总面积约为2300平方千米，加上赤沙湖及其他边缘小湖，湖泊总面积也不过3300平方千米左右。

唐宋时期不少诗文中有"洞庭湖八百里"的说法，其实这是套用了魏晋南北朝时期古诗中"洞庭八百里，幕阜三千寻"的说法，仅为描写洞庭湖汛期泛涨景色的文学夸张之辞，并不能表示唐宋时期洞庭湖的实际面积大小。宋代《皇朝郡县志》中虽有洞庭湖"西南连青草，亘赤沙七八百里"④ 的记载，但这是指洞庭、青草、赤沙三片湖

---

① 〔唐〕白居易：《自蜀江至洞庭湖口有感而作》，载《嘉庆巴陵县志》卷二十四《艺文》，第31页。

② 〔唐〕元稹：《竞舟》，载〔宋〕祝穆《古今事文类聚前集》卷九，台北"故宫博物院"文渊阁四库全书版，第27页。

③ 〔唐〕李吉甫：《元和郡县志》卷二十八，清光绪二十五年广雅书局刻本，第19页。

④ 转引自〔宋〕王象之《舆地纪胜》卷六十九《荆湖北路·岳州》，〔清〕岑建功补，清道光二十九年刻本，第7页。

面所分布的整个湖区范围，其中包括大量的洲滩、泓道、农田、村镇，并非专指湖泊水面。实际上，宋代洞庭湖区的围垦比唐代更为普遍和持久，宋代的湖面比唐代进一步受到人为约束。

北宋时期洞庭湖区广泛围垦使湖面日窄，在农田排灌及湖水蓄泄都已出现矛盾的情况下，地方政府进行了水利整修。除了官方修筑堤垸外，北宋末年因北方动乱，人口南迁，湖区私人围湖垦殖的现象也已盛行。官僚地主在湖区"侵占湖沼淤地，筑垸围田，广袤百里"者，"比比皆是"（《钟相杨幺佚事》）。当时岳州府辖下的滨湖各县，由于围湖扩耕，已不能以田亩数征税，只好根据种粮多少来"纽税"，规定一石种粮"作七亩科敷"（《宋会要辑稿》）。洞庭湖西岸，田土日辟，到了南宋淳熙年间（1174～1189），不少地方已是"桑麻蔽野、稼穑连云"、人口密集、"比屋连檐"，仅龙阳县上、下沚江乡村已有"丁黄数十万"[1]。

在私人围垦活动普遍发展的同时，官方也在湖区进行大规模的围湖造田。南宋绍兴五年（1135），岳飞镇压杨幺起义，在湖区"募民营田，又为屯田"，前者相当于官办农场，后者相当于军垦农场，生产的粮食用于供应荆襄一带的前线军食，"岁省漕运之半"（《宋史·岳飞传》）。第二年，宋高宗赵构便下诏置"各路营田大使"，湖区的"营田"迅速发展起来。今屈原农场的"营田"这一地名，即因南宋所开"营田"而得名。其后，至宋理宗嘉熙四年（1240），又有孟珙在湖区北部，沿荆江开二十屯，垦田十八万八千余顷（《宋史·孟珙传》）。这些官办"屯田""营田"的过度发展，导致荆江及洞庭湖水面束狭，洪水位抬高，水灾也日益加重。魏源所编的《皇朝经世文

---

① 〔宋〕岳珂：《鄂国金佗续编》卷二十六《鼎澧逸民叙述杨幺事迹》，转引自《中华大典》工作委员会、《中华大典》编纂委员会编纂、姜锡东主编《中华大典　经济典　户口分典　户口数量总部》，巴蜀书社，2017，第172页。

编》中收录的《湖北水利论》云："宋为荆南留屯之计，多将湖渚开垦田亩，复沿江筑堤以御水，故七泽受水之地渐湮，三江（这里指汉江、荆江和荆江分洪入洞庭的'南江'）流水之道渐狭而溢，其所筑之堤防亦渐溃塌。"[1] 因此，宋代，特别是南宋时期的洞庭湖面积应该比唐代还要小，至多不会超过 3300 平方千米。

4. 元明时期

元明两朝，荆江南岸大堤因自然及人为原因经常溃口，汛期荆江分流入湖的洪水量较前期增多，而湖区围垦和农村经济处于低落阶段，自然的废田还湖现象十分严重，故湖泊面积不断扩大，而湖盆内泥沙淤积现象却日益严重。

元初，荆江南岸大堤屡决屡筑，耗费民力但迄无成功。大德九年（1305）石首县官员决定对陈瓮溃口不再筑塞，这一年荆江洪汛并不比常年小，但因"独陈瓮当下流之浸，注之洞庭而无常岁冲溃之患"[2]，荆江洪水位有明显削峰作用，石首县境内没有像往年一样发生水灾，于是石首县官员向府、路及朝廷申述他们开穴疏导的效益。元武宗于至大元年（1308）下诏在江陵路三县合开六穴，即江陵县的郝穴，监利县的赤剥（尺八口），石首县的杨林穴、宋穴、调弦口和小岳穴（《重开古穴记》）。其中，向荆江南岸泄水的是石首县的杨林穴（在石首县西南三十里）、宋穴（在石首县东三十里）、调弦口（在石首县东六十里），它们"挟江水而南，百里之内，皆与洞庭接壤"[3]。但是由于自然淤积及人为干预，元代所开的这六穴至明初不过六十余年，除南岸的调弦口外，其余的均已淤塞或被堵筑。

明代，洞庭湖区水利失修，荆江决口、湖区溃垸的情况日益加

---

① 〔清〕魏源：《魏源全集》（第 19 册），岳麓书社，2004，第 505 页。
② 〔元〕林元：《重开古穴记》，载《同治石首县志》卷七下《艺文志》，第 31 页。
③ 《同治石首县志》卷一《方舆志》，第 53 页。

剧。特别是嘉靖三十九年（1560）来自长江上游的特大洪水，使荆江两岸溃决数十处，其中最为严重的溃口有枝江百里洲、松滋朝英口、江陵虎渡口、公安窑头铺和艾家堰、石首藕池等处。荆江洪水奔泻而下，自黄山、鹿湖山两侧漫流进入洞庭湖区。安乡"积尸逐波"[①]；常德府"遭淹没填平"[②]；华容县因藕池溃口，分杀了调弦口水势，县城才免遭淹没（《岳州府志·水利》）。

嘉靖四十五年（1566）特大洪水之后，明政府又逐一将荆江堤防加以修复，并订立"堤甲法"制度，分段负责，"夏秋防御，冬春修补，岁以为常"，洞庭湖区堤垸则迟至万历年间（1573～1619）才逐渐加以修缮恢复。隆庆年间（1567～1572）议开浚沿江各穴口，实际上只疏浚了一个调弦口。当时官员认为郝穴和虎渡口分别为荆江北、南两岸的主要分洪穴口，不能让它们淤浅阻塞，故万历初年又对此二穴及支河加以开浚。郝穴后来又发生堵塞，荆江汛期分洪穴口又只剩下南岸与洞庭湖相通的虎渡、调弦二口。荆江洪水出路问题关系荆江南北两岸人民的财产生命安全，容易引发湘、鄂两省人民的争执与冲突。

元代洞庭湖区废田还湖现象可能相当普遍。所以现在见于记载的宋代堤垸，除常德宿郎堰、华容护城垸、石首郑家垸等不多几处外，其余竟都无从查考。清代所修的湖区县志，往往只能依据当时尚存的明代方志和图册，把大多数堤垸的始建时代归在明代。元代大德、至大年间（1297～1311）荆江南岸开穴泄流，荆江汛期进入洞庭湖的洪水量陡然增多，有人形容这是"天开雄水连三峡，地涌洪涛漾百川"[③]，这必然要引起湖区堤垸的漫溃及湖泊水域面积

---

① 《乾隆直隶澧州志》卷十九《祥异志·荒歉》，第13页。
② 《嘉庆常德府志》卷十一《赋役考·堤防》，第2页。
③ 〔清〕塔不觯：《洞庭春涨》，载《乾隆直隶澧州志》卷二十五《艺文志·诗律》，第4页。

的扩大。

明初，朱元璋因洞庭湖区曾为陈友谅的粮秣后方，故意加赋示惩，逼得湖区农户逃亡，堤垸捍筑无人，大片农田弃为湖荒。正统、嘉靖、万历等朝确实也在湖区恢复和加筑过一些堤垸，如华容的安津、蔡田等48垸，安乡的围城、惠民等13垸，沅江县的太平、安乐等13垸，龙阳（今汉寿）的大围堤、南赶等障，湘阴的荆塘、塞梓等围，但后来竟"愈修愈塌，随筑随决"[①]。苛政、重税的压迫，使明代湖区人口逃亡、堤垸残破、水灾频繁、农田弃为湖荒的情形十分普遍，围垦处于极度衰落阶段。

明代，湖区水灾加剧、废田还湖现象严重，除了人为原因外，还与当时洪水位抬升的自然因素有关。而造成湖区洪水位抬升的原因，至少有两个方面。一是荆江水位抬升对洞庭湖泄流造成壅托，导致湖区洪水位的抬升。袁中道《游岳阳楼记》描述明代东洞庭湖受荆江顶托的情况说："洞庭为沅、湘等九水之委，当其涸时，如匹练耳；及春夏间，九水发而后有湖。然九水发，巴江之水亦发……九水始若屏息敛衽，而不敢与之争。九水愈退，巴江愈进。向来之坎窦，隘不能受，始漫衍为青草，为赤沙，为云梦，澄鲜宇宙，摇荡乾坤者八九百里。"[②] 二是因入湖泥沙增加造成湖底淤垫引起湖泊容积的减小和水位的抬升。叶世杰《洞庭中庙记》说，"尝观湖水涸时，独洞庭有水，周湖地万余顷，皆茸然生青"，"及蜀江泛溢，湖波震荡，风涛雪岸，叙流（与'蜀江'均指长江，这里实指荆江段）至此而止，居人谓此水'送沙'"。同时，四水入湖使泥沙在这一时期也明显增多，这是因为明代湖南境内森林植被遭受严重的破坏，水土流失现象十分严

---

① 〔清〕顾炎武辑《天下郡国利病书》卷七十六《湖广五》，清光绪五年蜀南桐荨书屋薛氏铅印本，第3页。

② 转引自〔明〕袁中道《珂雪斋集》（中），上海古籍出版社，2019，第691页。

重。《明史·师逵传》记载：永乐四年（1406）明成祖建北京宫殿，任命师逵到湖南督办采木，"逵往湖湘采木，以十万人入山"①。又，明宣宗宣德元年（1426）在湖广采木，一次采伐的"杉松大材"达七万余株之多。明陶晋英《楚书》记载："湘江其初最清，百尺而毛发可鉴。比会众流下洞庭始浊。"②可见当时因为森林植被破坏严重，入湖泥沙也加速了湖底的淤垫，故《楚书》还说："洞庭水浅，止是面阔。"③

关于元、明时期湖泊面积的大小，缺乏明确可靠记录。在明人记载中，称洞庭湖"南连青草，西亘赤沙，七八百里"④；《嘉靖常德府志》说洞庭湖"每岁夏秋之交，湖水泛滥，方八九百里"。对这类数字稍加考查就会发现，《岳州府志·水利》的说法实际是从宋代方志中抄录的，《嘉靖常德府志》的说法是套用了西汉文学家司马相如《子虚赋》中称"云梦者方九百里"的铺张之辞，均不能代表元明时期湖泊的实际情况。明万历十三年（1585），岳州兵备冯仁轩绘刻过一幅洞庭湖的水上巡防图，图今已不知下落，但曾亲见此图的人记录了巡哨范围，尚可窥见当时湖泊规模：上哨自岳州府南津港至长沙府湘阴县哨，中经荆埠港、河公庙、新墙河口、万石湖、鹿角、啄钩嘴、磊石、鲫鱼夹、青草港、颜公埠、穴子哨、白鱼场、营田司、大头寨、横岭至芦林潭，水路共251里；中哨自君山后湖至常德傅家圻，中经蓼荆湾、昌蒲台、石门山至白苑矶，水路共245里；下哨自昌蒲台以东，经团山、吉山（即寄山）、古楼山至明山，水路共145

---

① 《道光永州府志》卷十七《事纪略》，第56页。
② 〔明〕陶晋英等：《楚书·楚史梼杌·湖北金石诗·紫阳书院志略》，温显贵等点校，湖北教育出版社，2002，第4页。
③ 〔明〕陶晋英等：《楚书·楚史梼杌·湖北金石诗·紫阳书院志略》，温显贵等点校，湖北教育出版社，2002，第6页。
④ 〔明〕晋文相：《君山记》，载《嘉庆巴陵县志》卷二十二《艺文》，第40页。

里。另外，明嘉靖年间（1522～1566），罗洪先曾将元代朱思本地图改编成分幅的《广舆图》，该图至今尚存，且因它采用了"计里画方"的比例方法，可用于量算面积。从《广舆图》的"湖广幅"上量算，洞庭湖面积竟达7000平方千米以上。这是因为此图比例尺过小，略去了湖心的一切洲滩岛屿和岸线的转折细部，从而使湖面和水道夸大。将此图对照现代地图进行比例尺和地形的改正后可知，当时洞庭湖实际面积约为5600平方千米，即相当于现在洞庭湖外湖面积的两倍。

5. 清代初、中期

清初，荆江分洪水口只有调弦、虎渡二口。调弦口在元、明两朝就屡淤屡疏。虎渡河因两岸堤防约束，两岸居民又增建护岸石矶，口门宽度仅一丈多，故荆江由虎渡口分泄南流的水量很小（《光绪江陵县志》卷三、《同治公安县志·堤防》）。康熙十二年（1673）吴三桂叛军进攻宜昌，拆毁石矶，将河道拓宽至数十丈。当时荆江南岸兵荒马乱，湖区的堤垸"民不暇修，官不及督"，"捍筑无人，逐渐崩溃"①。加之虎渡河的分流量陡然增加，滨湖各县水灾突然加剧，大量垸田溃废还湖。

从康熙中叶起，清政府在洞庭湖区恢复和加筑了堤垸，康熙五十五年（1716）、雍正六年（1728）均由皇帝本人拨巨款助修两湖（湖北、湖南）堤垸。为推行围垦扩耕的政策，清政府规定"以招垦定'考成'，州县岁垦百顷以上，有叙"②。湖区地方官为完成岁垦百顷的指标以图叙升，使出各种招数，比如许多地方将未垦荒地的税粮预先摊派到老户头上，充作正额，并把这叫作"责民认垦"。到了雍正、乾隆时期，沿湖垦地和洲滩尽被围垦，甚至到了滥围滥垦的地步。

---

① 〔清〕赵申乔：《题明常德府大围堤已经修筑请归通判专管疏》，载《同治武陵县志》卷四十七《艺文志》，第25页。
② 《光绪湘阴县图志》卷二、卷五《舆图》。

《光绪湘阴县图志》说，湘阴自"康熙时督民开垦，至乾隆中叶，报垦者六十九围"，"西乡田土之盛，无若乾隆之世"。①

湖区围垦的迅猛发展，使天然湖面急剧压缩，湖泊调蓄洪水的能力逐渐变小，滨湖州县水灾日益频繁和加剧。湖南巡抚蒋溥、杨锡绂、陈宏谋、马慧裕等先后在乾隆、嘉庆年间（1736～1820）疏请永禁围垦，如蒋溥在乾隆九年（1744）已奏称："近年湖滨淤地，筑垦殆遍，奔湍束为细流，洲渚悉加堵筑，常有冲决之虑……臣以为湖地垦筑已多，当防湖患，不可有意劝垦。"②盲目围垦的势头并非一道命令就能遏止的，陈宏谋竟对湖区已挽筑堤垸进行强制性退田还湖，"请多掘水口，使私围尽成废坏，自不敢再筑"③。不过在当时，正确的意见不易被采纳，因而并无成效，许多早已被列为"勒令刨毁"的私垸，却不断更换名目保留下来，而新的堤垸仍在不断增筑。如道光五年（1825）御史贺熙龄就曾指出：乾隆年间（1736～1795）已属查禁的湘阴莲蓬寨、杨林寨私围，分别更名为"廖家山""郭家湾"而加以修复。

这一时期荆江洪水位抬升较为迅速。乾隆末年亲至荆州勘察荆江大堤的王昶在其《使楚丛谭》中说："盖四川、陕西、湖北山木丛密处，今皆砍伐为种包谷地，遇雨，浮沙随水下于江，故江底沙淤日积，水势年增。"④尽管荆江大堤逐年"加高培厚"，但仍赶不上洪水上涨速度，沿江各县因大堤溃决而遭灾的情况屡见不鲜。如道光年间（1821～1850）荆江大堤"十岁中少者决二、三，多者决至四、五，甚者频年决"⑤。这一时期荆江分流入洞庭的各穴口也大多浅塞，但湖区水灾却十分频繁。

---

① 《光绪湘阴县图志》卷二、卷五《舆图》。
② 〔清〕赵尔巽等：《清史稿·列传七十六》，上海辞书出版社铅印本，1928，第5～6页。
③ 〔清〕赵尔巽等：《清史稿·列传九十四》，上海辞书出版社铅印本，1928，第11页。
④ 〔清〕王昶：《使楚丛谭》，载王锡祺辑《小方壶斋舆地丛钞》第六帙，清光绪十七年上海著锡堂铅印本，第188页。
⑤ 〔清〕徐毓才：《论一则附江防志之末》，载《同治监利县志》卷三《江防志》，第9页。

道光年间湖广水灾成为学者所关注的课题。道光十三年（1833）御史朱逵吉上言"请疏江水支河，使南汇洞庭湖"①；道光二十年（1840）湖广总督周天爵疏报江汉水情时，提出将虎渡河移堤拓宽："改虎渡口东支堤为西堤，别添新东堤，为宽水路四里余，下达黄金口，归于洞庭。"② 在这一时期，湖南学者魏源在其论著《湖广水利论》中也说，"乃数十年中，告灾不辍，大湖南北，漂田舍、浸城市，请赈缓征无虚岁"的原因就在于上游山林的破坏和下游湖区的围垦，在于泥沙淤积与滥围滥垦形成的恶性循环。"今则承平二百载，土满人满，湖北、湖南、江南各省，沿江沿汉沿湖，向日受水之地，无不筑圩捍水，成阡陌治庐舍其中，于是平地无遗利；且湖广无业之民，多迁黔、粤、川、陕交界，刀耕火种，虽蚕丛峻岭，老林邃谷，无土不垦，无门不辟，于是山地无遗利。平地无遗利，则不受水，水必与人争地，而向日受水之区，十去五六矣；山无余利，则凡箐谷之中，浮沙壅泥，败叶陈根，历年壅积者，至是皆铲掘疏浮，随大雨倾泻而下，由山入溪，由溪达汉达江，由江、汉达湖，水去沙不去，遂为洲渚。洲渚日高，湖底日浅，近水居民，又从而圩之田之，而向日受水之区，十去其七八矣。"导致"下游之湖面、江面日狭一日，而上游之沙涨日甚一日，夏涨安得不怒？堤垸安得不破？田亩安得不灾？"其出路唯有"导水性，掘水障"，即疏导水路，恢复江湖的蓄泄功能。为此，他建议清政府必须"遴委公敏大员，编勘上游，如龙阳、武陵、长沙、益阳、湘阴等地，其私垸孰碍水之来路；洞庭下游如南岸巴陵、华容之私垸，北岸监利、潜、沔之私垸及汀洲，孰碍水之去路"，要采取断然措施，不惜"毁一垸以保众垸，治一县以保众县"③。道光末年，湖

---

① 〔清〕赵尔巽等：《清史稿·河渠志四》，1928 年铅印本，第 12 页。
② 〔清〕赵尔巽等：《清史稿·河渠志四》，1928 年铅印本，第 13 页。
③ 〔清〕魏源：《魏源全集》（第 13 册），岳麓书社，2011，第 320～322 页。

北监利学者王柏心著《导江续议》，建议疏导虎渡口，"分洪水大半南注洞庭"，并提议对今后荆江大堤的决口不再堵筑，而留作分泄水口，他说："南决则留南，北决则留北，并决则并留……因任自然而可以杀江怒，纾江患，策无便于此者矣！"①

由于人口增殖和生计的需求，不仅湖区的围垦愈演愈烈，而且湖区以外的丘陵山区也出现了滥垦荒地的热潮。许多在清初还是"地旷人稀，老林邃谷"的地方，乾隆年间（1736～1795）就出现了"尺寸隙土，无不垦辟""深山穷舍，烟火万家"的景象。湘江流域更是"牛山濯濯"，连柴炭价格都连涨数倍。《光绪巴陵县志》针对乾隆年间（1736～1795）在山区推行"广种杂粮"的政策提出批评："自今以观，则因种杂粮而恣开垦，山土浮动，一值大雨时行，随高水而冲注，以致湖汊泥淤，易成泛滥，近山膏腴且屡遭沙压成废，此又恤民瘼者所当为也？"前文提及魏源在《湖广水利论》中也有类似的论述。可见，丘陵山区的毁林垦荒，直接导致严重的水土流失和大量泥沙入湖，加重了湖泊的淤积。

由于湖泊不断淤浅，湖面的洪枯变化极为显著。《康熙大清一统志》记载，洞庭湖"每夏秋水涨，周围八百里，其沿边则有青草胡、翁湖、赤沙湖、黄驿湖、安南湖、大通湖，并名合为洞庭。至冬春水落，众湖俱涸，则退为洲汊沟港"。②清乾隆年间袁枚《过洞庭湖水甚小》一诗说："我昔舟泛洞庭烟，万顷琉璃浪拍天。我今舟行洞庭雪，四面平沙浪影绝……春自生，冬自槁，须知湖亦如人老。"③ 这时西洞庭湖由于堤垸错杂、洲渚纷陈，已分解为一系列零散水面与曲折

---

① 〔清〕王柏心：《百柱堂全集》（下），张俊纶点校，崇文书局，2016，第895页。
② 〔清〕蒋廷锡修，〔清〕王安国等纂《康熙大清一统志》卷二百二十七《岳州府》，道光九年木活字本，第13页。
③ 〔清〕王英志编纂校点《袁枚全集新编》（第3册），浙江古籍出版社，2015，第781～782页。

港汉："随其涨落、弯环数里，支流而合大水者曰港；水落复流，大者数里，小者二三里，曰湖；众水相合而入者曰口；深隈不竭，可以藏鱼者曰窖；湖泊之间，隐然而起者曰洲；低溺之所，可樵而可渔者曰澥。"①

西洞庭湖的急剧缩小，必然引起各入湖水道洪汛水位的抬升。《乾隆安乡县志》说："安邑踞洞庭之滨，辰、常、沅、澧之水发自西南，长、永、潇、湘之水自东南下，交相灌注，每遇夏秋，波涛泛涨，田湖几莫辨矣！"②《嘉庆常德府志》认为安乡县夏秋涨水的情况与荆江由虎渡河分流南下有关系："江水自荆州之虎渡分流入洞庭，武陵、龙阳、沅江下流，弥月不消，浸没田庐，土人谓之'下漾水'。"③

道光末年为止的整个清朝初、中期，即 17 世纪中叶至 19 世纪 50 年代，洞庭湖基本上处于一个由大变小的萎缩阶段。康熙末年实测成图的《皇舆全览图》以及后来以此为蓝本的《乾隆内府舆图》《大清一统舆图》，其中洞庭湖部分均为康熙五十五年（1716）前后，以当时西洋通用的经纬测量方法测绘成图的。用这类地图量算，洞庭湖天然水面约为 4300 平方千米，可以代表清代围垦发展初期的湖面大小。目前尚未发现乾隆以后有新的测绘成果能反映当时围垦进一步发展时湖面缩小的情况。根据大量文献资料的记载，估计乾隆末年以及嘉庆、道光年间（1796～1850）的洞庭湖面积，当在 4000 平方千米以内。

目前不少研究洞庭湖变迁的文章中，常常提到"道光五年（1825）《洞庭湖志》附图"，并称依据此图量算，1825 年的洞庭湖面积达 6000 平方千米或 6200 平方千米。有人把道光年间说成近代洞庭

---

① 《乾隆安乡县志》卷一《方舆·山川》，第 20 页。
② 《乾隆安乡县志》卷二《建置·水利》，第 29 页。
③ 《嘉庆常德府志》卷五《山川考二》，第 27 页。

湖的全盛时期，甚至把这一时期说成洞庭湖沉降扩大的极盛时期，其实这是不可靠的。首先，道光五年《洞庭湖志》的附图为木刻版图，可能是套用旧版《岳州府志》中洞庭湖图重新雕印的，采用示意的画法，陆地被有意压缩而将湖面（以波纹线表示）夸大，以致湖泊轮廓全部歪曲变形，其目的只在显示洞庭湖的"碧波万顷""跨州连郡"。其次，该图未采用任何比例尺，包括传统的计里划方表示法，故根本不能也不应该用来量算面积。最后，所谓道光五年《洞庭湖志》本身并非道光年间的作品，其初稿是在乾隆初年由华容人綦世基摘录当时所见到的湖区周围四府一州八县的方志所写成的，作为唯一资料来源的这些方志属于明代和清初版本，而且大部分应为康熙年间（1662～1722）编印的，稿本至乾隆五十八年（1793）经岳州府教授夏大观修订，但登录的堤垸仍截止于乾隆十一年（1746），共225个。该稿本一直没有印行，直至道光初年，才由在安徽做巡抚的陶澍和在安徽六安的万年淳联合发动在安徽的湖南籍官员捐款集资，将此稿付印，这就是道光五年（1825）印行的《洞庭湖志》。很显然，道光五年《洞庭湖志》及其附图不能代表道光年间洞庭湖的实际情况。

　　道光年间虽然并没有什么有关湖泊的测绘成果资料，却有不少文献记载湖区因堤垸的增筑而湖面极度萎缩的情形。乾隆年间严有禧在《查垦滨湖荒土移详》中还只是说："民围之多，视官围不止加倍。"[①] 可道光年间魏源在《湖广水利论》中则称"自江至澧数百里，公安、石首、华容诸县，尽占为湖田""私垸之多，千百倍于官垸、民垸""向日受水之区，十去其七八矣"。他在《洞庭吟》一诗中还说，由于"沿湖圩田岁增多，曲防壑邻占地利"，滥围滥垦已

---

① 〔清〕严有禧：《查垦滨湖荒土移详》，载《乾隆直隶澧州志》卷二十《艺文志·移详》，第21页。

"八百里湖十去四"。道光末年，王柏心《导江续议》记载："今之洞庭，非昔之洞庭也，阔不及向者之半。洪湖虽阔实浅。"① "湖心渐淤，滨湖之田皆筑为堤"，泥沙在湖中不断"积成淤滞"，"湖堤又从而夺之，湖之浅且隘，不亦宜乎？"② 王柏心这些道光年间以亲身经历所做的记载，表明当时洞庭湖较前期更为缩小，湖面积远不足4000平方千米。

6. 晚清、民国时期

19世纪中叶，荆江、洞庭湖关系已危如累卵：一方面，湖区的围垦已到了使"向日受水之区十去七、八"的程度；另一方面，荆江大堤逐年"加高培厚"，已形成"土积如山、水激亦如山"的局面。这正是清代前期统治者忽视改善江、湖蓄泄关系，单纯依靠防守和片面推行围垦护耕政策所导致的后果。乾隆至道光末年，荆江南岸大堤已陆续增高一丈多（《松滋县志·水利》），这种"堤加如山、水高于田"的局面长久持续和无限发展，导致藕池、松滋在咸丰、同治年间（1851～1874）相继溃口，从而形成一个多世纪荆江四口南流入洞庭的新的江湖关系。

清咸丰二年（1852），石首县的荆江南岸大堤溃口于藕池马林厂，第二年汛期，江水遂由藕池口南趋华容西境，夺占了原华容河下游九都河及虎渡河东支厂窖河的故道南流入湖，在决口冲积扇上，逐渐形成众多的分汊水网。藕池溃口后，减轻了调弦口的分流负担，使华容县东部遭受水灾程度较前得到改善（《华容县志·序》）。但每至汛期，荆江洪水以建瓴之势奔涌南下，在西洞庭湖区造成极大威胁。特别是咸丰十年（1860）大水之后，经藕池口泄入西洞庭湖的洪水量增

---

① 〔清〕王柏心：《百柱堂全集》（下），张俊纶点校，崇文书局，2016，第895页。
② 〔清〕王柏心：《百柱堂全集》（下），张俊纶点校，崇文书局，2016，第894页。

大，西洞庭湖"水涨逾甚"（《直隶澧州志·堤垸》），安乡县垸田大量溃废，县城成为"孤岛"（《安乡县志稿·建设》）。汉寿徐霞舫《洞庭湖七十年变迁记》记载："（藕池）江堤崩溃一口，宽约里余，涛头百仞，倒灌入湖，浩浩荡荡，怀山襄陵，围湖十余县，浸入鱼鳖乡矣。"徐氏"亲见湖水逆流，一日涨至尺余，宅庐汩没"，不得已只能"于协山之桃林冲，构棚面居"。[①]

　　松滋县江堤，西起县城东的庞家湾，东至江陵县古墙铺，全长九千余丈。因地处荆江上游，一旦溃决，就会影响整个荆江南岸及洞庭湖区，形势极为严重。咸丰十年（1860）大水，庞家湾决口四百余丈，县令汪维诚率众堵筑，用银四万两。同治九年（1870）长江特大洪水，松滋城东的庞家湾和采穴西侧的黄家铺同时决口。汛期，庞家湾溃口未堵，黄家铺虽加堵筑，但工程不坚固，同治十二年（1873）又被江水冲决，形成二支合流的松滋河，奔流南趋入湖。徐霞舫《洞庭湖七十年变迁记》记载同治九年（1870）冬他泊舟安乡县治时，见县城里官衙民居冲刷一空，"人民逃徙，靡有孑遗"，"询之土人，则曰夏秋水满之时，全县皆淹，止黄山片土浮水面耳"。[②] 汉寿县在松滋溃口的第二年，水决46垸，当时"一片汪洋""百里为湖""堤之未付流波者，如额上修眉、条鱼背影，数痕而已"（《王军门救堤碑记》）。

　　藕池、松滋的溃口，加上原先的虎渡、调弦二口就形成了分流入洞庭的荆江四口。四口分流入湖的局面，对洞庭湖的直接影响就是湖泊的扩大（亦称为"回春"）。正如谢赓云在《洞庭全图》附言中所

---

① 徐霞舫：《洞庭湖七十年变迁记》，载湖南省汉寿县政协文史资料研究委员会编《汉寿文史资料》（第2辑），1986，第23～24页。

② 徐霞舫：《洞庭湖七十年变迁记》，载湖南省汉寿县政协文史资料研究委员会编《汉寿文史资料》（第2辑），1986，第24页。

说："太平口一溃而澧、安当其冲，斗护堤（今公安县城）、藕池一溃而中和、雷湾、南洲受其灾，调弦一溃而华容受其厄，南北汇合，水势滔天，而沅、湘下流尽成泽国。"

光绪二十二年（1896）刊行的《湖南全省舆地图表》，是同治年间（1862~1874）湖南通志馆开馆后派专人重新测绘的。现为四分幅折叠，藏于湖南省图书馆。该图比例尺大，绘制精确，其水域宽阔处可以识别出深水处和浅水处，从其中庭湖图上量算所得的湖泊面积为5400平方千米［《湖南省志·地理志》（下）］，可以代表20世纪下半叶湖泊回春时期，即近代洞庭湖最盛阶段的湖面积数据。

荆江分流入湖的洪水是与泥沙俱来的，因此在短暂的湖泊回春、水面扩大之后，紧接着发生了湖泊的淤浅与北岸洲土的增长。光绪华容县知事龙起涛云："自咸丰三年（实际是咸丰二年，这里以江水入华容的咸丰三年起算），藕池口决，川水入境，于是邑西北乡又有水患。然江水一石，其泥数斗，地势日淤日高，民藉以筑垸围田，稍沾其利。"[①] 在外湖淤高并筑成新垸的同时，老垸因地面低下反易"沦陷"成湖，自然的"湖垸互换"就不以人们意志为转移地发生了。《华容水道变迁纪略》说："邑东北滨江，南滨湖。江水浊，多淤；湖水清，无淤。因涨淤而堙塞，因堙塞而沉塌，附郭诸垸动辄受渍。外成高岸，湖皆为田；内为釜底，田皆成湖。"

光绪初年，华容西南与安乡、龙阳搭界间的赤沙湖、天心湖一带，因藕池河、九都河带入的大量泥沙，已淤出纵横百余里的"南洲"。湖南巡抚卞宝第曾派人丈量并招民试种，龙阳、沅江、益阳及澧州一带破垸失业的农民，纷纷迁入"南洲"，围垸垦种。至光绪二十一年（1895）清政府设置南洲直隶厅于乌嘴，光绪二十二年（1896）迁

---

① 《光绪华容县志》卷首《序》，第2页。

厅治于九都，就是今日位于湖区腹地的南县前身。光绪二十五年（1899）湖南布政司以"息争端、裕库收"为名，大卖垦照，凡缴费100文可领照垦田一弓（约五市亩），湖区围垦在这一时期又形成高潮。至清末宣统年间（1909～1911），"澧州、安乡、南洲、巴陵、华容、武陵、龙阳、沅江、湘阴、益阳等属，滨湖堤垸陆续围筑不少，虽经各前部院暨本部院叠申禁令，而大利所在，人共趋之，所垦垸田，栉比鳞次"①。难怪谢赓云在其作于宣统三年（1911）的《洞庭全图附说》上叹惜道："昔之横无际涯者，今则沧海桑田，半成沃壤之区矣！"

实际上，随着北岸洲土和垸田的不断增长，洞庭湖也不断地向南迁移。光绪末年，戴丹诚《洞庭湖淤塞于常德有何损益说》就已指出，"江水挟沙而来，淤塞湖身，（北岸）广袤数百里，竟成村落"，"春夏水涨，则湍暴难容"，"（南岸）滨湖堤防之地，悉溺于波臣"。结果，"洞庭日徙日南，较之古时'云梦'，仅有'江南之梦'之云而更狭焉"。② 20世纪初的清末民初时期，龙阳、沅江、湘阴、益阳一带的滨湖垸田大量溃废，原先位于资水下游的万子湖和湘江下游的横岭湖，则因垸田溃废而扩大串通，形成今日的南洞庭湖，原先位于沅水洪道东南、天心湖南岸的若干堤障相继溃废并形成今日的目平湖，统一的洞庭湖渐渐解体为东、南、西三片湖面。

民国初年，军阀混战，政局动荡不安，上台的官僚政客乱发"垦照"，借以敛财肥己。民国7年（1918）湖南省省长张敬尧发布命令：凡挽垸熟田，清丈升科后由业主缴纳照费，发给民业田照，按亩征收田赋，清丈中查出多于藩照的亩数，则按溢田补费，一律升科；尚未开垦的新淤，逐一调查开垦，凡愿领亩开垦的，可缴费领照，筑堤围

---

① 〔清〕曾继辉修纂《洞庭湖保安湖田志》，何培金校点，岳麓书社，2008，第728页。

② 〔清〕戴丹诚：《洞庭湖淤塞于常德有何损益说》，载谭其骧主编《清人文集地理类汇编》（第5册），浙江人民出版社，1988，第326页。

垸（《湖南实业》新刊第三号）。滨湖的常德、汉寿、沅江、益阳、湘阴、岳阳、华容、南县、安乡、澧县 10 县农民争相围垦，其他附近的县份也有移居湖区开垦荒地的，至民国 20 年（1931）大水之前，已筑垸田 400 万亩。1931 年，湖南省建设厅设立了湖田草山办事处，并颁发《滨湖各县执照登记条例》，正在工作人员忙于发照收费、捞取钱财时，当年 8 月发生了特大水灾，湖区溃垸 1600 余处，淹没农田 258 万亩，受灾人口近百万人，滨湖各县几乎沦为"泽国"。曾在常德担任十六混成旅旅长的冯玉祥在《我的生活》一书中写道："洞庭湖中水不大，多沼泽之地，张敬尧乃和当地土劣勾结，将沼泽中冲积的土地圈起来，使水不能入，从事放垦种植，致湖中容水量大减。黄河怕决口，长江则无决口之虞，即因为长江赖有许多大湖小湖为其水囊。张敬尧放垦的结果，即不啻把长江的一些水囊堵死，使水发时无法流泻。民国 18 年（1929）、20 年（1931）长江连发大水，张敬尧辈实应负担相当责任。"[1]

1931 年水灾之后，国民政府内政部召开废田还湖会议，议定凡"阻碍寻常洪水水流之沙田滩地及侵占寻常洪水所需停蓄之湖田应废。以后河湖沙洲滩地，经水利主管机关之研究，认为妨害水流及停储者，一律禁止围垦"。湖南省政府也据此颁布了"严禁盗修淤洲堤垸"的命令。民国 24 年（1935）洞庭湖又遇上由区域性暴雨形成的特大水灾，湖区溃垸 1600 余处，受淹农田 340 万亩，此外还有 280 余垸受溃，受灾面积达 166 万亩，损失稻谷 3000 万担，淹死 3 万人。大水后湖南省政府再次"颁令禁止围垦新垸，凡违令挽修者，即为盗修，除处以妨害水利之罪外，并刨毁其堤垸"[2]。其实这

---

① 冯玉祥：《我的生活》，中国青年出版社，2015，第 266～267 页。
② 湖南省地方志编纂委员会编《湖南省志》第 8 卷《农村水利志·水利》，中国文史出版社，1990，第 83 页。

仅仅是官样文章，绝不可能禁止滥围滥垦。不过，迭经两次特大水灾的惨痛教训，湖区在恢复溃垸时开始广泛并垸合修，由数垸或数十垸并为一垸，加之一些堤垸已废田还湖，故以湖区的岳阳、湘阴、华容、南县、沅江、益阳、汉寿、常德、安乡、澧县 10 县计，堤垸数由 1935 年的 1475 个减少至 1942 年（民国 31 年）的 587 个，不过其中并不包括"盗挽"的堤垸。民国 35 年（1946）湖南省滨湖洲土视察团在湖区视察时，即发现"盗挽"堤垸 55 个，耕地面积达近 50 万亩。1942~1949 年，湖区又增加堤垸 91 个，增加垸田面积达 187 万亩。1948 年、1949 年又接连发生严重水灾，1949 年溃、渍堤垸 821 个，受灾面积 427.5 万亩。20 世纪上半叶的洞庭湖演变历史，就是自发的围垦热潮与频繁出现的大水灾相交替，湖面积多次缩小又恢复扩大的历史。

荆江四口带来的大量泥沙，首先造成分流口门的淤塞。光绪十九年（1893），张之洞《奏陈勘明藕池等口情形并妥筹办法》中称"现入藕池口门内数里即有淤沙，沙日垫则水日缓，以后入口之水当日见其减"，虎渡河因"历年沙淤已久，口门甚窄，口内五六里即浅至数尺，冬令几不通舟楫，实有难疏"[1]。1929 年，陈湛恩《扬子江最近之情势及整理意见（续）》一文指出："松滋口最狭处仅数十公尺，阔处亦不过三四公尺；太平口水大时三四百公尺，中落时二百余公尺，极小时仅数公尺以至数十公尺，无水之处皆一片积沙断流；藕池口的正支藕池河，大水时宽六百公尺，平均深六公尺；调弦口水涸时，仅宽数十公尺。"[2]

四口来沙还在各分洪水道中淤积，使河道变浅、洪水位不断上

---

① 吴剑杰编著《张之洞年谱长编》（上），上海交通大学出版社，2009，第 369 页。
② 陈湛恩：《扬子江最近之情势及整理意见（续）》，《扬子江月刊》1929 年第 3 期。

涨。光绪《湖南全省舆地图表》记载，藕池河下游的注滋口段，"夏秋涨起，水深丈余，面阔五十余丈；冬春水落，深约三尺"；虎渡河下游在倒峡湖附近的泓道，"夏秋涨起，湖水泛涨，测无定权；冬春水落，水深不过三尺"。华容河淤浅最为严重，《光绪华容县志》"龙起涛序"称："藕池既溃，调弦一口水势遂小……然自调弦水势既小，则水力亦弱；水力弱则不能冲刷泥沙入湖。泥沙日积，河身日高，十余年来，闻已浅至一丈有余。"[1] 1936 年徐霞舫《洞庭湖七十年变迁记》说："堤身加高，束堤（水）东流，河水较促，流因束而水增高，水上犯而消愈缓，则咸丰迄今，以予目睹之水高于地约两丈。康熙迄今，以先辈之言证之，水高于地共有二丈七、八尺。此予以本境（汉寿县）先朝未淤之地与近年盛涨之水面相比较，约高三丈，则沿湖各州县可类推矣。"

四口来沙进入湖盆，促使湖中洲土不断淤涨，是影响湖泊淤积的最主要原因。这些泥沙对湖盆淤积的影响程度并不一样，"松滋口虽大而距湖较远，其所挟泥沙中道即舍，入湖者微；太平口较之略近而水量甚小，所携泥沙即已舍于口门成洲浅，不啻天然之坝，冬季水小则全涸；调弦距湖最近而最小，入湖水量少而暂，寻常皆湖水由此出流耳；四口之中，唯藕池最大，其水其泥，皆与湖之生命相关至切"[2]。湖中洲土面积，据 1946 年湖南省滨湖洲土视察团调查，当时共有 268.2 万亩之多。其中，东洞庭湖的苍梧台和注滋口两处共有34.1 万亩；大通湖区有 34.1 万亩；武岗洲、上下飘尾等处共有 82.0万亩；南洞庭湖区南嘴以下至南大市有 47.5 万亩；西洞庭湖区汉寿西港一带约有 13.7 万亩，常德东北的四美堂区约有 17.5 万亩。此外，

---

① 《光绪华容县志》卷首《序》，第 2 页。
② 李仪祉：《整理洞庭湖之意见》，《扬子江水利委员会季刊》1936 年第 1 卷第 3 期。

湘、资、沅、澧四水尾闾区零散洲土有 19.3 万亩，岳阳以下沿江淤洲有 20.0 万亩。当时"洞庭东湖湖面的三分之二已淤积成洲，所余水面纵横不过六十里许，平均水深不及二尺。洞庭西湖也已缩小至三分之一"，"大通湖四周均挽修成垸"，"常德的白芷、文殊、冲天、积儿、挖窖等湖，原皆一片汪洋，自二十七、八年（1938、1939）以来，西湖口西南纵横数十里已淤成沃壤，四美堂以南，湖已成陆。汉寿目平、大洋、黄珠诸湖，现仅余一宽数里之水道，余则已挽修成垸，或芦林丛生，皆成陆地"。①

　　民国时期洞庭湖的面积变动较大。民国初年由湖南内务司出版的《洞庭湖总图》（1914）上，量算湖面积（包括废垸等）约为 5000 平方千米。又据湖南省建设厅水道测量队 1924 年实测的洞庭湖水道图量算，当时湖面积为 4300 平方千米。1938 年，扬子江水利委员会据当时颁布的《整治江湖沿岸农田水利办法》派出以朱士俊为首的测量队，在湖区划定洞庭湖界。将大通湖的天祐垸以及汉寿大连障、华容和丰垸（属废垸未修或尚未修复），湘阴厚生垸（已成湖），常德同乐垸、阳复西洲（属甫筑即溃的），鳝鱼湖南之常德官致障、飞障、富兴障，东大屋场西之诸小垸，鸭子港西之汉寿荣塘障，大通湖滨之南县东成垸，横岭湖一带之湘阴广福围、黄土围、聚贤围、大顺围、葡萄围（均属强筑未成）等一系列废垸，均划入湖界。按划定的这一湖界范围计算，寻常洪水位时洞庭湖面积为 4700 平方千米。民国 35 年（1946）湖南省滨湖洲土视察团根据实地查勘并以当时堤垸为界在湖区地形图上量算求得洪水位时湖泊面积为 3154 平方千米，中水位时则以洲土为界，求得其面积约为 1396 平方千米。目前一般以 1949

---

① 民国湖南省政府编《湖南省滨湖洲土视察团视察报告书》，1947 年民国湖南省政府铅印本。

年洞庭湖面积为 4350 平方千米为准，是从 1951～1953 年补测的湖区两万五千分之一地形图上量算求得的。

二 洞庭湖为灿烂的湖湘渔耕文明奠定了坚实的基础

人类文明的早期曙光大都依山傍水。洞庭湖区因为良好的自然环境和丰富的水、土、湿地、生物资源条件，成为稻作农业发祥地之一。从洞庭湖西域的津市虎爪山、澧县城头山，到安乡县汤家岗遗址等，这里已经被考古人员发掘证明是中国史前文明的"南方高地"。洞庭湖区因为得天独厚的农业生产条件，养育了从古至今代代中华儿女，承载了大量的人口，滋养了千千万万的民众，是湖南名副其实的"母亲湖"。

（一）孕育灿烂早期文明的洞庭湖

一方水土养育一方人，作为湖湘文化的重要发源地，洞庭湖以其优良的生产生活条件，成为中国乃至世界水稻文明和渔业文明最古老的发祥地之一。

新中国成立以来，尤其是 20 世纪七八十年代，湖南省开展了大规模的文物普查和重点发掘研究，在发现的新石器时代遗址中，大多数遗址位于洞庭湖区。20 世纪 70 年代以来，湖南省考古工作者在洞庭湖区进行了一系列的发掘工作，考古资料显示，洞庭湖地区的文化面貌较湖南其他地区要清晰许多，从旧石器时代早期后段至新石器时代的各个发展阶段的文化遗存均有发现，文化面貌所体现的狩猎—采集经济向渔猎—采集经济发展至原始农业经济，都有所反映。

早在 1950 年，考古工作者在洞庭湖西北岸的澧县涔旦农场首次发现新石器时代遗物——石斧。此外，20 世纪 50 年代，考古工作者还在临澧柏枝台、汉寿周文庙、华容佛子坳、澧县涔南、铁坑、钱粮湖农场的层山

等处发现了石器。

1960 年，湖南省对华容时家岗遗址开展挖掘，这是洞庭湖区第一次发掘新石器时代遗址。[①] 1974 年秋，湖南省对面积达 296 平方米的三元宫遗址正式实施发掘，这是湖南省第一次较大面积的发掘，在 18 平方米的区域内，清理出了 23 座墓。[②]

此后，洞庭湖区又陆续发掘了安乡汤家岗和度家岗遗址、澧县东田丁家岗遗址、石门皂市遗址、澧县鸡公垱遗址、澧县彭头山遗址等重要遗址，使得洞庭湖区新石器时代文化上溯到距今七千多年以前。[③]

经考古发现与研究，洞庭湖史前原始文化发展序列经历了旧石器时代早期后段—旧石器时代中期—旧石器时代晚期—彭头山文化—皂市下层文化—汤家岗下层、丁家岗一期遗存—大溪文化—屈家岭文化—龙山时期文化几个阶段，这些原始文化，时间前后衔接、发展脉络明晰。

密布的石器时代遗存，说明在更新世晚期至全新世早期，洞庭湖区就是人类生存和活动的理想区域。

研究人员认为，洞庭湖区集中分布于澧水流域的旧石器时代遗存，总体上属于华南砾石石器传统范畴，石器的加工以单面打击为主，个别为两面对向打击。这个时期的湖区古人类逐渐由平原边缘丘岗向湖沼平原的低岗迁移，向着湖沼水体进军，在缩短渔猎距离的同时，推进了生产性经济发展。经济活动也逐步由狩猎—采集向渔猎—采集转变，促使湖区古人类朝驯化野生动植物方向迈进。进入旧石器时代晚期，洞庭湖区古人类所使用的石器也随经济生活的变化出现了新的特征，最明显的就是细小石器的出现。随着原始农业的进步，从彭头山原始农业文化时期的少量出土，到皂市下层文化时期细石器数

① 《湖南华容县时家岗发现新石器时代遗址》，《考古》1961 年第 11 期。
② 《澧县梦溪三元宫遗址》，《考古学报》1979 年第 4 期。
③ 何介钧：《洞庭湖区新石器时代文化》，《考古学报》1986 年第 4 期。

量显著增多，后又随原始农业的发展而逐步淘汰，这一过程延续到大溪文化时期。

考古学家发现，新石器时代早期遗址在洞庭湖区分布的数量较旧石器时代晚期遗址要多，并且在便于农耕的平原、低岗地区形成了众多具有一定规模的聚落，这一变化对农业生活的普遍化具有决定意义。考古学家在已发掘的彭头山文化和皂市下层文化中，发现了较早的稻谷遗存和不同数量的动物骨骼。经过实验测定分析，得知牛、羊、猪等动物已成为新石器时代湖区古人类主要肉类食物来源，甚至有可能实现了多样的、较稳定的家畜饲养。这表明，当时洞庭湖区的农业在经历了旧石器晚期的发展后，产生了初具规模的原始农业制度。

随着全新世早期全球性高温期的到来，洞庭湖区经历了新石器时代革命，通过新石器时代湖区文化遗址可略窥一二。其中最具代表性的彭头山文化遗址距今 8000～9000 年，考古学家结合该文化遗址的稻谷遗存、生产工具、家畜遗存、居住方式、陶器、墓葬以及当时的古气候与环境，分析彭头山文化时期属原始农业的发生期，这一时期在经济生活中居主导地位的是采集和渔猎，兼有规模不大的水稻种植与家畜饲养，尚处早期生荒火耕阶段。

进入皂市下层文化的洞庭湖区遗存较之前的文化遗存有了明显的阶段性差异，细石器数量较彭头山文化时期有所增加，形式与功能更丰富，因使用功能不同而设计的磨制石器批量出现。这一时期除了水牛和羊，猪也已进入人工饲养范围，因家猪饲养需要消耗较多粮食，表明这个阶段原始农业已相对稳定，有了相对富余的粮食。考古学家将这一时期归为锄耕农业的前期，属于原始农业的发展期。

湖区的汤家岗下层和丁家岗一期遗存的文化遗址则被考古学家认定为原始农业的发达期，这一时期大型砾石石器趋于消亡，细石器数量要多于大型砾石石器，磨制石器数量占绝大多数，水稻种植进入了

真正的栽培阶段，处于锄耕农业的中期。

安乡汤家岗、划城岗，澧县梦溪三元宫、丁家岗，华容车辋山、刘卜台等洞庭湖区大溪文化遗址距今 5000～6000 年，湖区的大溪文化遗址基本是长久居住的部落聚集地，有良好的农业基础。湖区的大溪文化遗址发现了种类繁多、制作精美、造型美观、技艺高超的陶器，这些广泛应用于生产和生活的手工业制品反映了相当发达的制陶业和丰富的饮食生活。除了常见的水稻遗存和大量家畜遗骸，还有大批出土的纺轮工具，反映了当时丰足的生活。这一时期农业生产无疑占据了经济生活的主导地位，农业耕作处于锄耕农业的后期，处于整个史前农业的拓展期、兴旺期。

洞庭湖区的屈家岭文化遗址广泛分布于接近水源的台地和平顶小山丘，包括安乡划城岗遗址、澧县梦溪三元宫遗址、华容车辋山遗址、安乡度家岗遗址、澧县宋家台遗址等。这一时期的房屋建筑较大溪文化时期更为讲究，规模更为宏大，生产工具制作技术也有了明显提高，穿孔、切割、抛光等加工工艺均已成熟，手工纺织业显著发展，农业生产已进入发达的锄耕农业阶段前期，湖区人类社会也完成了由母系制向父系制的过渡。

随后洞庭湖区进入龙山文化时期，这一时期处于新石器时代晚期，已发掘的如澧县道河、宋家台上层、临澧太山庙、华容车辋山、安乡度家岗、益阳石湖笔架山、沅江石君山等文化遗址都属于龙山文化时期遗址，与大溪文化和屈家岭文化遗址分布基本一致。这一时期的建筑规模虽然没有超过前一时期，但是其建筑工艺与营造风格却较之前更为先进，耘田器物开始广泛运用于农业生产，是耕作技术的一次大革新，极大提高了生产效率，水稻种植规模较之前有所扩展，湖区以种植水稻为主。同时，原始制陶技术达到了当时最高水平，人们掌握了更有效的渔猎手段，湖区农业生产达到了史前农业繁荣发达阶段，锄耕农业逐步向精耕细作和犁耕农业迈进。

从洞庭湖区史前农业发展历程来看，洞庭湖区是我国稻作农业起源区，也是中国原始农业的发祥地之一。之所以能在洞庭湖区孕育史前文化，发展原始农业，与环境变迁和人口的增减是分不开的。

首先，古气候的变迁，使得洞庭湖区的农作物栽培有了较好的环境。全新世早期以降，晚更新世严寒气候开始消退，中国气候由南往北、自东向西，逐步开始转暖，洞庭湖区气候开始变得温暖湿润。考古发现，全新世中期（距今 2500～7500 年），我国大陆气候与环境处于近万年来的最适宜状态，洞庭湖区气候属热带气候，湖南澧县梦溪三元宫新石器时代遗址（距今 5300～6400 年）中，发现有亚洲象的骸骨，而这一物种如今仅生活在热带森林中，这说明当时湖区气温较今要高不少，更有利于农作物的生长。[①]

其次，良好的自然生态，给原始农业的起源与发展提供了理想的环境。洞庭湖区由于拥有适宜的气候，生物多样性异常丰富，有充足的淡水资源，平缓的低地与丘岗，为最初的渔猎、采集和聚居生活提供了良好的条件。

最后，人类生产力的发展、文化的进步，为原始农业的起源与发展提供了强有力的保障。从旧石器时代到新石器时代，洞庭湖区都有完整而丰富的文化遗址，说明湖区人类生存的连续性，数以千年的文化传承与积淀，尤其是生产工具的革新和生产方式的突破，为原始农业发展的赓续提供了内在动力。

（二）为绚丽湖湘文化提供物质基础的洞庭湖

湖南是农业大省，而洞庭湖地区的农业又在湖南，乃至整个国家

---

① 向安强：《洞庭湖区史前农业初探》，《农业考古》1993 年第 1 期。

的农业发展中起着举足轻重的作用。正是古老而发达的农业，为悠久而深厚的"湖湘文化"提供了坚实的物质基础。

1. 渔耕千年：令人瞩目的洞庭湖种养殖业

洞庭湖传统农业历史悠久，尤其是唐宋以降，随着劳动力的增加和先进生产经验的传入，洞庭湖区农业得到极大开发和发展，成为全国传统经济发展版图中重要的组成部分。新中国成立之后，洞庭湖也一直是国家重要的粮食、淡水鱼等生产基地。据统计，包括岳阳、常德、益阳3市，长沙市望城区和湖北省荆州市在内的33个县、市、区的洞庭湖生态经济区，规划总面积为6.05万平方千米，常住总人口为2200万人。现有22个商品粮基地县、9个商品棉基地县、13个水产基地县、5个国家级基本农田保护示范区，粮食种植面积、粮食产量、棉花产量、油料产量、淡水鱼产量分别占全国总量的1.5%、2.3%、6.4%、4.7%、7.8%，是我国重要的大宗农产品生产基地。

从洞庭湖数千年的农业经济发展来看，以稻谷生产为代表的种植业和以渔业为代表的养殖业最具影响力，它们不但支撑起了源远流长的湖湘文化，也为国家经济社会发展做出了突出贡献。

尽管洞庭湖地区文明起源早，原始农业也颇具特色，但是秦汉时期，湖区农业生产与中原相比，依然较为落后，以火耕水耨为主的农业耕作方式依然普遍存在。直到东汉末年，因避战乱，来自黄河流域的北方人口大量南徙，洞庭湖区开始接纳大量北方人口。外来人口的迁入，推动和促进了湖区农业生产，使洞庭湖农业经济开发在广度和深度上都获得了长足的发展。尽管三国两晋南北朝时期，因朝代更迭，湖区农业生产消长无常，但大体上表现为稳步上升的趋势。

隋唐的大一统，为洞庭湖农业的迅速恢复和发展提供了稳定的环境。唐杜佑《通典》述及南朝及其以后"湘州"（包括今益阳、湘阴、汨罗等地）、"郢州"（今岳阳、常德等地）、"荆州"（包括今华容、安乡、澧县、临澧和津市等地），因稻米产量供应充裕，价格太低，而设"立常平仓，市积为储"，反映了湖区一带农业发展的状况。唐韩愈在《送陆歙州诗序》中也称"当今赋出于天下，江南居十九"[①]。当时，洞庭湖地区也是"江南"的一部分。唐代在洞庭湖地区兴修了大量的水利灌溉工程和堤堰工程，这些水利工程为湖区粮食种植与生产提供了坚实的基础设施。

宋代引种并推广了"占城稻"，占城稻"耐旱""成实早""不择地而生"，[②] 促进了洞庭湖区稻麦两熟或早晚稻连作耕作制度的发展。宋代洞庭湖区广泛筑堤围湖，农田面积日益扩大，为解决农田排灌与湖水蓄泄的矛盾，政府广兴水利，粮食产量不断增加。北宋时，荆湖北路（包括今岳阳、常德、湘西及怀化等地）每年北运的漕米就达35 万石左右。当时，岳州就有能装万石的巨船，"船形制圆短，如三间大屋，户出其背，中甚华饰，登降以梯级，非甚大风不行。钱载二千万贯，米载一万二千石"[③]。南宋时期，洞庭湖区更是成为偏居一隅的南宋政权赋税收入的主要来源地。

明清时期，是洞庭湖区传统农业开发与经济发展的最重要的阶段。明清初期，官府采取了一系列恢复与发展农业生产的政策和措施，如明洪武年间（1368～1398），招诱流亡、移徙农民垦殖，鼓励开垦湖区滩洲荒地；清初也同样采取了鼓励开荒的政策，在"滋生人丁，永不加赋""摊丁入亩"等政策的推动下，湖区农业生产明显得到恢复与发展，同时种植制度有了较大改进。据考证，清雍正、乾隆年间（1723～1795），双季稻开始在洞庭湖地区推广。[④] 到

---

① 〔清〕马通伯校注《韩昌黎文集校注》（第8 卷），古典文学出版社，1957，第135 页。

② 陈志一：《关于"占城稻"》，《中国农史》1984 年第3 期。

③ 〔宋〕张舜民：《郴行录》，载顾宏义、李文整理《宋代日记丛编》，上海书店出版社，2013，第612 页。

④ 李华：《清代湖南稻谷生产的商品化及其原因》，《中国历史博物馆馆刊》1989 年第13～14 期。

了道光、咸丰年间（1821～1861），双季稻在湖区广泛种植，黄彭年在《陶楼文钞》卷二中指出："湖田之稻，一岁再种。一熟则湖南足，再熟则湖南有余粟。"此外，冬小麦与水稻轮作复种制的形成，提高了土地利用率。这一时期，洞庭湖农田水利事业获得了空前发展。据统计，明代洞庭湖区共修堤33处，围垸134个，共计167处，远远超过以前各代。①

洞庭湖地区粮食总产量不断增加。洞庭湖成为天下闻名的"粮仓""鱼米之乡"。一句形容粮食生产的谚语在这几百年间发生了三次变化。开始称"苏吴熟，天下足"，后变为"湖广熟，天下足"，到清乾隆二年（1737），高宗皇帝在询问湖南巡抚高其倬后高兴地批示道："语云'湖南熟，天下足'朕唯有额手称庆耳。"

新中国成立以后，尤其是改革开放以来，洞庭湖区农业生产发生了深刻变革，传统农业生产正向现代农业、智慧农业阔步前进。经过几十年的发展，洞庭湖地区农业生产进步显著，取得了前所未有的成就。以湖区最引人关注的粮食生产为例，2014～2018年粮食总产量连续超600.00亿斤，2019年粮食产量略有减产，降至594.96亿斤。2020年，湖南多措并举稳面积、攻单产，粮食播种面积扭转连续5年下滑的趋势实现增长。全省粮食播种面积4755千公顷，比上年增加138千公顷，增长率为3.0%，对中国粮食播种面积增长的贡献率达19.7%。

洞庭湖水域辽阔，水生生物繁多，鱼类资源丰富，以"鱼米之乡"著称。渔业在洞庭湖发展历史上占据重要地位。

湖南省考古部门在澧县梦溪三元宫新石器时代（距今约6000年）

---

① 冀朝鼎：《中国历史上的基本经济区划与水利事业的发展》，中国社会科学出版社，1981。

遗址中，发现有烧焦的鳢鱼骨骼，证实在新石器时代中期洞庭湖区人民以鱼类为食。

《逸周书·王会解》所列周初贡品中，有"长沙鳖"。《战国策·楚策》称蔡圣侯好食"湘波之鱼"。《吕氏春秋·本味》载："鱼之美者，洞庭之鲋。""鲋"就是鲫鱼。这些材料说明，从春秋战国到秦代，洞庭湖区以产鱼著名。由于多鱼，《史记·货殖列传》称这一带"民食鱼稻"，《汉书·地理志》则称"饭稻羹鱼"，后世称为"鱼米之乡"。

东汉以后，由于长期战乱，渔业一度下落。东晋时期有所恢复，洞庭湖区的捕鱼业较为发达。唐、宋时期，洞庭湖水深面阔，鱼虾丰富，捕鱼业盛极一时。北宋时，鼎州（今常德）制造出能载万石鱼的大船，官府豪绅垄断"山泽之利"后，大量运输鱼米出境。宋人范致明《岳阳风土记》载，华容民"多以舟为居，随水上下，鱼舟为业者十之四五"[1]。并记载有江湖渔人以两舟夹江，一人持大如秤钩的纶钩捕大鱼和布网围江豚的技术，以及岳州人加工鲟鳇鱼卵的方法，到宋朝末年，青鱼、草鱼、鲢鱼、鳙鱼等鱼的饲养遍及江南各省。

明清时期，洞庭湖区的渔业进一步发展。明初时，洞庭湖区已是"鱼虾之会，菱芡之都"。[2]《嘉庆常德府志》卷十三《风俗考》引明《湖广通志》称，常德府"习网罟之利，旧称鱼米之乡，良有以也"[3]。《嘉庆沅江县志》卷十八《风俗》载，"湖汉为居，网罟是利""昔者小民善渔"。[4]《嘉庆巴陵县志》卷十四《风俗》说："滨湖河口觚山鱼苗洋等所水居之民，多以网罟为业，编号完课。有钓艇，有

---

① 〔宋〕范致明：《岳阳风土记》，明嘉靖四十二年刻本，第18页。

② 〔明〕史九韶：《潇湘八景记》，载《嘉庆湘阴县志》卷三十五《艺文》，第14页。

③ 《嘉庆常德府志》卷十三《风俗考》，第2页。

④ 《嘉庆沅江县志》卷十八《风俗》，第1页。

篷船，娶妻生子，俱不上岸。水汛，隶巴陵者渔户，概归巴邑东乡。"[1] 清道光年间，洞庭湖区渔业十分兴旺。鱼虾丰盛，除内销外，多制成干鱼外销。明《隆庆岳州府志》卷十一《食货考》载："（华容县）鱼利广于巴陵、临湘。大者则少，商人烘曝，贸易遍江、淮间。"[2]《万历华容县志》卷一《舆封·山水》载："循县河而南，历褚塘湖，秋水涸，鱼舟鳞比，至所有成市，渔灯鸼艇，纵横如画图，然鱼肥美硕大，类以售吴、蜀，贾人获贱值，取小者曝之，名淡干。"[3] 当时，洞庭湖各县有许多鱼市，生意十分兴隆。津市就是一个由鱼市发展起来的城市。

洞庭湖区的鱼类品种繁多，《道光洞庭湖志·物产》记载有 28 种。《光绪巴陵县志·物产》记载，仅今岳阳市、县范围内就有 34 种。1925～1928 年，据国外研究者报道，共有鱼类品种 64 种，分隶 49 属。《湖南省志·农业志》资料显示，洞庭湖区有鱼类（或亚种）114 种，分隶 70 属 23 科 12 目。新中国成立以后，洞庭湖渔业发展迅速，淡水鱼产量在全国淡水鱼产量中占据重要地位，数据显示，2014 年，全省渔业生产产值为 338.8 亿元，比 2013 年增加 29.0 亿元，增长率为 9.4%，占当年农林牧渔业总产值的 6.3%，比 2013 年提高 0.3 个百分点。洞庭湖区渔业生产占据全省半壁江山。2014 年，洞庭湖区的水产品产量达 128.47 万吨，占全省总产量的 51.8%。其中，捕捞产量达 11.20 万吨，占全省捕捞产量的 61.8%；养殖产量达 117.3 万吨，占全省养殖产量的 51.0%。

按照国家部署，2019 年底前，长江流域所有水生生物保护区完成渔民退捕，全面禁止生产性捕捞；2020 年底前，长江干流及重要支

---

① 《嘉庆巴陵县志》卷十四《风俗》，第 3 页。
② 《隆庆岳州府志》卷十一《食货考》。
③ 《万历华容县志》卷一《舆封·山水》。

流，以及大型通江湖泊完成渔民退捕，实施暂定为期 10 年的常年禁捕。2019 年 9 月 25 日，《湖南省人民政府办公厅关于加强全省水生生物保护工作的实施意见》要求，全省 44 个水生生物保护区，2019 年实现全部永久禁渔。尽管这些措施在短期内会对洞庭湖水产品有所影响，但从长远来看，禁捕对洞庭湖渔业生态恢复有着重要意义。

2. 四方辐辏：洞庭湖区是湖湘人口重要分布地区

洞庭湖区拥有得天独厚的自然环境，居住环境与农业生产条件相对优越，因此，历史上一直是湖南人口相对集中的地区。

商周时期，殷人和周人不断南进，在洞庭湖的西北隅和东南岸活动频繁，和当地居民共同开发洞庭湖平原，创造了辉煌的青铜文化，其中以洞庭湖西南岸平原最为突出，商文化影响最强烈、最明显。此一时期，社会生产迅速发展，政治格局重新排列，给了楚人以扩张的机会。考古发现，楚人自西周时期"开始南进"，先达洞庭湖区的澧水下游的澧县澧东一带；春秋时期"大举南进"，进入洞庭湖区周围的澧县、常德、岳阳、汨罗、长沙、益阳、桃江等广大地区；战国时期则"席卷江南"。西周末期至战国晚期，楚国先后灭国 61 个。此时，洞庭湖区完全置于楚国的统治之下。

秦代实行郡县制，洞庭湖区当时分属南郡和长沙郡。但据湘西里耶秦简中载有"洞庭郡""洞庭司空"等史实可以推断，郡及职官既以"洞庭"命名，该郡属地应在洞庭湖区一带，同时说明当时洞庭湖区的政治、经济已在全国有相当地位，人口也应得到相应增加。据《史记·秦始皇本纪》记载，前 214 年，秦始皇发 50 万大军戍守五岭，令史禄招募民工并凿灵渠，"由于交通条件得到改善，大量人口迁入湘江流域"。又据《淮南子·人间训》载，秦始皇所发戍守五岭大军，戍卒 50 万人分为 5 军，其中 2 军驻守湖南境内，约 20 万人。据此推断，洞庭湖区应有大量驻军入境。

西汉时期，"楚越之地，地广人稀"，"民食鱼稻"，"江淮以南，无冻饿之人，亦无千金之家"①。西汉元始二年（2），分辖洞庭湖区的武陵郡和长沙国共有77647户421583人。②东汉永初二年（108），黄河流域连年灾荒，有人建议把"尤困乏者，徙置荆、扬"，"令百姓各安其所"。因此，东汉永和五年（140），在中原人口锐减的同时，东汉荆州人口由西汉时的359万人增至626万人，其中湖南洞庭湖区所在的长沙国武陵郡迅速发展到302526户1310285人，较西汉元始二年（2）分别增长了2.90倍和2.11倍（见表1）。

表1　湖南洞庭湖区（郡国、府、州、县）及湖南全省历代人口对照

单位：户，人

时间	洞庭湖区（郡国、府、州、县）		湖南全省	
	户数	人数	户数	人数
西汉元始二年（2）	77647	421583	126858	717449
东汉永和五年（140）	302526	1310285	649839	2813266
西晋太康元年（280）	80100	513117*	148000	972360*
南朝刘宋年间（420～479）	34551	181324	48261	344086
隋大业五年（609）	33531	173356*	54250	280473*
唐贞观年间（627～649）	18656	34780	65436	612630
唐开元二十八年（740）	72938	380020	223256	1238504
宋崇宁元年（1102）	677749	1459089	1194577	2612383
元至元二十七年（1290）	1157423	4006338	1919145	5719064
明万历六年（1578）	133427	855492	276081	1917052
清嘉庆二十一年（1816）	1414653	8423592	3210863	18754259
民国36年（1947）	1468830	8988643	4621058	25557926
总计	5472031	26747619	12537624	61539452

注：*为约数。

---

① 《史记·货殖列传》。
② 湖南省人口普查办、湖南省统计局人口处编《湖南省人口统计资料》。

魏晋南北朝时期，战争频仍，社会动荡不安。尽管来自中原南迁人口不断增多，新的客籍成分大量增加，但总的户数越来越少。《湖南通史》言及湖南地区人口西晋太康元年（280）同东汉永和五年（140）数字相比，户减少 77.23％，人减少 65.44％。洞庭湖区人口数据虽不够完整，但从已知数据比较：东汉永和五年（140）洞庭湖区武陵、长沙二郡共计 302526 户，而西晋太康元年（280），涉及洞庭期区的南平、武陵、天门、长沙、衡阳 5 郡共计 80100 户，减少73.52％；至南朝刘宋（420～479）时，涉及洞庭湖区的南平、武陵、天门、长沙、湘东、衡阳和南义阳等郡国共计 34551 户，与东汉时期相比减少 88.58％。

隋代，洞庭湖区人口进一步锐减。隋大业五年（609），武陵、澧阳、巴陵、长沙 4 郡共有 33531 户，仅为东汉时的 1/9。而湖南全省则从东汉时 649839 户减少到 54250 户，减少到 1/12。到唐初，人口进一步减少。唐贞观年间（627～649），湖南省总户数略有增加，为65436 户，但洞庭湖区岳州、潭州、澧州、朗州只有 18656 户，户数竟比隋大业五年（609）减少 44.36％。究其原因，一方面是与唐代人口漏报有关，一般认为有 1/3 的户口未入官方户籍；另一方面应与隋炀帝横征暴敛和隋末唐初连年战乱有关。从唐初到开元年间（713～741），经过将近一个世纪的休养生息，人民安居乐业，人口开始迅速上升。据开元二十八年（740）统计，洞庭湖区 4 州有 72938户 380020 人，与贞观年间（627～649）相比分别增长 2.91 倍和 9.93倍，比全省增加速度要快。

北宋前期，人口稳定上升，到宋崇宁元年（1102）湖南户数突破100 万，人口突破 200 万人，为 1194577 户 2612383 人。其中洞庭湖区长沙、武陵、澧阳、巴陵 4 处共有 677749 户 1459089 人，又比唐开元年间（713～741）分别增长 8.29 倍和 2.84 倍。

北宋末年的"靖康之乱"，使湖南人民流离失所，四处逃亡，人口锐减，洞庭湖区更甚。不过到了南宋后期，洞庭湖区的人口上升很快，在全省所占的比重越来越大。至元世祖二十七年（1290），湖南全省人口为1919145户5719064人，其中洞庭湖区的岳州、常德、澧州、天临4路共有1157423户4006338人，分别占全省户数60.31%，人数70.05%。和北宋人口相比，全省户数增长0.61倍，人数增长1.19倍，而洞庭湖区则分别增长0.71倍和1.75倍，较全省平均速度要快。

明代洞庭湖区人口与全省其他地区人口一样，并没有完全恢复。据《湖南省人口志》载，明万历六年（1578），人口数与元代相比较，"各州府人口均有减少，其中减少最多的是洞庭湖区的岳州府（包括澧州在内），由187.22万人减少到只有27.51万人；常德府由102.6万人减少到14.45万人，几乎都只有元代的七分之一。造成人口大量减少的原因，主要是'漏户''投靠''隐匿''逃亡'"。

明末清初，战祸连年，洞庭湖区又遭受一场浩劫，人口大大减少。据《同治益阳县志·田赋·堤垸》载，"明末清初，迨兵火后，人民流散，中乡善地，尚荒芜满目，何况下乡低洼之境"，"龙阳县于清初时，民数不过六千"。安乡县在清顺治元年（1644），全县仅有10105人。《嘉庆沅江县志·赋役》载："崇祯十七年（1644），流寇势若燎原，加以旱疫存臻，户口十损七八。"到顺治四年（1647），全县仅有3006人。顺治八年（1651），逐户造册清查，实有男丁1002人，按丁口比例1:4计算，全县人口不过4000人。"国乱民亡"，以致"田土遍成荆棘"。顺治九年（1652）大旱奇荒，灾民死逃过半。康熙十三年至十八年（1674~1679），吴三桂兴兵反清，战祸所及，人口进一步减少，土地荒芜，农业生产大为衰退。

清康熙五十一年（1712），清政府谕令以五十年丁册为准，"滋生人丁，永不加赋"和以后推行的"摊丁入亩"等政策，加强了户口管理，并施行"招民开垦"政策，使得邻省人口大量流入。因此，湖南人口出现了"爆炸"式增长。经过"康乾盛世"的发展，到清嘉庆二十一年（1816）时，湖南人口为3210863户18754259人。其中洞庭湖区所在长沙、岳州、常德、澧州4府州合计人口为1414653户8423592人。据纯属洞庭湖区的县统计，其人口亦有1021086户6286082人。

民国前期（1912～1928）人口稳步上升，20世纪30年代人口最多，后期人口逐渐下降，其主要原因是大规模战争的死伤人数大幅度增加以及经济凋敝，民生艰难。仅日本军队先后在汉寿、岳阳、临湘、湘阴、常德等地就杀害10万多人。但到1947年，洞庭湖区各县人口仍有1468830户8988643人，比嘉庆二十一年（1816）分别增长3.83%和6.71%。至1949年，湖区13个县（临湘、岳阳、华容、湘阴、安乡、澧县、临澧、常德、汉寿、桃源、益阳、南县、沅江）人口达6200526人（见表2）。

表2 1816～1949年洞庭湖区13县人口变动情况

单位：人

县名	1816年	1929年	1935年	1947年	1949年
临湘	369797	246521	260252	209787	246630
岳阳	712390	466033	500307	419895	504547
湘阴	637170	707812	687690	557969	766581
益阳	256040	789519	843786	798003	947768
沅江	79808	264041	277563	274934	367069
汉寿	186495	414191	388939	309263	475001
常德	681791	651660	598823	577701	613364
桃源	301850	554812	546124	535387	630753
临澧	138360	248343	227534	205269	258219

续表

县名	1816 年	1929 年	1935 年	1947 年	1949 年
澧县	300310	630464	539021	531822	531822
安乡	158130	218022	208552	236772	274980
南县	未建县,约 2000	254490	252831	285474	285474
华容	416270	303700	301276	298318	298318
总计	4240411	5749608	5632698	5240594	6200526

新中国成立后，随着经济的发展、人民生活水平的提高和医疗条件的改善，洞庭湖区人口总量不断增加（见表3）。尽管 2020 年，湖区人口数量除了望城区增长外，其余几个滨湖地区人口数量有所下降，但是整体呈上升趋势。

表 3　新中国成立以来湖南洞庭地区人口数量变化

单位：万人

年份	1953	1964	1982	1990	2000	2010	2020
岳阳市	203.69	222.65	340.25	383.53	407.94	547.79	505.19
常德市	310.72	333.16	476.64	501.39	506.74	571.72	527.91
益阳市	181.28	203.09	417.21	337.21	340.84	431.31	385.16
望城县	47.13	52.84	67.62	75.74	71.40	52.34	89.02
合计	742.82	811.74	1301.72	1297.87	1326.92	1603.16	1507.28

注：望城县于 2011 年 6 月撤县设区。

湖南省第五次全国人口普查数据显示，2000 年全省人口总计 6440.07 万人，其中洞庭湖区占比为 20.60%。湖南省第六次全国人口普查数据显示，2010 年全省人口总计 6568.37 万人，洞庭湖区人口数量占 24.41%。根据第七次全国人口普查数据，湖南省 2020 年人口总计 6644.49 万人，洞庭湖区人口数量为 1507.28 万人，占全省人口总量的 22.68%。

三 洞庭湖为什么是"五湖之首"

"五湖四海"是广泛流传于世的说法。其中对于"五湖"有不同说法,有指古代吴越地区湖泊,有指太湖附近的五个湖泊,也有人认为是江南五大湖的总称。《史记·三王世家》:"大江之南,五湖之间,其人轻心。"司马贞索隐:"五湖者,具区、洮滆、彭蠡、青草、洞庭是也。"明杨慎《丹铅总录·地理》:"王勃文'襟三江而带五湖',则总言南方之湖。洞庭一也,青草二也,鄱阳三也,彭蠡四也,太湖五也。"洮滆,今江苏长荡湖、西滆湖。彭蠡,今鄱阳湖。青草,今洞庭湖东南部。还有人认为"五湖"专指洞庭湖。近世以来,皆将华中、华东五大著名湖泊,即洞庭湖、鄱阳湖、巢湖、洪泽湖和太湖统称"五湖"。

不管"五湖"范畴如何变换,洞庭湖作为五湖之一,拥有得天独厚的自然条件,其在调蓄长江洪水、为长江中下游地区安全提供保障的功能方面有着其他水体无法比拟的优势。同时洞庭湖有着极其丰富的历史人文资源,是湖湘文化的发祥地,其历史人文积淀十分深厚。

(一) 洞庭湖是长江流域最重要的集水、蓄洪湖盆

中国科学院南京地理与湖泊研究所的调查数据显示,鄱阳湖的面积是我国淡水湖泊中最大的,但是值得注意的是,洞庭湖盆及其承纳的水体面积,除了通江湖泊的水域面积,还有广阔的通江洪道和堤垸内湖面积。据湖南省自然资源事务中心卫星遥感监测,三个水域面积合计有 5421.0 平方千米,大于鄱阳湖丰水季最大的面积。从蓄水量来看,中国科学院南京地理与湖泊研究所调查发现鄱阳湖的蓄水量为

149.6 亿立方米，而洞庭湖则达到了 167.0 亿立方米，在没有将洞庭湖区的通江洪道和堤垸内湖的蓄水量计入其中的情况下，洞庭湖调蓄水量的能力也比鄱阳湖高。

从集水面积和径流来看，洞庭湖集水面积为 25.7 万平方千米，补给系数达 105.7，平均年入湖径流量为 3033.6 亿立方米，其中湘、资、沅、澧四水为 1648.0 亿立方米，占年入湖径流量的 54.3%，四口占 37.2%。鄱阳湖的集水面积为 16.2 万平方千米，补给系数为 55.0，平均年入湖径流量为 1265.0 亿立方米，其中赣江入湖径流量最大，为 695.4 亿立方米，占总入湖径流量的 55.0%，抚、信、饶、修四河合计 569.6 亿立方米，占总入湖径流量的 45.0%。洪泽湖集水面积 15.8 万平方千米，补给系数为 99.0，但流域降水量均低于洞庭湖和鄱阳湖，平均年入湖径流量只有 294.1 亿立方米，远不及洞庭湖和鄱阳湖。太湖流域面积为 3.6 万平方千米，补给系数低至 15.0，平均年入湖径流量为 57.7 亿立方米。巢湖流域面积为 0.93 万平方千米，补给系数仅为 12.0，平均年入湖径流量也只有 36.5 亿立方米。五大淡水湖泊合计年入湖径流量为 4686.9 亿立方米，其中洞庭湖、鄱阳湖和洪泽湖分别占 64.7%、27.0% 和 6.3%，太湖和巢湖分别仅占 1.2% 和 0.8%。[①] 毫无疑问，洞庭湖是五大淡水湖泊中水资源最为丰富的水体，其集水面积甚至大于湖南省面积，因而洞庭湖也成为五大淡水湖泊中水源最为丰富的湖泊。

值得注意的是，五大淡水湖中，目前只有洞庭湖与鄱阳湖仍与长江保持着自然连通的状态。这两大湖泊集水区域降水量年内分配不均衡，年际变化也大，入湖径流季节差异显著，水量也不稳定，进而导

---

① 窦鸿身、姜加虎主编《中国五大淡水湖》，中国科学技术大学出版社，2003，第 5 ~ 6 页。

致湖区水量相应年内及年际变化较大。汛期时（4～9月），洞庭湖平均年入湖水量为2332亿立方米，占全年总入湖径流量的76.9%，其中又以四口入湖径流量季节变化最为明显，年均汛期入湖水量为1094亿立方米，占汛期洞庭湖平均年入湖水量的46.9%。每值长江上游汛期，洪水经四口注入洞庭湖，而枯水季节时，地表径流极其稀少。鄱阳湖的赣、抚、信、饶、修五水入湖径流主要集中在每年的4～6月，计占全年的54.2%。入湖径流集中于汛期，支流水量与长江入湖水量叠加，水位涨落幅度非常大。据观测，洞庭湖历年水位平均年变幅13.35米，水位绝对变幅极值达17.76米（岳阳站）；鄱阳湖历年水位平均年变幅9.24米，水位绝对变幅极值达13.00米（都昌站）。[1] 两湖水位变幅巨大，在国内主要水体中极为罕见，导致这两个湖泊呈现"高水湖相，低水河相"的独特自然景观。洪水之时，浩浩汤汤，了无边界；枯水之时，滩涂林立，处处水域。

尽管洞庭湖与鄱阳湖都与长江相通，但是两湖在调蓄洪水的作用方面又不一样。鄱阳湖目前只有湖口一处与长江连通，当汛期长江水位运行至高位时，通过湖口倒灌入鄱阳湖。根据湖口站1950年至2019年的资料，其中有53年发生倒灌，总水量为1462.0亿立方米，平均每年为27.6亿立方米。反观洞庭湖，正如前文所列数据，仅四口入湖的平均年汛期水量就达到1094.0亿立方米，这其中还没有包括特殊年份长江通过城陵矶倒灌入洞庭湖的水量。足以说明，在调蓄长江水量功能方面，洞庭湖作用更为显著。

（二）洞庭湖拥有深厚的历史人文积淀

人类出现以来，择水而居，生息繁衍，五大淡水湖泊不仅为人们

---

[1] 窦鸿身、姜加虎主编《中国五大淡水湖》，中国科学技术大学出版社，2003，第6页。

提供了良好的生存环境，更是孕育了深厚的湖泊文化。居住在湖泊的居民群落，世世代代利用以湖泊为中心的自然资源，在长期的生活中逐渐形成了独特的湖泊文化，如动人的歌谣、美丽的传说、独特的民俗等。

如果说湖区人歌颂湖泊的原始美，那么外来文人骚客则以他们的感悟赋予这些湖泊更多文化内涵，使洞庭湖区积淀了丰厚的历史人文资源，在有着五千年文明历史的华夏文化中占有特殊一席并构成了人类文明史辉煌的一页。

从文明起源来看，古太湖与洞庭湖都是比较早孕育和滋养人类文明的湖泊。考古发掘表明，太湖地区早在六七千年前就有原始人类聚居，拥有相当发达的史前农业文明。商代末年，来自黄河流域先进的农耕技术传入太湖，建立了江南最早的古国"勾吴"，孕育了后世灿烂的吴文化。其后，越国与吴国在江南交战多年。唐宋以降，随着经济重心的南移，太湖流域成为中国著名的"鱼米之乡"，其中以苏州、无锡为代表的重要都市成为当时最为富庶的地区。与发达经济相辉映的是太湖地区深厚的文化积淀。几千年来，太湖地区文脉赓续，人文荟萃，名士辈出。值得注意的是，六朝至隋唐的晋室南渡，太湖地区的士族对清秀、恬静等阴柔特质的追求，使得太湖地区形成了"士族精神、书生气质"的独特文化。南宋直至明清时期，太湖地区的文化越发向文弱、精致方向生长。清康乾时期社会稳定、经济发达，以苏州等城市为代表的太湖地区在科技、教育、学术、文学、艺术等领域走在全国前列。

以湖泊的自然条件而论，鄱阳湖与洞庭湖类似，承接了江西境内赣江、抚江、信江、修水和鄱江五大河流主要水源，自北流入长江。鄱阳湖在古代有过彭泽、彭湖、官亭湖等多种称谓，在漫长的历史时期有一个从无到有，从小到大，而后又因围湖造田不断萎缩的演变过程。千百年来，鄱阳湖因其重要的战略地位，一直是历史斗争、风云变幻的天然"舞台"，无数政治家、军事家、文学家等在此演绎了一场场精彩纷呈的历史剧，积淀了丰富的政治历史文化。从三国周瑜练水军到朱元璋与陈友谅两支农民起义军的"大战鄱阳湖十八年"，再到太平军与清军多次围绕鄱阳湖展开激战，为鄱阳湖染上了一层厚重的政治军事色彩。当然，鄱阳湖也留下了"初唐四杰"之一的王勃千古名篇《滕王阁序》，"落霞与孤鹜齐飞，秋水共长天一色"，堪称千古绝唱。宋代苏轼《石钟山记》也生动描绘了鄱阳湖的美。

位于安徽省中部的巢湖是安徽境内最大的湖泊，地处南北交汇处的过渡地带，为水陆交通要冲之地。巢湖地区历来是大规模移民的迁徙之地，因此巢湖区域文化具有南北兼容、承东启西的特点，楚文化与北方文化都可以在巢湖区域文化中有所体现。巢湖地区的农耕文化在多种文化的影响下，形成了一种多元复合型文化，盛行"重农贱商"的风气。同时，在长期治水实践中，巢湖逐渐形成了以水为魂的水利精神和吃苦耐劳、坚韧不拔、埋头苦干的奉献精神。

洪泽湖是我国第四大淡水湖泊，也是我国主要淡水湖泊中，唯一一个沟通黄河、淮河、长江、大运河等我国重要河流的大型水体。与其他四大淡水湖泊相比，洪泽湖的形成更多的是人文因素作用的结果，尤其是素有"水上长城"美誉的千年古洪泽湖大堤，更是洪泽湖地区人民前仆后继、不屈不挠、团结拼搏、勇敢顽强治水精神的真实写照。从东汉广陵太守陈登到明清时期治河名臣潘季驯和靳辅等人，无不体现了洪泽湖文化的核心内涵——治水文化。

长期以来，洞庭湖是我国第一大淡水湖，它的区位十分重要，是沟通东西、连接南北的主要枢纽，大凡在中国历史上具有较大影响的人物，尤其是文化人物，或得官，或贬谪，或流寓，或游历，几乎都会经过洞庭湖。在浩瀚壮阔的湖水激荡下，这些文人士大夫的创造欲不断迸发，留下了不可计数的优美篇章。与其他湖泊相比，与洞庭湖相关的诗文数量显然更多，创作内容更为广阔，特色更为鲜明。洞庭湖文化是整个湖湘文化的一个重要板块，不可或缺。从创作题材来看，洞庭湖区文学作品以绘景、抒情和咏史为主，从屈原开始，历陶渊明，经唐宋李白、杜甫、范仲淹等大家颂咏，围绕洞庭湖的水土和人文，形成了极其鲜明的主题。屈原的爱国主义与浪漫主义、范仲淹的忧乐思想，成为洞庭湖区域文化典型特征。《道光洞庭湖志》艺文类中，收录了不少与洞庭湖相关的诗、文、联句等知名篇目，其中以忧乐为主题的作品近三分之一，而后是凭吊屈原。主题突出，特色鲜明。

纵观有人类文明以来的洞庭湖历史，其人文积淀中所蕴含的一些特质，与其他几大湖泊文化相比较，更为凸显其独特的个性和显著的差异性，如对国家民族前途命运的忧虑与思考、对国家的深切热爱，以及自强不息、创新求变的精神。

发源于江西修水县的汨罗江是洞庭湖水系中仅次于湘、资、沅、澧的第五大水系，也是我国历史上伟大爱国诗人屈原怀石之地。屈原先后流放至汉北和沅湘地域，他个人命运坎坷，却心系国家前途、百姓命运，这些在屈原的作品中得到充分体现。屈原在吸收楚地之风的基础上，将自己对理想的热烈追求融入艺术创造，作品中既充满了积极的浪漫主义精神，也迸发了对国破家亡、民离失散的愤懑情绪，充盈着深厚的爱国热情以及诗人对国家民族的赤诚之心。屈原创作的《离骚》与《诗经》中的《国风》并称为"风骚"，成为中国诗歌史上现实主义和浪漫主义两大主义的源头。屈原的"求索"精神，成为后世仁人志士所信奉和追求的一种高尚精神，也是中华民族爱国主义情怀的体现。

江南三大名楼中，滕王阁毗邻鄱阳湖，岳阳楼滨洞庭湖。楼阁近水，景色不可谓不美，不过要成为名楼，非得经名人巨匠渲染才行。滕王阁则有王勃序，岳阳楼有杜甫诗与范仲淹记，这些作品均为历代文人墨客所崇。其中，又以王勃的《滕王阁序》最为华丽，尤其是"落霞与孤鹜齐飞，秋水共长天一色"，更是成为千古名句。但翩翩少年王勃，心中颓废与失意跃然纸上，"冯唐易老，李广难封"，"关山难越，谁悲失路之人；萍水相逢，尽是他乡之客"，为"时运不济，命途多舛"而叹息。

岳阳楼的一诗一记，反映的又是什么样的内容呢？诗圣杜甫晚年处境艰难，凄苦不堪，年老体衰，病入膏肓，唐大历三年（768），杜甫自蜀地沿江由江陵、公安一路漂泊至岳阳，登上了神往已久的岳阳楼。"昔闻洞庭水，今上岳阳楼。"凭轩远眺，只见大湖烟波浩渺、壮阔无垠。"吴楚东南坼，乾坤日夜浮。""安史之乱"虽已平息，但是盛唐已成云烟，国家四分五裂，社会不安定，百姓流离失所，亲朋好友音信断绝，全家人挤在一条小船上漂泊度日。"亲朋无一字，老病有孤舟。"倚窗北望，虽然隔着重重关山，望不见长安，但是可以想见北境战火不息，国家破碎，虽有一颗忧国忧民的挚诚之心，怎奈残衰之躯，万种感慨，只能凭轩垂泪。"戎马关山北，凭轩涕泗流。"

278 年后，北宋政治家、思想家、文学家范仲淹在庆历新政失败后，被贬放河南邓州，应至交好友滕宗谅之请为重修岳阳楼创作了千古名篇《岳阳楼记》。彼时滕宗谅同样被贬为岳州知州，岳州远离政治中心，但是滕宗谅并没有消沉，三年主政，"政通人和，百废俱兴"，滕氏费尽心力重建岳阳楼，延请范仲淹作记，并附上《洞庭晚秋图》。范仲淹虽未亲临洞庭湖畔，但是好友所附图仍给他无尽的灵感，《岳阳楼记》也为历来文人骚客所推崇。该文重点描写了岳阳楼四周景色和洞庭湖气象万千所引发的悲喜之情，以暗言宦海沉浮、个人际遇之进退，进而阐发了他"先天下之忧而忧，后天下之乐而乐"的政治抱负和生活态度，表明了他"不以物喜，不以己悲"的旷达胸襟。"居庙堂之高则忧其民，处江湖之远则忧其君。"既是自勉，也与友人共勉。这份气魄与胸襟，正是中国传统社会儒家士子自强不息，积极用世精神的真实写照。以岳阳楼一诗一记为代表的洞庭湖文学所体现的立意，显然展现了中国传统文化的精髓。

清代巴陵知县陈玉垣在其《岳阳楼二首》之二中，自注云"岳阳楼当奉屈左徒栗王，以杜工部、孟襄阳、韩文公、范文正公、岳忠武王配食。诸君子忠义文章，宜享名胜，令人瞻仰，有以扶掖名教。若吕洞宾像，城南旧有吕仙亭，移供亭中可耳"。他认为，岳阳楼中只宜供奉像屈原、杜甫、范仲淹、岳武穆等于"忠义文章"皆有彰著人士，尽管吕洞宾仙人与洞庭湖颇有渊源，也深得地方民众尊崇，但到底与这些士人之心有差距，与湖湘文化的精神品格不相符。20世纪80年代，在岳阳楼大修时，吕洞宾塑像被移奉他处。现在岳阳楼的陈列品，以清代书法名家张照书写的范文《岳阳楼记》和毛泽东手书杜诗《登岳阳楼》为中心，符合历史，也与中国优秀传统文化主旨相符，这是洞庭湖人文意义的回归。

总而言之，洞庭湖拥有划时代意义的千古名篇。屈原的创作，开风气之先，为后来流入湖区的文人士大夫所继承。陶渊明笔下的桃花源，成为千百年来世人所追逐的梦想家园。杜甫与范仲淹以岳阳楼为介，所抒发的爱国精神与忧患意识，推动洞庭湖文化形成了独一无二的精神内核，为历代文人士大夫和近世知识分子所折服，深深影响着儒家文化圈。王勃的《滕王阁序》辞藻极其华美，富有感染力，在中国文学史上同样熠熠生辉。杜诗范记中闪烁的是儒家士大夫们坚守的精神，也是中国传统文化价值的精髓所在，无怪乎儒家文化圈中，以岳阳楼为代表的传统文化精神更为世人推崇。

四　"江湖关系"以及"两湖"之会

历史时期，尤其是近代以来，长江与洞庭湖的江湖关系成为人们认识和了解洞庭湖最重要的方面。横亘于湖北湖南两省之间的长江与洞庭湖千年以来有着千丝万缕的联系，不仅体现在自然环境方面，还体现在历史人文方面。

（一）洞庭湖与长江复杂多变的"江湖关系"

正如前文所述，历沧海桑田才形成今日之洞庭湖。洞庭湖在这个漫长的历史时期中，与长江之间复杂的"江湖关系"向来为施政者与学者所关注。

所谓"江湖关系"，其实质就是洞庭湖与长江的水沙交换关系。水沙的动态交换制约江湖关系的变化，也是江湖矛盾的关键所在。利与害随着水沙分配的变化而转换，这是学者关注"江湖关系"演变的基准，对于其中水沙分配问题，则成为施政者在处理"江湖关系"时的出发点和归宿。

魏晋以前的洞庭湖尚未形成大面积水体，湘、资、沅、澧四水入江。此后，洞庭湖开始承接四水，并与长江相顶托，此时的洞庭湖水位较长江为高，因此湖水入大江。

随着荆江统一河床的形成与淤高，唐末时，荆江河床逐渐高于洞庭湖，带来的最直接的结果就是长江水位高于洞庭湖，江水倒灌入湖的局面开始形成。《太平寰宇记》有云："大江，在县北五里，东流入洞庭。"[1]

---

[1] 〔宋〕乐史：《太平寰宇记》卷一百一十三《岳州》，王文楚校，中华书局，2007，第2299页。

不过有时也是洞庭湖入大江，北宋范致明言："今洞庭水会于江，非江流入洞庭也。"说明江湖水位高程相差不大，只是在长江汛期之时，排泄不畅的江水倒灌入湖，"夏秋暴涨，则逆泛洞庭，潇湘清流，顿皆混浊，岳人谓之翻流水"。[①]

随着洞庭湖土地利用强度的增大，洞庭湖承接长江汛期分水、分沙的局面迅速稳定。唐宋后，江北湖泽不断淤积成陆，筑堤围垸活动频繁，迫使江水南侵，荆江南岸的石首县苦于江患。位于石首县东的建宁堤防时常崩决，给地处湖区的华容县带来了巨大的灾难，"华容地皆面湖，夏秋霖潦，秋水时至，建宁南堤决，即被水患。中民之产不过五十缙，多以舟为居处，随水上下"[②]。

明嘉靖二十一年（1542）荆江北岸最后一处穴口郝穴口被堵，明万历八年（1580）堵筑庞公渡，自此，江北大堤连为一体，而南岸仅留有调弦河与虎渡河分流荆江，"江湖关系"相对稳定的状态也维系了一段时间。随着大江南岸两口分沙的日积月累，水流变缓，河床不断淤高，荆江河段洪水位持续抬升，洞庭湖水患日趋加重。

江湖相对稳定的关系在清咸丰十年（1860）被打破，这一年，大江南岸的藕池决口，洪水挟裹着大量的泥沙奔腾南下，冲入洞庭一湖。清同治九年（1870），长江流域发生特大洪水，加上长江中游地区普降大雨，咆哮的洪水撕开了松滋与百里洲夹峙的南岸大堤，并以雷霆万钧之势汹涌而出，冲刷出了深切河谷。至此，藕池、松滋与已奔腾数百年的调弦、虎渡二河，形成了四口分流之势，加上湘、资、沅、澧四水，洞庭一湖纳八水，导致湖面扩张。只是各水相互顶托，水沙紊乱，大量泥沙淤积在湖中，最为突出的就是西北部河流入湖三

---

① 〔宋〕范致明：《岳阳风土记》，台湾成文出版社有限公司，1977，第6~7页。
② 〔宋〕范致明：《岳阳风土记》，台湾成文出版社有限公司，1977，第35页。

角洲地带迅速发育为陆地。与此同时，洞庭湖东部大片沙洲淤出，湖面逐渐萎缩，致使"江湖关系"急剧变化。荆江也因南岸泄水过多，水文条件发生变化，水流平缓，泥沙淤积，导致平顺的水道变成"九曲回肠"。

新中国成立以来，人类一系列活动对"江湖关系"产生了影响，如封堵调弦口，对下荆江系统裁弯，兴建沅江凤滩水库与五强溪水库、资水柘溪水库，在长江干流修筑葛洲坝水利枢纽工程、三峡水库等。这些工程的实施，导致"江湖关系"出现了一些新的变化。

20世纪60年代以前，长江干流因荆江段泥沙淤积而流速减缓，荆江段泄流能力下降，相应水位抬高，三口分流入湖的泥沙增多，洞庭湖容积减少，蓄洪能力减弱，湖泊水位逐年抬升。一方面，洞庭湖水位的抬升，导致三口洪道水面比降变小，行水能力下降，泥沙落淤洪道；另一方面，洞庭湖增高的水位顶托荆江河道水流，使荆江河道淤积加剧，荆江河堤防洪压力增大。

20世纪60～70年代，下荆江裁弯工程实施，荆江段的中洲子、上车湾、沙滩子三处裁弯取直，使荆江河道缩短78千米，增大了河道的比降，增强了长江泄洪能力，也减小了三口分流水量，不过南三口泄洪含沙量并没有减少，洪道继续淤积。下荆江行水能力增强，对洞庭湖出流的顶托作用明显，导致洞庭湖的淤积依然增加。

三峡水库蓄水运行以后，大量的泥沙被拦截在三峡库区上游，长江中下游输沙量较之前明显下降，下游河床受干流冲刷，相同流量时水位呈降低趋势。荆江段水位的降低导致三口入洞庭湖的水沙继续减少，在一定程度上减轻了洞庭湖的淤积。[1]

---

① 胡光伟：《洞庭湖水沙时空演变及其对水资源安全的影响研究》，新华出版社，2017，第28～31页。

（二）洞庭湖为何被视为湖北与湖南的天然界线

湖北湖南两省，襟长江而带洞庭湖。现湖南、湖北二省，实由清代将明代湖广布政使司分析而来。

实际上，湖北、湖南之名早已见诸文献，唐广德二年（764）曾置湖南观察使，治所在衡州，也就是今天的衡阳市，领衡、潭、邵、永、道五州。北宋时曾置荆湖南、北二路，其中荆湖南路治所在潭州，也就是现在的长沙市，辖境包括了今洞庭湖以南、雪峰山以东的湘、资流域，巫水上游及广西全州、灌阳、资阳等地。荆湖北路治所设于今湖北江陵县，辖境相当于今湖北大半，以及湖南澧州、岳阳、常德、靖州、沅州、辰州等地。元代行政区划中，湖广行省亦设有湖北道宣慰司、湖南道宣慰司、江南湖北道和岭北湖南道。此时，洞庭湖、长江都体现在国家行政体制之中，只是所谓的湖北、湖南的空间概念与如今的湖北省、湖南省并不一致。

湖广布政使司所辖面积在明代行政区划版图中是最大的，明人何孟春曾言："今两畿外郡县分隶于十三省，而湖南藩辖府十四，州十七，县一百四，其地视诸省为最巨。"①

明初全国划为四十八道，其中湖广布政使司分为蕲黄道、江陵道、汉江道、湖南道、湖北道。明洪武十九年（1386），调整为武昌道、荆南道、湖南道、湖北道四道。湖南道领长沙、衡州、宝庆、永州四府暨桂阳、郴州二州；湖北道领常德、辰州二府，靖州、沅州二州。此时的湖北、湖南二道所辖府州都在湖南，岳州府则与湖南荆州、襄阳、沔阳、安陆诸府州同属荆南道。

明正德五年（1510），于湖广南北各设巡按御史一个。《明武宗实

---

① 〔明〕何孟春：《余冬录》，岳麓书社，2012，第111页。

录》载："（正德五年正月癸亥）增湖广巡按御史一人，以大湖中分南北，湖南三道一人，按常德等六府，郴、靖二州；湖北三道一人，按武昌等八府，安（陆）、沔（阳）二州。"

根据明廷制度安排，湖南三道包括了上湖南道、下湖南道、湖北道；湖北三道指洞庭湖以北的武昌道、上荆南道、下荆南道。与之前文献中所载的"湖南"与"湖北"概念不同，此时分置湖广南北巡按御史，是以洞庭湖为界，有着明确的地理空间所指，各领地域与后来湖广分省所划定的地界范围基本一致。

值得注意的是，一百多年之后，明万历四十一年（1613）十一月，增设湖广学臣一员。之所以会有此安排，也是基于湖广行政范围太广，"疆圉甚广而势不暇给也"。礼部建言："以洞庭为界，属武（昌）、汉（阳）、黄（州）、承（天）、德（安）、荆（州）、岳（州）、郧（阳）、襄（阳）九府在洞庭以北者，专设一员；属常（德）、长（沙）、宝（庆）、衡（州）、辰（州）、永（州）六府在洞庭以南者，另设一员。"① 礼部请议所设南北学臣地域，与正德年间（1506~1521）以洞庭湖为界，分立巡按御史的范围一致。

明万历四十三年（1615）九月，时任湖广巡抚梁见孟见全域十五府二州人文繁盛，较阅难周，于是也有了增设学臣之请，梁氏奏言："以武、汉、黄、承、德、郧、襄七府属一学道，仍驻武昌；以荆、岳、长、宝、衡、永、辰、常、郴、靖八府二州为一学道，于长沙府建置新署。"② 明万历四十四年（1616）四月，梁见孟所请被采纳，"并设两提学副使分督之"。明万历四十五年（1617）二月，添设湖广学臣，"升九江知府郭志隆为湖广副使，提督荆、岳、长、宝、衡、

---

① 《明神宗实录》卷五百十四。
② 《明神宗实录》卷五百三十七。

永、辰、常、郴、靖八郡二州学政"。与之前不同的是，此次划分最终将岳州府划归湖南部，也将原属湖北部的荆州府划出，并没有完全将洞庭湖作为南北的分界点。不过，后因天启年间（1621～1627）"士子分党鼓噪"①，又恢复了旧制。

明代湖广巡按御史和学臣分南北而设，其间所体现的是以洞庭湖为界的原则，与后来两湖分省的情况基本一致。

清承明制，清康熙五十一年（1712）偏沅巡抚潘宗洛上《题请长沙分闱乡试疏》，内言。

      臣前任学政，查湖北府县卫学六十有九，额取九百一十四名；湖南府州县卫学七十有七，额取九百九十五名，总计湖南进学额数较湖北更多，湖南能文之士较湖北相等。只因中隔洞庭，每遇乡试，正值秋水汪洋之候，贫士拮据资斧，行至湖滨，一遇风涛险阻，守候误期。有志之士或至痛哭而返，甚有科场期迫，念切功名，扬帆冒险，瞬息而遭覆溺者，以致多士畏虑，裹足不前，其能至武昌入场者，十无二三，每科中式举人不及湖北四分之一。诸生咸向臣泣诉，求请分闱分额。臣以江南陕西例却之。及任巡抚辛卯乡试，臣亦如前拒绝。

      今特恩开科，士情踊跃，咸有上进之心，弥切望洋之虑，情愿自捐廪粮等项盖造贡院，恳求代题。臣思湖南隔越洞庭，实与江南、陕西水陆无阻者不同，倘怜其跋涉之艰难，鉴其爱戴之真切，特恩破格，另差正副考官二员至长沙考试，分中楚省举人额数之半，则不特湖南士子感激高厚，而土司、红苗亦快睹文明矣。②

---

① 《明熹宗实录》卷五十六。
② 转引自钱仪吉、文海出版社编辑部编《碑传集》原第 21 册至第 25 册《科道·曹司·督抚》，文海出版社有限公司，1980，第 3295 页。

　　湖北与湖南进学额较相差不多，但是横亘于两湖之间的洞庭湖风涛凶险，每到乡试之时，正是秋水汪洋之际，北上湖北参与乡试的湖南士子望湖兴叹，贫寒士子只能打道回府。有渴望功名，迫切希望参与乡试的士子冒险出湖，常有舟覆人亡的事情发生。以至于能真正参与乡试的湖南士子"十无二三"，自然每科中举的湖南士子数量远远不及湖北"四分之一"。湖南士子向地方主政官"泣诉"，"题请分闱分额"。

　　潘宗洛的奏疏并没有得到回应，湖南士子的意愿也落了空。到了清康熙五十五年（1716），偏沅巡抚李发甲也上了一道《再请改建南闱疏》。

　　　　臣查得恳建南闱一案，前据湖南士子屡陈洞庭危险，吁请分闱。臣因关系科场大典，未敢造次疏题。恭折请旨，蒙皇上御批，即当具题。臣随钦遵缮疏具题。今奉到礼部等衙门以科场定例年久，不便纷更议复，奉旨依议。臣何敢冒昧再请，以滋罪戾。惟是恭逢我皇上振兴文教，培养人才，事事超越千古，如乡试屡经广额、会试分省取中、万寿遇旬加科、苗瑶一体科贡、弁兵许应武试，以及文入武闱、武入文闱，凡兹旷典，亘古所无，何尝拘于定例？

　　　　况湖南士子，因洞庭危险，覆溺甚多，吁请分闱，愿共捐三年廪膳等银，兴建贡院，不费国帑，此种迫切情状，实出于千万不得已，更有不忍以定例拘之者。曩年圣驾视河工，悯念洪泽湖风涛危险，设立救生桩，全活无数生灵，遐迩感戴。今洞庭之险，十倍洪泽，万难立桩，惟有分闱一策，可以保全士子之性命，是即洪泽湖之救生桩矣。圣恩浩荡，莫大于此！乃前抚臣赵申乔具题于先，既格于部议；抚臣潘宗洛继题于后，复格于部议；兹臣先奉谕旨，然后具题，仍复格于部议。若非洞庭十分危险，士子迫切呼号，何至前后三抚臣迭奏不已？伏思尧舜之主在上，臣身任地方，凡有益于士民、有益于国家者，例得备悉入告。今分闱一事，上以广圣主好生之德，下以救士子覆溺之危，且于科场大典，倍见昌明。若因部议而不再沥下情仰达天听，则臣负主恩，厥罪滋大！除缮疏会题外，臣谨具折专差，恭捧赍奏，伏乞睿鉴，特赐恩允施行。①

李发甲奏疏中对主持"部议"官僚几次三番将湖南地方士子的诉求搁置表示了不满，他认为只有分闱，才能让湖南士子免遭洞庭风波之险。在这道奏疏中，李发甲引用了康熙帝在洪泽湖设"救生桩"一事，希望能让皇帝对湖南士子的困境产生一些怜悯之心，"上以广圣主好生之德，下以救士子覆溺之危"。即便李发甲奏疏在事前已征得皇帝首肯再行具题，但仍然被礼部否决。

其后，清康熙五十九年（1720）编修吕谦恒典试湖广时，又以"湖南文风日盛，远隔洞庭，不无遗珠，理宜分闱"②密奏。此奏亦如石沉大海，再无下文。清雍正皇帝即位后，时已转任河南道御史的吕谦恒再次上奏，认为"夏秋之交，洞庭泷涛壮猛，湖南士子赴乡试，苦遭覆溺，宜分设棘闱"③。

清雍正元年（1723）七月，雍正皇帝谕礼部。

湖南士子赴湖北乡试，必经由洞庭湖，湖水浩瀚无涯，波涛

① 〔清〕李发甲：《再请改建南闱疏》，载〔清〕魏源：《魏源全集》（第16册）《皇朝经世文编》卷54~卷69《礼政》，岳麓书社，2004，第227页。
② 《同治长沙县志》卷十二《典礼》，清同治十年刻本，第9~10页。
③ 《乾隆续河南通志》卷五十六《人物志列传》，清乾隆三十二年刻本，第8页。

不测，六七月间风浪尤险，间有覆溺之患。朕心深为恻然，或致士子畏避险远，裹足不前，又非朕广育人材之意，今欲于湖南地方建立试院，每科另简考官，俾士子就近入场，永无阻隔之虞，共遂观光之愿。明年二月为乡试之期，尔部可即行文湖南巡抚，若能于二月之前预备场屋，则于明春即分湖北、湖南两闱考试；倘为期已近，预备不及，则于下科举行。①

至此，两湖分闱终成定局。湖南准备得当，次年二月，湖南第一次单独举行乡试。洞庭湖从此不再是湖南士子考取功名的阻碍。有些研究人员认为两湖分闱是湖南作为独立行政地域单元最重要的事件之一。此后，湖南"未吐之才华，尽发文明之气象"，并通过科举产生了一大批对湖南乃至中国近代历史有重要影响的一流人才。

---

① 《乾隆长沙府志》卷首《皇言》，清乾隆十二年刻本，第11页。

‖第二章‖
八百里洞庭：中国重要的农业生产基地

　　八百里洞庭美如画，八百里洞庭生生不息，八百里洞庭滋养千千万万的民众。洞庭湖区的先民依赖洞庭湖区良好的自然环境和丰富的水、土、湿地、生物资源条件，创造了洞庭湖区源远流长的湖湘文明。洞庭湖区是我国早期文明和稻作农业的发祥地之一，是中国最早的"江南"，打造了湖湘儿女的"鱼米之乡"，成为湖南省乃至全国重要的"粮仓"，滋养着千千万万的民众。洞庭湖区资源丰富，地理位置独特，在湖南省乃至全国的发展战略中占据着重要位置。长期以来，湖南省政府通过不断探索和实践，建立洞庭湖的开发利用模式，其在为湖湘人民提供民生保障的同时，也担负着长江流域生态安全、水安全和国家粮食安全的重大责任。党的十八大以来，在湖南省战略规划和国家长远发展的远景中，洞庭湖区在实施长江经济带发展战略和"三高四新"战略中发挥着举足轻重的作用。

一　史前文明的南方高地和楚国的"江南"

　　人类文明的早期曙光大都依山傍水。洞庭湖区因为良好的自然环境和丰富的自然资源条件，成为稻作农业发祥地之一。洞庭湖独特的自然条件为孕育洞庭古代文明提供了独特的地理环境，产生了光辉灿烂的远古文明。目前考古发掘的洞庭湖区的津市虎爪山、澧县城头山、安乡县汤家岗等遗址，可以证明洞庭湖区已经是中国史前文明的"南方高地"。洞庭湖区的先民同其他各地各民族的先民一样，依靠洞庭湖区得天独厚的农业生产条件，在这块神奇的土地上繁衍生息，养育了一代又一代的中华儿女，创造了洞庭湖区独特的文化与文明，创造了丰富的旧石器文化和新石器文化，使洞庭湖区成为中国传统农业发祥地之一。这是洞庭湖区历史的开端，也是洞庭湖文化萌发的源头，造就了发达繁荣的洞庭湖文明，也是长江流域古文明的象征。尤其是在春秋末期，楚人越过长江向南拓展，进入洞庭湖区，打造了楚国的"江南"，洞庭湖区因为独特的农业耕作条件，成为楚国的"粮仓"。虽然人文的、地理的"江南"，其位置在历史上不断变迁，但洞庭湖这一"江南"在中国历史辞典里是一种文化符号，代表着富庶和殷实。洞庭湖资源丰富、土地肥沃，千千万万的洞庭湖区居民在这里耕作、繁衍生息，洞庭湖成为从古至今无数移民的重要流入地，滋养了千千万万的民众，是名副其实的"母亲湖"。洞庭湖区成为著名的"鱼米之乡"，成为湖南省乃至全国重要的"粮仓"。

（一）中国史前文明的"南方高地"

洞庭湖是湖南的洞庭湖，也是中国乃至全世界的洞庭湖。关于洞庭湖的传说源远流长，虽然在上古没有文字记载，却依然让洞庭湖在后人心中留下很深的印记。在历史传说中的蚩尤、三苗、炎、黄、舜等历史人物曾经与洞庭湖有着千丝万缕的联系，也让洞庭湖的远古文明更加丰富和形象。在传说中，蚩尤是中国远古时期一位赫赫有名的历史人物，以蚩尤为首领组成了一个强大的部落联盟，史称"九黎"。《国语·楚语》注曰："九黎，蚩尤之徒。"据传说，距今5000年前，蚩尤带领九黎与炎帝、黄帝两大部落激战，九黎部分族人战败后被迫退出黄河下游平原，向南和向西迁徙，在长江中下游和鄱阳湖、洞庭湖南北，与当地原有的"蛮、越"族结合，成为后来的"三苗"并建立"三苗国"。三苗和三苗国在先秦和秦汉以后的典籍中多有记载，一般与蚩尤和九黎联系起来，被称作其后裔发展和组成的部落联盟。《战国策·魏策》载："昔者三苗之居，左彭蠡之波，右洞庭之水，汶山在其南，衡山在其北。""彭蠡""洞庭"即今之鄱阳湖、洞庭湖。《史记·五帝本纪》载，尧舜之际，"三苗在江、淮、荆州数为乱"。"江、淮、荆州"是今河南南部至洞庭湖、鄱阳湖一带。当时的三苗和三苗国大致处于江淮、江汉平原和长江中游南北、洞庭和鄱阳之间，洞庭湖区至长江一带应是三苗的中心地。① 蚩尤部分族人进入洞庭湖区与当地民族蛮、越结合，成为洞庭湖区苗族、瑶族的先民。湖南和西南各地的苗族、瑶族，至今仍普遍奉蚩尤为先祖，世代相承保留了许多有关蚩尤及其被杀和部族南迁的古歌、传说和祭祀遗俗。②

炎帝，号神农氏，为远古传说中的一个强大的氏族部落首领。在蚩尤战败后，黄帝与炎帝又发生了战争，"诛炎帝而兼其地"，据《史记·五帝本纪》记载，黄帝"征"天下"不顺者"，曾"南至于江，登熊湘"，即越过长江，直达洞庭湖的湘山或者洞庭湖以南的大熊山。正是由于黄帝的追逐征伐，有一部分炎帝族人迁徙到长江中游和洞庭湖南北，炎帝部落是我国最早实行农耕的部落，所以在洞庭湖区就留下了不少关于炎帝（神农氏）制作耒耜，种植五谷，创始农耕的传说。

据说，洞庭湖也留下了许多关于舜帝的遗迹和传说。《山海经·中山经》有载："又东南一百二十里曰洞庭之山……帝之二女居之，是常游于江渊，澧沅之风，交潇湘之渊，是在九江间，出入必以飘风

---

① 湖南省文史研究馆编《湖湘文化述要》，湖南人民出版社，2013，第44页。
② 湖南省文史研究馆编《湖湘文化述要》，湖南人民出版社，2013，第39~40页。

暴雨。"又据《湘妃庙记略》云："洞庭盖神仙洞府之一也，以其洞府之庭故曰洞庭。"这也可能是洞庭湖名称的由来。楚文化的集大成者屈原，其《湘君》和《湘夫人》两首诗，是湘君舜帝及其夫人的祭歌，据诗中记载在今湖南洞庭湖平原为中心存在的一个名为"湘"的国家，舜帝就是这个国家最高领导人，又是"飞龙"的发明者，其夫人是"荷屋"的发明者。这个名为"湘"的国家包括沅水、澧水，南至九疑山，基本囊括现在的湖南。《鄂君启节》中"边江内湘"，《涉江》中"旦余济乎江湘"，《战国策·楚策》中"食湘波之鱼"均是以洞庭湖平原为中心。"战国时，吴起说魏武侯，始言'昔三苗氏左洞庭'；苏秦说楚威王，言'南有洞庭、苍梧'；张仪说秦王，言'大破荆，袭郢，取洞庭、五渚'屈子《楚辞》屡称洞庭。"① 《庄子·天运》："帝张咸池之乐于洞庭之野。"《庄子·至乐》："咸池九韶之乐，张之洞庭之野。""洞庭之野"可能是指今天洞庭湖一带的平野景象，也可能是指当时位置偏远的洞庭地区。据说，当时湘、沅、澧诸水在洞庭山（今君山）附近与长江汇合，洞庭湖地区只是一个河网交错的平原，后来围绕着君山的所谓"洞府之庭"才形成了一个大湖，始有洞庭之称。

洞庭湖位于长江南岸，北面与湖北江汉平原相接，东临浩瀚的洞庭湖水域，土地肥沃，水资源丰富，构成了孕育洞庭古代文明的独特地理环境，从而产生了光辉灿烂的洞庭远古文明。洞庭湖区迄今为止已发现一大批旧石器时代遗址和新石器时代遗址，我们可以从中找寻洞庭湖区先民从远古时代起，在这片广袤的土地上繁衍生息，作为湖南人类活动和"史前"历史的开端的证据。② 洞庭湖区的先民依靠自

---

① 皮锡瑞：《皮锡瑞集》，岳麓书社，2012，第 1283 页。
② 湖南省文史研究馆编《湖湘文化述要》，湖南人民出版社，2013，第 26 页。

己脚下的土地，用自己的勤劳和智慧，创造了洞庭湖的远古文明，洞庭湖也是中华文明的发祥地之一。湖南全省已发现的 200 多处旧石器时代遗址，洞庭湖区占一半以上。其中最主要的有津市虎爪山遗址、长源村旧石器时代遗址、石门青狮岭遗址、石门燕尔洞猿人洞穴遗址、澧县鸡公垱遗址、澧县乌鸦山遗址、澧县彭头山遗址、沅江子母城遗址、沅江石城山遗址、安乡县汤家岗遗址、华容县三封寺镇车辂山遗址等。其中澧县彭头山遗址中发现了炭化稻谷的遗址，经碳十四检测，这些稻谷遗存距今 8000～9000 年，比浙江省余姚市的河姆渡遗址出土的稻谷遗存还要早 1000～2000 年。考古工作者在这里首次发现了超过 8000 年的稻谷，这些稻谷是我国已发现的遗存最早的稻谷。[1] 考古工作者在发掘古城墙时发现了距今约 6500 年的水稻田。这是世界上目前为止发现的历史最为悠久的古稻田实体。以上表明，早在 7000～8000 年前先民们已经在洞庭湖这块沃壤上有固定聚落的农业定居生活，创建了以稻作农业为主体的人类早期文明。从已发现的文化遗址和遗存来看，旧石器时代，洞庭湖区的古人类在生产和生活状况方面使用粗糙的砍砸器、刮削器和尖状器等石制工具，过着穴居野处、茹毛饮血的原始生活。为创造洞庭湖区的文明，在历史上迈出了最初也是最艰难的一步。正是洞庭湖区先民终年在此繁衍生息，洞庭湖区新石器时代文化才得以继承和发展。

洞庭湖区是新石器时代文化繁荣发达的地区，"江南地区的新石器文化，以洞庭湖区的材料最为丰富。从新石器时代早期起，即'已形成了自己的原始文化体系'"。[2] "在湖南全省已发现的千余处新石器时代文化遗址中，洞庭湖区占 2/3 强，其中仅澧县一境就有 231 处之多。"[3] 新

---

① 何介钧：《洞庭湖区的早期农业文化》，《华夏考古》1997 年第 1 期。
② 高至喜：《楚文化的南渐》，湖北教育出版社，1996，第 3 页。
③ 施金炎主编《洞庭史鉴——洞庭湖区域发展研究》，湖南人民出版社，2002，第 128 页。

石器时期的彭头山文化、皂市下层文化、汤家岗文化、大溪文化、屈家岭文化、石家河文化渐成体系，对湖南其他地区的原始文化产生重大的、主导性的影响。其中在洞庭湖平原的西北边缘——澧县车溪南岳村，出现了目前已知中国最早的城——城头山古城。从新石器时代遗址的考古资料中可以发现，在洞庭湖区的先民生活生产方式中渔猎和采集占据重要地位，先民们建筑房屋、储备和加工食物、加工石器工具、栽培稻谷、饲养牛猪等动物，原始农业有进一步的发展，石器、玉器加工，制陶和纺绩等手工生产的规模也得到进一步发展。

洞庭湖区旧石器时代和新石器时代文化遗址的考古发现，是洞庭湖区先民们的生活印记，也是洞庭湖区文明开始的印记。洞庭湖区大量代表青铜文化的青铜器，是洞庭湖区先民诀别石器之后跨入第一个文明社会的象征。中国历史上的商和周，是青铜文化的鼎盛时期，从商代早期开始，商文化就以盘龙城为出发地，大举进入洞庭湖东南岸和湘江下游。可以说青铜器不仅是青铜文化的代表，也是洞庭湖古文化的代表。目前，洞庭湖区在岳阳、华容、汨罗、长沙、望城、宁乡、湘潭、株洲、益阳、桃江、津市、桃源等县、市都发现了商代青铜器，也表明洞庭湖流域进入了青铜时代，洞庭湖区的先民们开始跨过文明时代的门槛。春秋晚期至战国早期，楚国已经占据乃至统治整个洞庭湖区。如今不仅在澧县、临澧、常德、益阳、岳阳、长沙等地出土了许多珍贵楚文物，洞庭湖区也是全省已发掘的楚墓最多的地方。[①] 洞庭湖区众多的楚汉遗址和墓葬中出土了很多不同类型的文化瑰宝，有现存先秦唯一的缣帛文字资料——楚帛书，以及《人物龙凤帛画》《人物御龙帛画》，还有楚铜剑、素纱蝉衣，世界现存最古

---

① 施金炎主编《洞庭史鉴——洞庭湖区域发展研究》，湖南人民出版社，2002，第136页。

老的地图《长沙国南部地形图》《驻军图》，现存最早的医学著作《足臂十一脉灸经》《阴阳十一脉灸经》《五十二病方》《导引图》等。洞庭湖区从商周时代开始进入青铜时代，从春秋中期开始，以湘江下游地区为中心的洞庭湖流域的青铜文明完全纳入了楚系青铜文化圈，形成了源远流长的楚文化，也为湖湘文化的发展提供了养料。洞庭湖区源远流长的社会文明离不开洞庭湖先民们的勤劳与智慧，离不开洞庭湖区得天独厚的环境资源，其在中华民族的文明进程中占据重要的位置。

（二）楚国最早的江南

"江南"这个词在我国历史地理上有过许多不同的解释，在不同历史时期，其具体内涵与范畴也不尽相同。洞庭湖是湖南的"母亲湖"，土地辽阔肥沃，自然资源丰富多样，是我国早期文明和稻作农业的发祥地之一，也是历朝历代的战略要地。春秋时期，楚国人越过长江，进入洞庭湖向南扩展，在楚国建立了最早的"江南"，在楚国文化的创造和楚国历史的发展历史进程中，占据着重要的地位。

在楚国人进入洞庭湖区之前，从目前典籍记载及洞庭湖的考古发掘中可以看出，洞庭湖区先民的古史系统肯定不少，尚待专家和学者们进一步探索和发掘。自古以来，洞庭湖区就生活着许多原始部落，维持着人类的繁衍生息和洞庭湖古文明的传承。在夏、商、周三代，由于楚国尚未兴起，洞庭湖区可称为"先楚"时代，处于原始时代和原始氏族社会缓慢解体的阶段，主要聚居着三苗、百越、巴人、濮人、楚人、罗人、麋人等氏族部落，他们共同耕垦，维系着洞庭湖区的社会发展。

西周早期，周成王（前 1042~前 1021）封"熊绎于楚蛮"，楚国正式成立。据《史记·楚世家》记载："熊渠甚得江汉间民和，乃兴兵伐庸、扬粤（扬越），至于鄂。"① 这是西周中晚期楚国对于长江中游地区的一次扩展行动，当时湖南的澧水流域，以及鄂东南的部分地区，都曾归入楚国的版图。春秋中期，楚成王时代（前671～前626），楚国入淮水，继而分东、西两路南侵。西路越过长江进入洞庭湖西部的澧水流域和沅水下游地区；东路自鄂地出发，沿洞庭湖东岸和湘江下游南进。春秋中期楚国在湖南的扩张到达洞庭湖沿岸。在战国中期，楚悼王起用吴起变法，谋求富国强兵之路。楚国向南展开了大规模军事行动，湖南全境都纳入了楚国的政治版图。至楚威王时代（前339～前329），楚国"经历了重重风险，跨越了重重障碍，正在登上强大和繁荣的顶峰"。② 春秋三百年间，楚灭国四五十个，"汉阳诸姬，楚实尽之"③，成为当时最为强大的国家。其极盛之时，西至巴蜀、云贵，东到江浙以及河南、山东的一半，都是楚国的版图。《战国策》上记："楚，天下之强国也……楚地西有黔中、巫郡；东有夏州、海阳；南有洞庭、苍梧；北有汾陉之塞。"④《淮南子》上也载："楚之地，南卷沅湘，北绕颍泗，西包巴蜀，东裹郯淮，颍汝以为洫，江汉以为池，垣之以邓林，绵之以方城。"⑤ "一丈地计众，中分天下。"当时楚国的版图和国势可以"中分天下"。

西周后期至春秋战国时期，随着楚国的强大，楚国和楚文化的地域范围日益扩大，楚国的军事和政治势力越过长江，进入洞庭湖，湖湘大地完全归入楚国版图和楚文化范畴。洞庭湖作为楚国扩展的南境，成为楚国的江南。但春秋时期楚国对江南的开发情况，现在看到

---

① 《史记·楚世家》。

② 张正明：《楚史》，湖北教育出版社，1995，第294页。

③ 〔唐〕孔颖达等疏《春秋正义》（十七），1934年上海涵芬楼据海盐张氏涉园藏日本覆印影钞正宗寺抄本影印。

④ 《战国策》（一），周晓薇、王其祎校点，辽宁教育出版社，1997，第106页。

⑤ 转引自〔明〕顾祖禹《读史方舆纪要》卷一《州域形势一》，清敷文阁刻本，第32页。

的先秦文献都无明确的记载，直到唐代的地理专著《元和郡县志》、《十道志》以及《通典》的州郡部分，才对春秋时期楚国的南境做了比较明确的记述，几本专著一致认为已达洞庭湖以南。根据《左传》昭公三年（前539）有"王以田江南之梦"之记载。江，指长江；梦，即云梦泽，为春秋战国时期楚王的游猎区，大致包括洞庭湖、长江中游南北的湖南、湖北。《史记》记载苏秦所说："楚，天下之强国也；王，天下之贤王也。西有黔中、巫郡，东有夏州、海阳，南有洞庭、苍梧，北有陉塞、郇阳。"经学者们的考证，"南有洞庭、苍梧"，即楚国在南部地区设置的洞庭郡和苍梧郡，而且洞庭郡一直存续到秦朝，目前龙山县出土的里耶秦简中"洞庭郡"的记载就是最有力的证明。可见，洞庭湖的"洞庭"最早成为楚国的行政区名号。洞庭湖是春秋时期楚国文化南迁和疆土开拓的南境，是楚国最早的江南。

洞庭湖流域一直聚集着多个民族部落，在漫长的历史时期，这里汇集交融了古代濮、越、巴、楚、中原等众多文化，随着楚国的南渐和楚国势力的强盛，洞庭湖成为楚文化和百越文化交汇处，以楚人为主体的洞庭湖区各民族创作了丰富和灿烂的楚文化。文化与民族的交汇融合、楚国对洞庭湖的开发，进一步促进了洞庭湖区的发展。

首先是农业生产的发展。楚人对于农业生产工具锄头、斧、铲、刀、锤、凿等铁制工具的使用，大大提高了生产力，促进了农业的发展，使得洞庭湖区成为楚国的重要粮食产地，占据了楚国"粮仓"的重要位置。

其次是矿业和金属冶炼制造业的发展。春秋时期，楚人进入洞庭湖区域并占据洞庭湖区域，楚人拥有湖北大冶铜绿山和湖南麻阳九曲湾古铜矿，掌握较高水平的铜矿开采和冶炼方法，铸造了大量的兵器，使楚国成为"五霸"之一。春秋晚期至战国早期，楚人已经占据乃至统治整个洞庭湖区。在洞庭湖区域出土的许多珍贵楚文物表明，楚人最早掌握了铁的冶炼技术，铁器在楚国得到广泛的使用，包括兵器、工具和容器。铁器的广泛使用，对战国时期的洞庭湖区乃至整个楚国农业生产的发展和社会繁荣起到了革命性的作用。

再次是手工业的发展。主要是从洞庭湖区楚国的出土考证中出土的帛书、帛画、毛笔、漆木器等器物可见，在楚国时期，洞庭湖区丝织、刺绣、绘画、漆木器制造等手工业都已经到达相当高的水平了。

最后是楚国在洞庭湖区域开疆拓土、发展生产的同时，实行郡县制，逐渐实现了由奴隶制经济向封建制经济的过渡，在政治经济发展的同时，文化艺术也得到了高度发展。楚国的帛书、书简、音乐文化、绘画艺术、文学都达到了很高的水平。其中以屈原的《楚辞》为代表的文学艺术，则达到了登峰造极的境界。屈原《楚辞·九歌》："袅袅兮秋风，洞庭波兮木叶下。"《楚辞·招魂》记载，"魂兮归来，哀江南"，这个"江南"指的是淮河以南楚国的中心区域和大后方。

楚国是一个具有八百余年历史的古老国家，到春秋战国时期楚国已发展成为一个地广势强、经济昌盛、文赋纷华的大国。楚人越过长江，进入洞庭湖，建立国之南境。楚国因洞庭湖区得天独厚的农业生产条件，让其成为国家的"粮仓"。洞庭湖因楚人的开拓和发展，其文化得以发展，文明进程得以加速。天时地利人和，洞庭湖与楚国相互成就，洞庭湖这一楚国的"江南"，也就成了富庶和殷实的文化符号。

二　从稻饭羹鱼到天下粮仓

洞庭湖是著名的"鱼米之乡"，是全国重要的商品粮棉油、水产养殖基地，是农耕文明的典型代表。司马迁《史记》、班固《汉书》均用"稻饭羹鱼""无饥馑之患，亦无千金之家"来描绘其社会经济生活。洞庭湖区河网交错，湖泊星罗棋布，水生资源极为丰富，成为农业文明时期最为理想的地区之一，稻饭羹鱼也成为江南"鱼米之乡"的真实写照。

洞庭湖地区因为良好的自然环境和丰富的水、土、生物资源条件，物产丰富，人口密集，被称为"洞庭鱼米乡"，是中国重要的稻作农业发祥地之一。由于历史久远，无文字记载，洞庭湖区稻作文化的灿烂光辉，随着历史遗迹一起被掩埋。随着湖南考古事业的发展，洞庭湖区旧石器时代遗址、新石器时代遗址、楚墓等逐渐被发掘和考证，证明了洞庭湖区在中国稻作农业中的重要地位，洞庭湖区也成为中华民族文化的摇篮。考古工作者在洞庭湖区发现栽培水稻的遗址有湖南省澧县彭头山、李家岗、八十垱、丁家岗、三元宫，道县玉蟾岩、都督塔、城头山，华容县车轱山、刘卜台，安乡县汤家岗，钱粮湖农场坟山堡，汨罗市附山园等。其中 20 世纪 80 年代初，澧县彭头山新石器文化遗址中出现了炭化稻谷的遗址，彭头山的水稻与现代水稻的生物学性状已十分接近，是新石器时代洞庭湖区人类已开启水稻种植的证据。考古工作者在发掘古城墙时发现城墙的外坡下叠压着早于城墙建筑时期约 2000 年的新石器时代早期的巨大壕沟。在壕沟的淤泥中，出土了稻谷、大米、豆类、蔬菜、莲荷等的籽实数十种，还有猪、牛、鹿、象、鱼和螺等动物遗骸 20 余种。八十垱遗址中出土的稻谷和稻米，估计有 15000 粒。洞庭湖区原始稻作农业一个十分重要的新证据是澧县城头山遗迹的发现。1993 年考古工作者在洞庭湖西北岸城头山古城墙遗址的下部发现距今 7000 年的稻作文化遗存，并发现了距今 6500 年的水稻田，也是世界上迄今为止发现的历史最为悠久的古稻田实体。城头山古城始建于 6000 年以前，将中国古城出现的时间推前了 700～800 年。洞庭湖湘水上游的道县玉蟾岩遗址于 1993 年被发现，这也是人工栽培稻首次被发现。北京大学对出土稻谷同层位标本的放射性碳素年代进行测定，将人类水稻农业文化的起源提前到距今 14000～15000 年。据国家文物局专家鉴定，玉蟾岩遗址出土的稻谷遗存为栽培水稻，距今已有 18000～20000 年。洞庭湖沿岸的史前遗址中发现的水稻栽培的材料无论是就时代之早，还是就分布密集的程度来说，在全国都无其他地区可以与之相比。① 可见，洞庭湖地区是我国历史上最早种植水稻，最早在渔猎文明的基础上创建稻作农业文明的区域之一。② 其中特别是澧县彭头山、城头山和道县玉蟾岩三处新石器稻作文化遗址的发现，使以"鱼米之乡"为核心的古老的洞庭文明重放光彩。③

早在 7000～8000 年前已有先民在洞庭湖这块沃壤上开始固定聚落的农业定居生活，创建了以稻作农业为主体的人类早期文明。中国是世界上最早栽培水稻的国家，而洞庭湖区又是世界上人工栽培水稻的发源地。洞庭湖区在发展早期稻作农业方面有得天独厚的条件：一是洞庭湖区为冲积和沉积平原，土壤自然肥力强，土质疏松，雨量充足，水资源丰富；二是洞庭湖区正处于亚热带到暖温带的过渡地带，四季分明；三是新石器时代早期诸遗址均位于湖边或湖沼地带中的岗地上，正是稻作农业的最理想的地理环境。④ 正是依赖于洞庭湖区独特的农业生产环境，洞庭湖区的先民从远古时代起，就依靠自己的勤劳和智慧，不断地繁衍垦殖，在创造洞庭渔猎文明的同时，创建了以水稻农业为特色的人类早期文明。洞庭湖是中国水稻文化的发源地，也成为"世界稻作文化的摇篮"。而如今，世界"杂交水稻之父"袁隆平院士又在洞庭湖平原上，把世界水稻文化推向了新的高峰。⑤ 洞庭湖区的稻作文化和文明享誉世界，在中国乃至世界占据重要地位。

---

① 何介钧：《洞庭湖区的早期农业文化》，《华夏考古》1997 年第 1 期。

② 冯天瑜等：《中华文化史》，上海人民出版社，1990。

③ 熊剑：《洞庭天下水——洞庭湖水文化研究》，湖南大学出版社，2008，第 13 页。

④ 何介钧：《洞庭湖区的早期农业文化》，《华夏考古》1997 年第 1 期。

⑤ 熊剑：《洞庭天下水——洞庭湖水文化研究》，湖南大学出版社，2008，第 14 页。

中国是农业大国，湖南是农业大省，洞庭湖区凭借丰富的土地资源和水资源，加上优良的气候条件，适宜农业生产，自古就是传统农业的发达地区。从洞庭湖区澧县彭头山梦溪三元宫、丁家岗，安乡县汤家岗，华容县车辚山等地遗址的文化层考古发掘中可知，洞庭湖区有迄今为止人类最早的稻作实物和耕作稻田。洞庭湖区是中国南方稻作农业发源地，从古至今，洞庭湖区的农业一直是湖南省的支柱产业，在全国占有重要的地位。先秦以来，洞庭湖区农业一直闻名天下，"民食鱼稻……食物常足"；六朝便有长沙好米，"五里闻香"；隋唐五代，"秦之人待此而饱，六军之众待此而强"①。从宋元到明清，一句形容粮食生产的谚语在这几百年间发生了三次变化。开始为"苏湖熟，天下足"，后变为"湖广熟，天下足"，又变成"湖南熟，天下足"。清雍正元年（1723）魏廷珍奏称"自湖北以至江南一带，俱仰赖湖南之米"②。到清乾隆二年（1737），高宗皇帝在问湖南巡抚高其倬后高兴地批示道："语云'湖南熟，天下足'朕唯有额手称庆耳。"洞庭湖给予人类慷慨和丰厚的回报，除养活这一地区的民众外，明清以来，逐渐成为中国最大的粮食输出地。如今湖南省成为主要的商品粮生产基地，洞庭湖区成为著名的"粮仓"，也一直是全国九大商品粮食生产基地之一。

（一）饭稻羹鱼的古地

洞庭湖区土壤肥沃，降水丰沛，气候温和，农业历史悠久。从洞庭湖区旧石器和新石器时期遗址关于稻谷、谷壳、农田等发现中可知，洞庭湖区先民在捕鱼、狩猎的同时，就广泛种植水稻，发展农业生产，创

---

① 《同治畿辅通志》卷二百三《列传十一》，第 34 页。
② 《雍正元年十一月二十五日魏廷珍奏折》，载《雍正朝汉文朱批奏折汇编》（第 2 册），江苏古籍出版社，1989。

造了人类早期的稻作农业文明。《尚书》卷二《禹贡第一》对荆州的记载是："荆及衡阳惟荆州。江、汉朝宗于海，九江孔殷，沱、潜既道，云土梦作乂。厥土惟涂泥，厥田惟下中，厥赋上下。"[1] 也就是说，从荆山到衡山之南为荆州，长江和汉水汇合东流，湘、资、沅、澧等汇入洞庭湖，云梦泽一带的土地大都可以耕种，这里的土壤为潮湿的涂泥，土地质量在全国属于第八等，而赋税属第三等。[2] 洞庭湖区当时属于"荆州"，可见当时洞庭湖区所在荆州农业生产水平居全国较高地位。

　　夏、商、周时期，洞庭湖区农业工具以石器为主，以青铜器为辅，随着农业耕作方法的发展，农业生产水平也不断提高。随着楚人进入洞庭湖区，冶炼技术的提高让铁器取代了石器，楚人还开启了中国最早的农业资源调查和土地规划。[3] 春秋战国时期，铁器的使用，让洞庭湖区的农业生产工具发生了巨大变化，农业生产发展到一个新的水平。春秋时期，楚人的势力进入洞庭湖区，楚国作为当时的南方大国，十分注重发展农业生产。当时洞庭湖区成为楚国的主要粮食产地，《史记·越王勾践世家》记载："仇、庞、长沙，楚之粟也。"《史记·货殖列传》载："楚、越之地，地广人稀，饭稻羹鱼，或火耕而水耨，地势饶食，无饥馑之患。"这些说明，在公元前5~4世纪，洞庭湖区一带的农业虽仍有火耕水耨，但大部分地区已处于"无饥馑之患"的状态，富饶的洞庭湖区，已成为楚国主要的粮食产区。战国时期，洞庭湖区的农业进入了新的发展阶段，洞庭湖区在战国时属于楚国范围，《战国策》记载："楚……地方五千里，带甲百万，车千乘，骑万匹，粟支十年，此霸王之资也。"[4] 屈原《楚辞》《九歌》中

---

①　〔西汉〕孔安国传《尚书》卷二《禹贡第一》，陆德明音义，1919年上海涵芬楼借吴兴刘氏嘉业堂藏宋刊本影印，第4页。

②　王世舜译注《尚书译注》，四川人民出版社，1982，第55~58页。

③　高碧云：《洞庭湖经济史话》，方志出版社，2005，第119页。

④　《战国策》（一），周晓薇、王其祎校点，辽宁教育出版社，1997，第106页。

有大量反映当时楚国南境洞庭湖区农业经营范围和发展状况的描述。

秦汉时期，南方农业生产发展缓慢。到东汉时期，一方面洞庭湖区十分重视推广牛耕的农业生产方式，促进了湖区的农业发展；另一方面东汉以后，黄河流域的北方人口大量南迁，湖区的劳动力增加。345～351年，洞庭湖区西北特设南义阳郡侨置流民。外地人口大量进入，劳动力增加，通过垦荒造田，扩大种植，很好地促进和推动了洞庭湖区农业生产的发展，造就了"荆城跨南楚之富""民户繁育，地广野丰，民勤本业，一岁或稔，则数郡忘饥"的经济繁荣景象。

西晋初年，洞庭湖区农业生产基本还是稳定发展，粮食大量北调，但随着"八王之乱""流民起义"，洞庭湖区农业发展受到严重影响。到东晋，由于北方人口不断地涌向江南，洞庭湖区的农业才逐渐恢复和发展。东晋以降的宋、齐、梁、陈等朝代不断更迭，洞庭湖区及湘江流域陷入战争时间较久，农业发展受到摧残，史料记载"时民遭侯景之乱，皆弃农业，群聚为盗"[①]。

唐代，洞庭湖区农业生产获得恢复和发展，粮食生产自给有余，特设常平仓，"市积为储"，治"荆州"（包括今澧县、安乡、临澧、津市），郎州（包括今常德、桃源、汉寿），洞庭湖区成为重要粮食生产基地。到了唐代后期，洞庭湖区的漕粮为朝廷倚重，有"兵粮漕引潇湘、洞庭，万里几日，沧波挂席，西指长安。三秦之人待此而饱；六军之众待此而强"[②]的说法。唐天宝元年（742），澧、朗、岳三州人口达185171人，水稻已成为洞庭湖区主要种植作物，税收也以稻谷为主，洞庭湖区成为全国漕运和赋税主要供给地之一。

北宋时期，洞庭湖广泛筑堤围湖，扩大农田面积，并广开沟渠，

---

① 〔宋〕袁枢：《通鉴纪事本末》卷二十四《周陈之叛》，1919年上海涵芬楼藏宋刊本影印本。

② 《同治畿辅通志》卷二百三《列传十一》，第34页。

兴修水利，引种推广了"占城稻"，改良农作物品种，洞庭湖区粮食生产进入比较兴盛的阶段。北宋崇宁元年（1102），澧、鼎两州人口达134872人，平均每平方千米有19.6人。此时戽水灌田的龙骨翻车和引水上山的高架筒车为农民所采用，官府又鼓励农民种粮，水稻生产水平更有所提高。据沈括记载，北宋每年从荆湖北路漕运米麦35万石，主要来自鼎、澧等州。北宋晚期，鼎州能制造载鱼万石或大米万斛的大船，用来运载大量鱼米出境。可见当时，"鱼米生产"相当丰富。

由于金人入侵，汉人又一次南迁，洞庭湖一带土地得到较多的开垦，元代至顺元年（1330），澧州路和常德路总人口达到2137585人。元末明初因战乱不止，洞庭湖区的水稻生产水平倒退。朱元璋称帝后，增加赋税，农民难以承受，四处逃难，农田荒废。明代中叶，江西等外省移民入境，对洞庭湖区围挽较早的堤垸进行修补，耕地面积有所扩大，水稻生产略呈起色，但到明代末期又遭战争浩劫，水稻生产衰退。

（二）"湖广熟，天下足"洞庭湖区的农业生产

清代是洞庭湖区农业开发和经济发展的重要阶段。清政府为发展水稻生产，采取了一些措施。一是招民垦荒，扩大耕地。当时减轻赋税，提倡筑垸围垦，形成了洞庭湖区自明代以后的又一次围垸高潮，雍正元年（1723）谕云"开垦一事于百姓最有裨益，但向来开垦之弊，自州县以至督抚，俱需索陋规，致垦荒之费浮于买价，百姓畏缩不前，往往膏腴荒弃，岂不可惜！嗣后有可开垦之处，听民相度地宜，自垦自报，地方官不得勒索，胥吏亦不得阻挠。至升科之例，水田以六年起科，旱田以十年起科，著为定例"①。省内湘乡、衡山、邵

---

① 《同治长沙府志》卷八《赋役》，第11页。

阳、新化、湘潭、宁乡等地人民相继来到洞庭湖区进行垦殖。沅江县在雍正、乾隆两朝修筑的官垸、民垸、堤障共46处；安乡县在康熙十九年（1680）前"军民田地塘"总共1600余顷，雍正十一年（1733）已达3390多顷；康熙四十六年（1707）龙阳县修复大围堤、南赶障等，至嘉庆年间（1796～1820）计有官垸41个，民垸24处，此外还有"同入鳞册以便征输者又数处"；《光绪湘阴县图志》载，"乾隆中叶，报垦者六十九围"；19世纪末《湖南省舆地图说》记载："南洲厅因荆江入湖泥沙在洞庭湖北岸淤出高洲，不断为益阳、澧县、龙阳、沅江等县农民迁居围垦而设。"

二是洞庭湖区种植制度有较大改进。双季水稻的引种和栽培、稻麦等轮作复种制的发展，促进了洞庭湖区粮食总产量和质量的提高。谢庭生在《历代湖南土地利用概况》一文中载，1850年前，湖南每年运往江浙的大米有三四千万石，其中洞庭湖区占一千万石以上，汉寿县沧港、湘潭县易俗河和长沙县靖港，成为全省三大米市，为洞庭湖区谷米集散的主要市场。道光十五年（1835）至宣统三年（1911），朱批湖南历届巡抚关于洞庭湖区沅江、华容、安乡、湘阴等县水稻收成的奏折中，每年均将早、中、晚稻收成作为重要的内容分别呈览。可见，洞庭湖区水稻生产已有一定的发展。

三是兴修农田水利。洞庭湖区水、旱、虫病等自然灾害时有发生，水灾尤其频繁，1839～1911年，共发生49次水灾。除水灾外，洞庭湖区旱灾也经常发生，有的年份甚至会出现"水旱交侵"。对于严重的自然灾害，清政府采取过一些补救办法，如拨款修复田土和堤垸、减免赋税、发给灾民口粮、贷给种子、扩种晚稻及秋冬杂粮、推广水车筒车等排灌工具、发布《捕蝗律例》等，在生产上起了一些作用。晚清，列强入侵，战乱不止，导致农业生产衰退，水稻生产歉年居多，平年次之，很少有丰收年。清末常德府水田面积为530万～540万亩，年总产稻谷为 1060 万～1080 万石，平均每亩仅有 120 公斤。

明清时期，洞庭湖区逐渐取代江南粮仓的地位，由"苏吴熟，天下足"变成了"湖广熟，天下足"。清代康熙至乾隆年间（1662～1795），"湖广熟，天下足"常见于各奏折、朱批中，各种文献和方志中常有记载。到乾隆年间（1736～1795），实际上由"湖广熟，天下足"变成"湖南熟，天下足"。乾隆末年至嘉庆初，湖广、湖北的米谷市场主要依赖于湖南。清代是洞庭湖区粮食生产的大发展时期。

民国时期，洞庭湖区的水稻生产较清代有一定发展，但是总的来说，发展比较缓慢。据 1985 年版《湖南农业志》记载："民国时期，以湘水流域 34 个县产稻最多，常年产稻谷 76588280 石（每石约 100 市斤），占全省稻谷总产量的 54.33%；其次是沅水流域 23 县，常年产稻谷 26612070 石，占全省 18.88%；资水流域 7 县，常年产稻谷 20010190 石，占全省 14.20%；澧水流域 6 县，常年产稻谷 7341380 石，占全省 5.21%；洞庭湖东北沿岸 5 县，常年产稻谷 10403210 石，占全省 7.38%。"[①] 民国时期，湖南每年都有稻米输出，输出最多的是洞庭湖区各县。1938 年，日军侵入洞庭湖区，大肆破坏农田水利设施；1946 年至 1949 年，国民党政府发动内战，到处抽丁括粮，加上连年水灾，洞庭湖区的粮食产量大大减少，仅为 171.27 万吨。洞庭湖区的农业生产受到严重影响。

（三）天下粮仓：全国粮食生产基地

中华人民共和国成立后，在洞庭湖区开展大规模农田水利建设，解决水患威胁，改善生产条件，洞庭湖区农业生产和农业经济走上了恢复和持续发展的新道路。1951 年全国开展"爱国丰产运动"，1951

---

① 《湖南农业志》编纂委员会编《湖南农业志》，湖南省农业厅，1985。

年和 1952 年湖南省连续召开农业劳动模范会议。第一个五年计划时期（1953～1957），洞庭湖区农村在大力发展互助组的基础上，着手试办农业生产合作社。据统计，1957 年洞庭湖区的粮食总产量达26.64 亿公斤，比 1949 年增加 10.72 亿公斤，平均每年增长 6.68%。人均粮食由 1949 年的 292 公斤增加到 1957 年的 360 公斤。①

1958 年至 1978 年，洞庭湖区大规模开展农田基础建设和技术改造，农业生产有较大进步，但是受"大跃进"和"文革"的影响，洞庭湖区农业生产出现较大的波动。从洞庭湖区粮食生产来看，20 世纪 50 年代年均粮食总产量在 10 亿～20 亿斤徘徊，60 年代平均每年在 30 亿～40 亿斤，70 年代上升为 60 亿～70 亿斤。1978 年洞庭湖区粮食生产约占湖南全省的 18.15%，不仅满足了人民生活的需要，还提供了大量的商品粮，对湖南社会经济的发展具有举足轻重的作用。

20 世纪 80 年代中期开始，洞庭湖区水稻生产进入鼎盛时期。湖南省、市、县相关部门协作，进行"洞庭湖区杂交稻适应性研究"，通过中间试验和层层办点示范，选择适宜的组合和播插期，推广培育壮秧，合理施肥，科学管水，综合防治病虫害，提高了杂交稻的栽培技术，加上化肥供应量增加，常规稻单位产量也有所提高，因此洞庭湖区水稻单产量和总产量迅猛提高。1990 年，全区亩产达 408 公斤，总产量达 630.54 万吨，与 1985 年比较，单产量增加 34 公斤，总产量增加 49.09 万吨，增长 8.44%，全区过吨粮田面积 210.27 万亩。稻谷总产量由 1949 年 107.00 万吨，发展到 1990 年 639.76 万吨，单产量由 128 公斤提高到 408 公斤，比 1949 年分别增加 532.76 万吨、280公斤，分别比 1949 年增加了 4.98 倍、2.19 倍。

---

① 施金炎主编《洞庭史鉴——洞庭湖区域发展研究》，湖南人民出版社，2002，第 431 页。

20 世纪 90 年代，洞庭湖区的农业生产和农村经济步入飞速发展的阶段，该时期也成为洞庭湖区现代农业的确定和发展时期。特别是随着新时期农业生产观念的深刻变革，洞庭湖区在优化产业结构，增产高效、科技兴农、开拓市场等推动现代化农业方面卓有成效。洞庭湖区在 21 世纪正朝着效益农业、科技农业、开放农业的现代化农业可持续发展的道路发展。洞庭湖区农业综合市场能力明显提高，现代化农业生产结构不断优化，农村劳动力的就业结构得到很大调整，洞庭湖区的农牧产品种类繁多，其中水稻、棉花、油菜、生猪、鲜鱼、茶叶、柑橘、湘莲等在全省、全国乃至全世界都有很高的声誉。洞庭湖区的粮食生产在中央发展农业的政策感召下，通过改善生产条件、改革耕作制度、改进作物栽培技术、推广优良品种，粮食总产和单产水平不断提高。2003 年，常德、益阳、岳阳三市水稻播种面积 1367.14 万亩，其中优质稻面积 673.71 万亩，粮食总产量为 628.94 万吨，分别占全省的 26.72%、33.42% 和 25.75%。

洞庭湖区是湖南乃至全国重要粮食生产基地，历来有着"天下粮仓"的美誉。对于素有"天下粮仓"称号的洞庭湖区，当前国家及湖南省通过规划把洞庭湖区打造成保障粮食安全的现代农业基地，立足洞庭湖区农业资源优势，巩固提升洞庭湖区在保障国家粮食安全中的重要地位，大力发展高产、优质、高效、生态、安全农业，实现农业专业化、规模化、标准化和集约化生产，转变农业发展方式，推进农业经营体制创新，构建现代农业支撑体系。

一是建设高标准农田。为了在洞庭湖区建设符合现代农业发展的高标准优质粮田，早在 2008 年，湖南省委、省政府就提出了实施环洞庭湖基本农田建设重大工程的规划。在省重大工程领导小组的统一协调指挥下，环洞庭湖基本农田重大工程坚持"政府主导、国土搭台、部门联动、各界参与"的运行机制，确保资金投入到位，技术指导到位，监督管理到位。2017年9月，环洞庭湖基本农田建设重大工程87个子项目全部竣工并通过技术验收，累计完成基本农田建设总规模达310.82万亩，新增耕地24.10万亩，累计投入项目资金63.63亿元。2020年，洞庭湖区建成1500万亩高标准农田，粮食产量稳定在1400万吨以上。

二是大力发展生态农业。扶持无公害、绿色、有机农产品生产，提高"三品一标"认证比例，完善农产品生产、加工、包装、储运标准和技术规范。鼓励和支持运用生物防病杀虫、测土配方施肥、恢复绿肥种植等科学生态生产方式，减少化学农药和肥料的使用量。加大对保护性耕作、节水灌溉、深松整地、秸秆还田、高效植保等补贴力度。支持农产品申报地理标志和注册商标。继续推进畜禽标准化养殖示范基地建设。种植"双低"油菜，推广水旱轮作。加快水产品、茶叶、蔬菜、竹木等特色农林产品生产基地建设，大力发展现代种业。支持建设特色农产品质量安全示范区和知名品牌创建示范区，健全食品质量安全检测检验体系。

三是构建新型农业经营体系。创新农业生产经营体制，坚持家庭经营基础地位，鼓励家庭经营、集体经营、合作经营、企业经营等多种经营方式共同发展。扎实做好农村土地承包经营权确权登记颁证工作，稳定农村土地承包关系，鼓励承包地经营权向专业大户家庭农场、股份合作林场、农民合作社、农业企业流转，发展多种形式规模经营。依托高等院校、科研院所和企业，加强农业科技创新和推广应用，建设现代农业技术体系。完善农村金融体系，创新农村金融产品和服务，健全农业保险机制。完善农产品流通体系，促进产销对接。建立健全农业基础设施管护机制。

四是推动建设国有农场现代农业示范区。结合国有农场改革试点，统筹标准化生产基地建设、土地综合整治、农场中心社区建设等，加大政策扶持和体制创新力度，进一步提高湖区国有农场土地集约节约利用水平，率先实现耕地田园化、生产机械化和服务专业化，建成现代化农业示范区。

如今，穿行于洞庭湖平原的广袤乡村，但见沃野平畴上，田成方、林成网、路相通、渠相连，稻田里盛满着喜悦、透着希望。洞庭湖区的粮食依然是全省乃至全国人民重要的生活保障，养育着中华民族的儿女，创造着属于洞庭湖的农业发展时代。

三　洞庭湖区开发模式探析

数千年来，洞庭湖区以其"北通巫峡，南极潇湘"的优越地理位置，肥沃的土壤与适宜的气候，物阜民丰，赢得"鱼米之乡"美誉。洞庭湖地跨湖南、湖北两省，自古为"五湖之首"，是我国第二大淡水湖、长江重要的调蓄湖泊和国际重要湿地，担负着保障长江流域生态安全、水安全和国家粮食安全的重大责任。几千年来，国家对洞庭湖的开发和治理在不断进行。当前，对于洞庭湖的开发与规划已经上升到国家的战略规划层面，2014 年 4 月国务院《关于洞庭湖生态经济区规划的批复》（国函〔2014〕46 号），铺开了洞庭湖区的新发展的宏伟蓝图。目前，洞庭湖区已成为湖南省可持续发展最具活力的增长板块之一，是我国水利安全、粮食安全、生态安全的重要基地，是湖南省乃至全国最重要的现代农业示范区、城市腹地经济支撑试验区和国家大江大湖生态保护与经济协调发展的探索区。洞庭湖区在湖南省经济和社会发展中发挥着举足轻重的作用。为深入学习贯彻党的十九大精神和湖南省委、省政府的发展规划，实施长江经济带发展战略和"三高四新"战略，需要以高站位、大格局抓好顶层设计，系统治理洞庭湖，谋划好 2035 年至 21

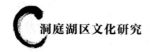

世纪中叶洞庭湖水利现代化蓝图，群策群力，建设安澜洞庭、生态洞庭、富饶洞庭。

（一）传统社会时期洞庭湖区的开发

从考古遗迹所反映的人类活动看，洞庭湖区的开发层次，是由西向东、由北向南、由低山丘陵向湖区平原腹地推进的。在洞庭湖区内部的开发程度上，平原边缘要高于平原腹地，河流两岸要高于河间洼地。洞庭湖区的早期开放可分为三个阶段，即六朝以前的初步开发、唐宋时期揭开大开发的序幕、明清时期进入大开发。

春秋战国时期，以荆楚立国江汉为标志，整个南方经济得到了较大发展。从春秋战国到秦汉时期，湖区平原的经济发展一直呈缓慢上升趋势，因而拉大了与北方黄河流域的差距。从农业生产工具来看，秦汉时期湖区人民已运用牛耕技术，但仍然以"火耕水耨"的耕作方式为主。东汉末年的黄巾大起义失败以后，整个黄河中下游和淮河流域，陷入长期战乱和灾害，大批不堪战火侵扰的北方民众不断地涌向社会环境比较安定、地旷人稀的长江中下游地区，洞庭湖区的开发又有所进步，并为唐宋以后的大开发初步奠定了基础。凭借六朝以来的开发积累，以"安史之乱"为契机，我国经济重心由北向南转移，洞庭湖区的开发进入一个转折阶段，其标志是农田水利的大量兴修，垸田的兴起，稻作生产方式的进步，农业商品性的加强，这一切都为明清时期洞庭湖区的崛起奠定了坚实的基础。

唐宋以后，洞庭湖区的农业生产有了较大发展，除水稻仍是主要农作物外，旱作麦、粟已有种植，蚕茧也有了发展，不少诗文对此留下了记录。李白在《荆州歌》中有"荆州麦熟茧成蛾"之句；元稹在岳州写的《竞舟》中，有"年年四月五，茧实麦小秋"的记载；晚唐郑谷送友南归的赠诗中，有"麦秋梅雨过湘阴"的写照。北宋真

宗年间 (998~1022), 籼稻已由岭南引向岭北, 其种植面积迅速
扩大。

汉魏六朝时期, 洞庭湖区已有茶叶, 曹魏时成书的《广雅》即称
"荆、巴间采茶作饼"[①]。唐虞世南辑录的《北堂书钞》载"武陵七县
遍出茶, 最好"[②]。唐五代时长江中游主要产茶州有 17 个, 洞庭湖区
有郎、岳、潭三州, 其中岳州巴陵县南十一里潧湖含膏茶颇负盛名,
641 年文成公主嫁吐蕃首领松赞干布时, 潧湖含膏茶曾作为礼品随行。

唐宋时期, 洞庭湖区的柑橘以优质而著称。唐代长江中游有七州
上贡柑橘, 澧州贡柑、橘, 郎州贡柑名列其中。其他经济作物如桑
麻、药材、莲藕、菱芡及柿子、枣等, 在唐代也有不同程度的发展。

小农生产和家庭手工业的牢固结合是中国封建经济的特点。与耕
相对的是织, 当时纺织以丝、麻织品最为普通。麻种植在洞庭湖区起
源很早, 唐宋时期, 蚕桑业和丝麻纺织业又有较大的发展。食品加
工、编织、陶瓷等行业, 也有了一定的发展。

明清时期, 洞庭湖区在农业结构方面有了新的变化, 主要表现为
种植作物的多样化。唐代开始的稻麦轮作制到清代已较普遍, 冬小麦
种植面积有了较大的增加, 双季稻的栽培渐趋发展, 稻豆间作业开始
盛行。

棉花的引种和推广则对后世产生了深远的影响。宋末元初洞庭湖
区已有棉花种植, 明代种植已较普遍, 当时的棉花产地主要集中在今
常德、澧县、岳阳等处, 常德、汉寿、桃源、岳阳、津市等县已生产
出棉布。清以后, 自给性与商业性结合的家庭棉纺生产活动在洞庭湖
区城乡普遍开展, 棉纺织取代了苎麻纺织的地位。

---

① 转引自〔宋〕李昉等:《太平御览》卷八百六十七《饮食部二十五》, 1936 年上海商务
印书馆影印本, 第 2 页。

② 转引自〔南朝〕盛弘之:《荆州记》上卷, 清刻本, 第 14 页。

清代洞庭湖区引入了烟草、玉米、甘茹，这些经济作物和高产粮食作物的引进，也引起了耕作制度的变化。

明清时期，洞庭湖区域参与全国商品流通市场的农产品数量和种类，都超过了唐宋时期的水平。最大宗的商品输出是以谷米为主的粮食，其次是棉花和棉布，进入市场交换的还有茶、竹、柑橘、蔬菜等农副产品。农产品和家庭手工业商品化的提高，吸引了广东、江西、云贵川和江浙等地的商人，频繁地活跃于洞庭湖区城乡之间，他们的商务活动，连接了城乡、省际的商业交流，促进了湖区农业经济的发展，也刺激了城镇的发育。

（二）新时期洞庭湖区获得新发展

洞庭湖区地跨湖南、湖北两省，在湖南省及长江流域以及全国的生态文明建设、国家粮食安全保障、区域经济发展等方面均发挥着重要的作用。在新时期，洞庭湖区的重要性经过历史的检验，更加凸显。早在"十二五"期间，国家已将洞庭湖区列入了构建"十大生态屏障"之一的长江流域的重点区域，2012 年"环洞庭湖生态经济圈"又被纳入国家发展战略。洞庭湖区的开发与发展已上升到国家战略，为贯彻落实《国务院关于大力实施促进中部地区崛起战略的若干意见》（国发〔2012〕43 号），国务院正式批复《洞庭湖生态经济区规划》，规划的环洞庭湖生态经济区范围包括湖南省岳阳市、常德市、益阳市，长沙市望城区和湖北省荆州市，共 33 个县（市、区）。湖南省及洞庭湖区域的市（县）根据国家的整体规划，对洞庭湖流域的开发与发展做出了相应的规划。根据国家发改委要求，洞庭湖生态经济区建设将按照两年打基础（2014～2015 年）、五年新跨越（2016～2020 年）的步骤，被打造成为全国大湖流域生态文明建设试验区、保障粮食安全的现代农业基地、"两型"引领的"四化"

同步发展先行区、水陆联运的现代物流集散区和全国血吸虫病综合防治示范区，着力构建和谐人水新关系、现代产业新格局、统筹城乡新福地、合作发展新平台，加快解决血吸虫病、城乡饮水安全等突出民生问题，努力把洞庭湖生态经济区建设成为更加秀美富饶的大湖经济区。

2014 年，洞庭湖生态经济区规划报批成功并启动实施，成功上升为国家战略，并着力规划成为探索全国大湖流域生态文明建设试验区、建立保障粮食安全的现代农业基地、试行"两型"引领的"四化"同步发展先行区、构建水陆联运的现代化物流集散区等，为洞庭湖区生态环境保护和社会经济发展带来新的契机。2018 年，两省四市一区政协建立了助推洞庭湖生态环境联动治理和绿色发展联席会议机制，携手开启合作之旅。当年 8 月，洞庭湖生态经济区政协主席联席会议第一次会议在湖南岳阳召开。2019 年 7 月，洞庭湖生态经济区政协主席联席会议第二次会议以"守护一湖碧水，助推绿色发展"为主题，在湖南常德召开。近年来，凭借国家级重大发展平台的叠加优势，区域社会经济取得较快发展。

一是逐步建立了全国大湖流域生态文明建设试验区。洞庭湖十分重要，不可或缺。在国家层面，它既是长江安澜的最重要助手，又是生态安全的重要屏障。洞庭湖区的生态环境受江湖关系、气候变化、人类活动等因素的影响，存在湖泊萎缩、生态环境恶化、发展滞后等情况。在贯彻落实习近平总书记提出的生态文明建设理念基础上，国家及省委、省政府对于洞庭湖区生态文明建设，提出建立全国大湖流域生态文明建设试验区的设想，提出尊重自然规律，积极应对江湖关系新变化，着力改善江湖关系，构建河湖健康体系，全面提升防洪减灾能力，建立可持续的和谐人水关系。目前，在国家大政策的支持下，全社会广泛凝聚起保护"一湖碧水"、实现绿色发展的社会共识，

洞庭湖生态经济区逐步建成全国大湖流域生态文明建设试验区、示范区，走出一条生态良好、生产发展、生活富裕的生态文明之路。

二是逐步建成了保障粮食安全的现代农业基地。自古以来洞庭湖农耕经济在湖南省占据重要的位置，是全国重要的"粮仓"，为人民粮食安全提供保障。根据国务院《关于洞庭湖生态经济区规划的批复》及《湖南省国民经济和社会发展第十四个五年规划和二〇三五年远景目标纲要》，"十四五"期间，湖南继续大力实施重要农产品保障战略，打造环洞庭湖现代农业作业区，自觉担当粮食主产区责任，坚持"藏粮于地、藏粮于技"，严守耕地红线，坚决遏制耕地"非农化"、防止"非粮化"。开展核心种源"卡脖子"技术攻关，构建以企业为主体的商业化育种体系。同时，强化绿色导向、标准引领和质量安全监管，以县为单元创建一批农业现代化示范区。目前，洞庭湖区已经构建了一批有影响力的"湘"字号知名品牌体系，建立了品牌目录，创建了一批国家级农业产业强镇、省级农业产业强镇和特色农业小镇，为提升巩固洞庭湖区在保障国家粮食安全中的重要地位发挥作用。

三是逐步建立了"两型"引领的"四化"同步发展先行区。湖南省新时期全省发展的整体规划是充分发挥"一带一部"优势，以中部地区崛起和长江经济带发展战略实施为引领，积极对接"一带一路"建设、粤港澳大湾区建设、长江三角洲区域一体化发展和京津冀协同发展，推进重点区域加快发展。其中洞庭湖区域的发展是湖南省的重点区域之一。对于洞庭湖区域的建设坚持"两型"引领，推动产业园区化、园区专业化，构建优势特色新型产业体系，实现工业集聚发展、错位发展和转型升级。其中依托洞庭湖区农业资源和产业基础，可以进一步建设以粮棉油、果蔬、茶叶、畜禽和水产加工为重点的农产品精深加工基地；以岳阳石油炼化为龙头，建设以化工新材料、精细化工、盐化工为特色的石化产业精深加工基地，打造岳阳—

荆州滨江绿色化工产业带；建设以工程机械、航空装备、特种船舶、汽车及零部件、石化装备、海洋工程装备为重点的现代装备制造业基地等主导产业。新时期洞庭湖区的开发，是坚持"两型"引领，以农业产业化致富农民，以新型工业化提升农业，以新型城镇化带动农村，以信息化促进融合发展，为全国"两型"社会建设和大湖地区"四化"同步发展探索新路径、积累新经验。

四是逐步构建了水陆联运的现代化物流区域中心。目前，国家及湖南省对洞庭湖区的规划包括依托区位优势和长江黄金水道，加快形成水陆空立体交通格局，大力发展多式联运和跨区联运，建成覆盖全区域、连接中西部、对接长三角、面向海内外的现代物流集散区。其中湖南省第十一届委员会第十二次全体会议通过的《关于制定湖南省国民经济和社会发展第十四个五年规划和二〇三五年远景目标的建议》提出湖南已形成以长沙陆港型、岳阳港口型国家物流枢纽和怀化国家骨干冷链物流基地为依托，长沙金霞和郴州湘南国家示范物流园、岳阳城陵矶新港、长沙传化智联、怀化武陵山片区四省联动多式联运示范工程等为支撑，水陆空铁一体、江海联运综合性立体物流网络体系。从目前国际和国内的发展新形势看，该体系给洞庭湖区的现代化物流业带来了新的机遇和挑战。洞庭湖区立足自身的资源优势，加强重要港口码头、公路枢纽、铁路枢纽、机场之间的有效衔接，加速交通运输一体化建设，构建了以水运、公路为主，铁水联运、航空运输为辅，全方位、多层次、立体式的物流枢纽体系。

2021年1月29日湖南省第十三届人民代表大会第四次会议批准《湖南省国民经济和社会发展第十四个五年规划和二〇三五年远景目标纲要》，湖南未来着力推进治理体系和治理能力现代化，实施"三高四新"战略，坚持创新引领开放崛起，着力打造国家重要先进制造业、具有核心竞争力的科技创新、内陆地区改革开放的高地，在推动中部地区崛起和长江经济带发展中彰显新担当。在经济"新常态"及湖南省"两型"社会建设的大背景下，洞庭湖区域同时肩负着建设全省发达的生态经济区、绿色经济区和低碳经济区，为长株潭"3+5"城市群"两型"社会建设提供强大支撑和广阔腹地的光荣使命和艰巨任务。在新时期，洞庭湖的发展规划从国家战略层面构建环洞庭湖生态经济圈。环洞庭湖地区是我国粮食安全的重要保障基地，是我国最大的水稻种植区和重要的商品粮、棉、油、麻、鱼、生猪等大宗农产品生产基地。洞庭湖素有"长江之肾"之称，环洞庭湖地区是长江中下游生态安全的重要屏障，又是中部崛起的战略支点，其区位优势日益凸显，现已形成石化电力、食品加工、机械制造、生物制药、循环产业等优势产业，加快环湖地区建设，对充分发挥湖区区位、农业、生态、矿产等综合优势，探索加快推进新型工业化、新型城镇化和农业现代化融合发展，实现中部崛起具有重要意义。

‖ 第三章 ‖

核心价值： 湖湘精神的重要发源地

　　洞庭湖区文化的形成、发展和定型过程，是区位、历史和人文诸多因素相互作用的结果，积淀了核心价值观，成为湖湘文化和中华优秀传统文化的重要内容，这一点在五大淡水湖泊中具有唯一性，弥足珍贵。其中最主要者有二，一是以屈原流放到湖区和沅湘流域后形成的以忠君和爱国为内核的爱国主义精神，二是以范仲淹《岳阳楼记》为代表的忧乐精神。它们具有思想上的传承性，是洞庭湖区文化的"双子座"。

一　洞庭湖区是爱国主义精神的源头

（一）屈原在洞庭湖区的流放历程

　　屈原与洞庭湖结缘是因为流放。周赧王十九年（前296），屈原被免去三闾大夫之职，放逐江南。他从郢都出发，先到鄂渚，然后入洞庭。周赧王二十年（前295），屈原到达长沙，遍览楚先王始封之地山川形势。周赧王二十一年到周赧王三十六年（前294～前279），屈原第二次被流放到南方的荒僻地区。这次流放的路线，从《哀郢》记述来看，屈原从郢都闾里出发，进长江，先沿江水，后沿

109

夏水，从夏口折回，溯江而上，试图重回郢都，但是没有成功，再顺江流而下，过城陵矶入洞庭，沿湘水南下，进汨罗江，并在此消失了所有希望，沉江自尽。另外一首作品《涉江》，初期路线交代得不是很明确，也许屈原先由陆路沿云梦泽北缘向东，入汉水登船，到夏口，于鄂渚停留，再溯江而上，由城陵矶进入湘江和洞庭，再由湘江进入沅江，在枉渚停留，即今天的常德市区，由枉渚溯沅江而上，在辰水入沅处停留，再沿沅江上溯，最远到达溆水入沅之处的溆浦。"朝发枉渚兮，夕宿辰阳。苟余心其端直兮，虽僻远之何伤？"从现在的地图上看，整段距离有二百四五十公里，无法判断这个速度是屈原的夸张还是真实的描述。《涉江》还用很多文字描写了溆浦的情况："入溆浦余僵徊兮，迷不知吾所如。深林杳以冥冥兮，乃猿狖之所居。山峻高而蔽日兮，下幽晦以多雨。霰雪纷其无垠兮，云霏霏其承宇。哀吾生之无乐兮，幽独处乎山中。吾不能变心以从俗兮，固将愁苦而终穷。"一段描述屈原流放最具体而又有争议的文字，当属《渔父》，"屈原既放，游于江潭，行吟泽畔，颜色憔悴，形容枯槁。渔父见而问之曰：'子非三闾大夫与？何故至于斯？'屈原曰：'举世皆浊我独清，众人皆醉我独醒，是以见放。'渔父曰：'圣人不凝滞于物，而能与世推移。世人皆浊，何不淈其泥而扬其波？众人皆醉，何不餔其糟而歠其醨？何故深思高举，自令放为？'屈原曰：'吾闻之，新沐者必弹冠，新浴者必振衣；安能以身之察察，受物之汶汶者乎？宁赴湘流，葬于江鱼之腹中。安能以皓皓之白，而蒙世俗之尘埃乎？'渔父莞尔而笑，鼓枻而去，乃歌曰：'沧浪之水清兮，可以濯吾缨；沧浪之水浊兮，可以濯吾足。'遂去，不复与言"。无论是否为屈原所写，情形却最为生动，是艺术家创作屈子行吟图最好的素材。

屈原渡过长江南下，足迹遍及洞庭湖流域地区，他既留下了大量诗词歌赋，堪称中国文学史上的千古绝唱，又成就了一种伟大的精神人格，一直在影响、感染着后世千百年的文人士大夫。

（二）屈原对后世文化的影响

屈原是湖湘流寓文化的奠基人，也是这一文化现象的杰出代表。所以，屈原所创造的精神文化深刻地影响着湖湘之地的士大夫群体，屈原的人格精神亦成为后来流寓湖湘的士大夫人格的追寻。其实，文化的传递过程是双向的，文化的影响者和被影响者均是这一双向过程的主体。屈原人格精神能影响、制约流寓湖湘士大夫的人格心灵；同时，那些流寓湖湘的士大夫也是建构屈原人格精神的主体，他们在理解、诠释屈原人格精神的过程中亦在参与屈原人格精神的建构，在建构屈原的人格精神的同时亦在建构自己的人格精神。屈原对洞庭湖区文化的影响主要集中在精神层面，也是《岳阳楼记》最早的精神源泉。首先是忧国忧民的爱国主义精神。从南宋朱子把屈原称为“忠君爱国”者以后，后世基本上都把屈原作为爱国者加以赞美，并积极学习其精神。其次是求索精神和忧患意识。屈原关心民瘼，是一位不妥协的勇士，是一位敢于追求真理和光明、勇于探索的斗士。如果把范仲淹看成洞庭湖区文化的总结者，屈原无疑是洞庭湖区文化的开创者，他奠定了洞庭湖区文化的整体气质和主要内容，那就是国家至上的爱国情怀，忠君忧民的崇高品质，坚持真理、宁折不弯的奋斗精神。

屈原志存高远，心系国家，襄理朝政，竭力勤勉。他主张对内变法图强、对外联齐抗秦，一度使楚国富足强盛，实力雄厚，威震诸侯。他“明于治乱，娴于辞令”，“接遇宾客，应对诸侯”，[①] 对内对

———————

① 《史记·屈原贾生列传》。

外都是一把好手。但他并不总是春风得意，他遇到了一个来自外部却深潜楚国王室的强劲的政治对手。秦相张仪是中国历史上著名的谋略家和纵横家，老谋深算、胆略过人。他一生有两件最得意的政绩，一是几度破坏楚齐联盟，为秦国成就霸业扫清了前障；二是成功地离间了楚怀王与屈原的关系，使楚怀王驱逐忠良，丧失清醒，丢掉了雄起的基础和机遇，最终楚国为秦所灭。这两件事合而为一，那就是张仪打败了屈原。张仪十分清楚屈原是楚国唯一使他受到威胁的对手，他收买靳尚，蒙骗楚王，谗害屈原，可谓用心良苦、机关算尽。屈原清醒地认识到楚国真正的敌手是强秦，"横则秦帝，纵则楚王"，不是楚吃秦，就是为秦所吃。但屈原贵在心系国家，失在忽视了小人的力量。两人较量的最终结果是屈原惨败。在一定意义上说，楚秦之战实质上是屈张之争，屈死而楚灭，张狂而秦胜。尽管如此，屈原至死也没有放弃对国家的责任和对使命的担当。历史的篇章总是飞扬着流畅与滞涩的墨迹，正邪不分、忠奸难辨的故事时常发生，让人嗟叹，但车轮总能曲曲折折、歪歪扭扭地往前走。中国"大一统"的思想并非始于秦始皇，春秋战国诸侯之间的征战其实都是统一战争，是诸侯帝国梦的灰飞烟灭与推倒重来。屈原的政治见识使他看到了战争的性质，知道战争的赢输决定着国家的存亡，而不仅是一城一池的得失，因此他的忧虑比一般人要深沉、痛彻得多。国之将亡，已无暇计较个人恩怨，为了维护国家利益，他不惜牺牲个人前途甚至是自己的生命。一切幻灭之后，他拼将生命全部能量，以身殉国。这种为国尽忠的信念，构成屈原精神的主体，渐渐凝成洞庭湖区文化、湖湘文化乃至中华民族传统精神的核心价值观。

"居庙堂之高则忧其民，处江湖之远则忧其君。"范仲淹这句话说的正是屈原。屈原身居庙堂而心忧天下，身居荒野却顾盼楚怀王。他对怀王曾有深厚感情，一度寄予了他所有的政治理想和事业追求，而后又怒其不争、怨其不察、恨其不用、哀其不幸，悲叹昏聩之君误国、蛊惑之佞亡国，可谓爱恨交织。即使屡遭离间、屡受陷害而被疏远、流放，他仍然一步三回头，期盼君王的幡然醒悟和召唤。在"楚才晋用"的时代，屈原有足够的理由选择离开，像春秋时期的孔子一样周游列国，一边寻找明君开辟自己的政治"试验田"，一边传大道宣扬自己的政治和道德主张。但屈原宁死也不愿意离开楚国一步，对国家、君王的忠诚日月可鉴。即使对昏聩的顷襄王，屈原也同样抱有过幻想，浪迹荒野之时仍以诗赋寄情，提醒朝廷，但终究是一厢情愿、枉自多情。屈原的忠君情结和爱民情怀并存，对民生有更多的体恤，在忠君与爱民的矛盾中备受煎熬。他"长太息以掩涕兮，哀民生之多艰"，以民为本，敬天法祖，体恤苍生，为民请命，对百姓充满深深的同情和哀怜。屈原身为宗室重臣，却站在劳苦民众一边，反对世卿世禄、限制贵族特权，明知这样必定会触犯贵族集团的利益，但他"岂余身之惮殃兮，恐皇舆之败绩"①，对民众、对王权的忠诚日月可鉴。两千多年来，屈原这种忧国忧君忧民的情怀一直深深地影响着中国传统知识分子。

屈原负责过许多国计民生大事，对政治、社会、文化、外交等领域有着自己的想法，他的倡导法制、鼎新革故、推进民主、选贤用能等改革思想，对于建立一个强大的楚国无疑是很有价值的。譬如他提出"举贤而授能兮，循绳墨而不颇"②，以奴隶傅说、屠夫吕望、商贩宁戚成才的故事为例，说明不拘一格选用人才的重要性，这一人才兴国的思想在那个时代是具有先进性和开拓性的。坚持真理也需要勇

---

① 〔战国〕屈原：《离骚》。
② 〔战国〕屈原：《离骚》。

气，屈原对"世溷浊而不分兮，好蔽美而嫉妒""世溷浊而嫉贤兮，好蔽美而称恶"的世俗污秽深恶痛绝，敢于剑挑楚国政治的失误、吏治的腐败、贵族阶层的贪婪，甚至敢于指责楚怀王、抨击顷襄王，寒光闪闪，锐气逼人。坚持真理更需要百折不挠的毅力，屈原的远大抱负和政治理念一旦确定，便坚贞不改、矢志不渝，"虽九死而犹未悔"。即使在遭贬放逐的路上，仍以"路漫漫其修远兮，吾将上下而求索"来自励，像一个战士，义无反顾。屈原的耿耿正气，感染着一代又一代为真理而斗争的勇士。

从汨罗江到洞庭湖，从屈子祠到岳阳楼，从屈原到范仲淹，洞庭湖区文化的精神，至少在爱国忧民、改革创新、正直清廉、不平直谏、求索、开拓、锲而不舍、浪漫、清高超迈九个方面可以梳理出传承的轨迹和脉络。

贾谊是第一位流寓湖湘、诠释屈原并具有与屈原类似精神气质的人。他年少因才华出众而闻名，并很早就被汉文帝召为博士并受到朝廷重用。特别是他的政治卓识很为文帝欣赏，"每诏令议下，诸老先生不能言，贾生尽为之对，人人各如其意所欲出"。但是，他又因才华、卓识及为文帝赏识而受到群臣的嫉恨，最终被排挤出权力核心，流放到远离京师的蛮荒之地，担任长沙王太傅。他在南下长沙时经过屈原投江的汨罗，产生与屈原一致的身份、命运及内在人格的联想。贾谊与屈原一样，有着杰出的政治睿智、思想洞见、文学才华，也因此而受到权臣的排挤和打压，远离政治权力核心，最终由"达"而转入"穷"，并且来到蛮荒的洞庭湖之南。故而，贾谊写下了流传千古的《吊屈原赋》。除了其重要的文学价值外，贾谊的《吊屈原斌》首先是一篇关于屈原的重要历史文献，其文献价值一方面使口碑相传的屈原事迹得以记载下来，使后人得以掌握屈原生平的大量信息，诸如"侧闻屈原兮，自沉汨罗"，"遭世罔极兮，乃殒厥身"；

另一方面则通过对屈原的凭吊，对屈原的人格精神特质做出有创造性意义的诠释，从而奠定了屈原作为湖湘流寓文化代表人物的形象，开始了关于屈原人格精神建构的过程。贾谊的《吊屈原赋》对屈原人格精神的赞颂，是一种通过对历史人物的诠释而实现文化人格建构的方法。他认为屈原是一个完美、标准的君子，具有高尚的道德品性与卓越的经世才华，而这样的士君子仍然会由政治显达转为流离途穷，被流放到偏远的蛮荒之地。他所诠释的屈原就是在穷困之境而彰显人格精神特质的士君子，是一位将"忠贞正道"与"任性孤行"的精神融为一体的典范人格。贾谊在《吊屈原赋》中所揭露的政治黑暗与所凸显的人格精神，诸如"呜呼哀哉，逢时不祥。鸾凤伏窜兮，鸱枭翱翔。阘茸尊显兮，谗谀得志。贤圣逆曳兮，方正倒植"，"国其莫我知兮，独壹郁其谁语？凤漂漂其高逝兮，固自引而远去"，"所贵圣人之神德兮，远浊世而自藏"。既有道德理念的完美与坚守，又有任性执着的孤傲与张狂，而这两种特质是水乳交融合为一体的。贾谊在屈原身上找到了这种将"忠贞正道"与"任性孤行"的精神融为一体的人格精神，既发现了屈原的人格潜质，又体现出贾谊的文化诠释。司马迁写《史记》时，将屈原与贾谊合传，原因不仅在于诗赋传承、生活经历，更重要的是他们精神气质的同质。

屈原的人格精神鼓舞、激励着无数处于困穷、逆境的士大夫，特别是流放于洞庭湖区、湖湘之地的贬官对其有着更为切近的感受。所以西汉以后，以贾谊、刘禹锡为代表的流放、寓居湖区的士大夫们，纷纷以屈原的人格为典范，并积极参与屈原人格精神内涵的建构。这种文化交流、影响，具有重要的区域文化意义。本来，屈原的人格特质及其楚辞作品，就体现了北方的中原文化与南方的楚文化交融的特色。一方面，从屈原的道德理念、政治思想及其相关的圣人理想来说，无疑属于中原文化；另一方面，就屈原的个性气质、宗教观念、艺术感悟来说，又分明属于楚文化。所以，近代学术界认为屈原的精神人格及作品是南北两种文化融合的结果。从汉魏到唐宋，那些流放、寓居湖区的士大夫大多是中原地区的儒家信徒，他们本来就深受儒家道德理念、政治思想、圣贤人格的影响，故而能够对屈原的人格产生仰慕和敬仰之情。但是，由于他们都有由显达到穷困的人生经历，并被人从权力核心中排挤出来，流落到蛮荒、僻远的洞庭湖流域地区，受到了新的寓居地的山川形胜、风土人情、水乡文化习俗的种种感染，所以他们对屈原的精神气质中的那种狂放、刚烈、偏执的人格特质有更多同情性的理解与欣赏，并且在耳濡目染中受到影响。从贾谊、刘禹锡等对屈原的血性人格的赞赏就可以说明这一点。

两汉以来，屈原的人格精神一直影响着命运多舛、穷达多变的士大夫的精神气质，这种影响具有地域文化的意义。对两汉以后那些流放、寓居于湖区的士大夫而言，洞庭湖的自然环境、巫习楚风的文化习俗、楚辞汉赋的忧怨情怀，都能够引发他们创造出具有湖湘地域特色的文化作品，而屈原的人格精神更是对他们产生了深刻的影响。那些流落、寓居湖区的士大夫，往往能够更加深切地领悟屈原的内心世界，能产生同构的精神气质。历史上，往往是那些曾流寓湖区的士大夫，能够对屈原的怨怼、投江等不合中道的行为给予更多同情性的理解。所以，尽管贾谊、司马迁、刘禹锡等是中原人士，但是他们寓居、流离湖区的生活经历，对他们形成独特的精神气质及相关的湖区流寓文化产生了影响。屈原在塑造湖湘大地的士大夫人格方面发挥了重要作用，对他们形成忧国忧民、忠贞不贰、坚守道义的精神气质影响尤大，并因此成为穷达多变的贬官迁客的隔代知己。

二　忧乐精神是中国传统文化耀眼的明珠

江湖在中国文化中有多重引申义，最早见于《庄子·大宗师》"相濡以沫，不如相忘于江湖"。诸子百家兴起后，庙堂与江湖就成为文人士大夫绕不开的两大议题。庙堂指朝廷或者政府，江湖指民间社会。居庙堂之高，"致君尧舜上，再使风俗淳"便成为知识分子终其一生的奋斗目标。如果不能居庙堂之高，则就处江湖之远，是一个不能回避的人生课题。

《岳阳楼记》写作于河南邓州的花洲书院，在文化的归属上是不是不属于岳阳而属于邓州呢？范仲淹是吴人，他一生没有来过岳阳，其是否有过洞庭湖区（指安乡县）的生活经历，目前学术界尚有争论。那《岳阳楼记》纳于吴越文化的重要内容是否合适呢？换言之，为什么要把一位外籍人士在外地写的一篇《岳阳楼记》和先忧后乐精神作为洞庭湖区文化的重要内容、湖湘文化的核心价值观呢？

这是因为，洞庭湖居五湖之首，吞吐长江。岳阳襟长江而带洞庭湖，是名副其实的江湖名域。洞庭湖区、湖南地区远离中央王朝的核心区，自屈原起，就成为文人士大夫远谪、被贬和流放之所，成为他们改造思想、破解人生难题的心灵家园，形成了历史上独有的迁客骚人文化、流放文化、贬官文化。从洞庭湖区文化积淀的历史过程看，《岳阳楼记》就是这一类人文历史现象的集大成之作，它破解的是古代文人士大夫关于"庙堂"与"江湖"、"忧"与"乐"、"达"与"穷"的思考。这种儒家文化核心价值观不可能或者不适合与中原的邓州或者江浙的姑苏的地域文化气质画等号。邓州不属于"江湖之远"，吴越文化是注重生活质量、偏于享受的文化，与"先忧后乐"的思想显然有些距离。

（一）《岳阳楼记》的来历与主题

范仲淹的人生经历与屈原有很多相似之处，当然也有所不同。庆历新政失败后，范仲淹离开中央，在地方不断辗转换岗。而他的好友滕宗谅也与他一样，被贬到洞庭湖滨的岳州为官。

如果把屈原当作湖区湖湘文化重要组成部分的开启者，那么北宋时期范仲淹就是湖域流放文化所开创的儒家积极用世文化的总结者。从屈原到范仲淹，历史经过了一千多年的积淀，而北宋时期所面临的内忧外患局面催生了先忧后乐思想的发酵。范仲淹是庆历新政的主要参与者，也是改革的失败者。而他的好友滕宗谅作为贬官来到岳阳，在重修岳阳楼后给范仲淹写信："窃以天下郡国，非有山水环异者不为胜，山水非有楼观登览者不为显，楼观非有文字称记者不为久，文字非出于雄才巨卿者不为著。"他认为，作为雄踞洞庭湖畔的岳阳楼，没有一篇出自大家之手的楼记，"不若人具肢体而精神未见也"。① 如何安慰自己的好友，借洞庭湖的浩渺抒发自己的政治抱负，范仲淹阐述了自己认为的最高人生境界，那就是"不以物喜，不以己悲"。感物而动，因物悲喜，是人之常情，但在晚年的范仲淹看来，还不是人生的最高境界，因为他还为物所累。古来之仁人，就要有坚定的意志，理想信念不为外界的条件变化而动摇。

一篇好文章是替时代立言，是一个人在特定历史背景下全部知识、阅历和修养综合的结晶，是其生命状态的写照。中国历史上的名篇并不都出于文学家之手。诸葛亮、晋代的李密都不是文人，但他们的《出师表》和《陈情表》都是好文章。不读《出师表》，不知何为忠；不读《陈情表》，不知何为孝。王羲之《兰亭集序》不仅仅是书

<hr />

① 湖南省地方志编纂委员会编《岳阳楼志》，湖南人民出版社，1997，第199～200页。

法的瑰宝，它对生命意义的领悟丝毫不亚于其书法，"修短随化，终期于尽"，"后之视今，亦犹今之视昔"，多么富有哲理的名句。石崇是高官，与皇帝舅父斗富，出自世家大族，但他的《金谷诗序》同样是好文章，"感性命之不永，惧凋落之无期"。上述人物及文章探讨的都是生命的意义。在《世说新语》中，王羲之对舆论圈子将《兰亭集序》与石崇的文章并列颇为得意。王羲之、石崇均是晋代士族高官，因此我们可以窥视两晋士人对生命意义的理解和选择的异同。范仲淹是名宦，也有"羌管悠悠霜满地，人不寐，将军白发征夫泪"这样的长短句名篇，那是他身为边关统帅处于对夏战争最前线，目睹宋夏战争给民众和每个家庭带来的灾难，内心深处发出的浩叹！他以文臣领兵，被西夏人称呼为"小范老子"。他曾任职枢密院，担任类似今天军委副主席或者国防部部长的职务，参与庆历改革的顶层设计，上了很多条陈。但是检索《范文正公集》和宋代文献，没有发现范仲淹有名的或者特别优秀的公文作品，能够与历史上秦朝的李斯、西汉的贾谊和晁错等比拟。庆历新政失败后，范仲淹被贬离开京师，沉浮于宦海。在接到好友滕宗谅的求记书后，犹如人到老年仍在科举考场的士子，面对着一道考题，需要回答。这位滕宗谅，就是《岳阳楼记》中提到的滕子京。当时滕子京在岳阳，范仲淹在邓州。①

　　文章是思想的载体、艺术的表现，《岳阳楼记》超越了单纯写山水楼亭的狭隘境界，将自然界的晦明变化、风雨阴晴和"迁客骚人"的"览物之情"结合起来，从而将全文的重心放到了纵议政治理想方面，提升了文章的境界，已经成为一份独特的思想文化遗产。它教我们怎样做人，教我们怎样做官，做人与做官，既相通而又各不相同。

　　《岳阳楼记》的主题当在最后一段文字："嗟夫！予尝求古仁人

---

① 湖南省地方志编纂委员会编《岳阳楼志》，湖南人民出版社，1997，第202页。

之心，或异二者之为。何哉？不以物喜，不以己悲。居庙堂之高，则忧其民；处江湖之远，则忧其君。是进亦忧，退亦忧。然则何时而乐耶？其必曰'先天下之忧而忧，后天下之乐而乐'乎！噫！微斯人，吾谁与归？"

做人的关键在"不以物喜，不以己悲"。物我两忘，不以利益的得失、个人的成败为挂念，抛却个人利益，不患得患失，人才能超然物外、克服私心，前贤屈原没有完全看透这一层。为官则要做到"居庙堂之高，则忧其民；处江湖之远，则忧其君"。屈原做到了这一点，但屈原思想还未上升到"先天下之忧而忧，后天下之乐而乐"。"先忧后乐"是讲政治，怎样从政、为官，"不以物喜，不以己悲"是讲人格、讲修为，怎样做人。前者是讲政治观，后者是讲人生观。正是范仲淹讲出了这两个人生和政治的基本道理，才使《岳阳楼记》成为不朽名篇。这是湖区文化由屈原向范仲淹、由楚国向北宋时代的突破。屈原是含着金钥匙出生的贵族，范仲淹是苦学成才的平民子弟；战国时期的楚国正处在由奴隶社会向专制集权主义过渡的时期，北宋是中国社会由古代向近代过渡的转折。在每个政治家政治行为的背后，都有人格精神在支撑，屈原家势显赫，为楚宗室，生活优渥，作为贵族和绅士，其人格力量在于坚守、宁折毋弯，而不在于能屈能伸。范仲淹穷苦出身，划粥割齑，备受磨难，其人格魅力在于不以物喜，始终如一，不以己悲，愈挫愈勇。从某种角度上看，屈原在"做人"上失败了，而范仲淹成功了，其人格力量会更长久地作用于后人，存在于历史。

范仲淹对政治文明的贡献，主要体现在一个"忧"字。"居庙堂之高，则忧其民"就是说，当官千万不要忘了百姓，官位越高，越要注意这一点。"达则兼济天下"，但却扬弃了"穷则独善其身"，求民疾于一方，分国忧于千里。屈原"忧君"的实质，是忧"君"所代表的国事,而不是忧君个人的私事。忠臣忧君不媚君,总是想着怎么劝君谏君,抑其私心而扬其公责,把国家治理好。奸臣媚君不忧国,总在琢磨怎么满足君的私欲,把他"拍"得舒服一些。当然,奸臣这种行为,总能得到个人好处。而忠臣的行为,则可能招来杀身之祸。屈原不幸成为例证。范仲淹的"忧君",主要体现为敢说真话,犯颜直谏。用范仲淹自己的话说:"士不死不为忠,言不逆不为谏。"直辞正色,面争庭论,敢与天子争是非。如果说范仲淹第一次遭贬,是性格使然,还有几分书生气,那第二次遭贬,确是他更自觉地心忧君王,心忧国事。范仲淹这种犯颜直谏的政治品德,是超地域、超时代的,是一种我们可以继承的政治文明。要感谢北宋时代,崇文抑武、不杀言官、与士大夫共天下的基本国策保护了范仲淹这一类知识分子,而没有重蹈前贤屈原的悲剧。

(二)忧乐精神在湖湘文化中的地位和影响

洞庭湖文化中的忧乐精神成为湖湘文化的一个重要板块,在中国文化史上具有特殊之地位,不可或缺。湖区的人文创作题材以咏史、描景和抒情为主。从屈原开始,经过陶渊明,到李白、杜甫、范仲淹,脉络清晰,一以贯之。根植于湖区的一方水土和历史,随后形成鲜明的主题。检索《道光洞庭湖志》艺文篇,以忧乐为题材的几近三分之一,然后是吊屈、咏湘君又次之。实际上吊屈题材又与忧乐的主题互通,如果放在一起统计则大大超过三分之一,接近一半。目前为止,这几类题材一直是核心,在诗歌中尤显突出。这种趋势还影响到楹联作品。洞庭湖诗文繁荣发展并形成这样的特色在中国的其他几大湖泊是不多见的,或者说是唯一的。五大湖之一的太湖位于江浙地区,苏州、无锡、湖州都是太湖流域的历史文化名城,人文之渊薮。太湖富有吴越文化之灵巧,它的历史人文积淀特别深厚,但遗憾的是没有形成类似洞庭湖的水域精神文化内核。它的陶朱公故事，家喻户晓，并伴有携西施泛舟五湖的喜剧落幕。这一类文化演义也复制到洞庭湖区，沅江市有蠡山、胭脂湖，华容县有范蠡墓等。但凄美的斑竹却是洞庭湖的特产，盛产斑竹的"土壤"最多延伸到湘南的九嶷，但它还是属于洞庭湖水系湘江上游。[①] 屈原的创作，开风气之先，为后来流入湖区的文人士大夫所继承。陶渊明的《桃花源记》，提出古代理想主义社会，至今为南来北往桃源寻梦的旅游者所向往。杜诗与范记中关心国家与民族的前途命运的爱国主义精神与忧患意识，则把屈原作品中的精神发展到顶峰，让历代文人士大夫和近世知识分子所折服，在华人文化圈里产生了巨大的影响。人们爱黄鹤楼上崔颢的题诗，也为滕王阁中王勃华丽的骈文所感动，它们都是中国文学史上不可缺少的内容，但放在中国传统文化的大背景下，其地位和作用则大为不同。它们一样具有艺术感染力，但杜诗范记却是正统儒家文人士大夫以及后来中国文化核心价值所倡导的主旋律，这种精神在华人文化圈也一样受到正面评价和肯定。

这类"主旋律"题材也有跑偏的时候。清代的岳阳楼二楼曾供奉有八仙之一吕洞宾的偶像，引发巴陵知县陈玉垣的强烈不满，让一位道家的神仙占据在这华丽的建筑里，游客要祭奠一下所仰慕的圣贤都找不到地方。"堪惜忠魂无处奠，却教羽客踞华楹"，"余谓岳阳楼当奉屈左徒栗王，以杜工部、孟襄阳、韩文公、范文正公、岳忠武王配食。诸君子忠义文章，宜享名胜，令人瞻仰，有以扶掖名教。若吕洞宾像，城南旧有吕仙亭，移供亭中可耳"。他认为岳阳楼应当以屈子、杜甫、范仲淹这一类圣贤人物作为祭祀对象，吕洞宾偶像应该移到其

---

① 李跃龙主编《洞庭湖志》（下册），湖南人民出版社，2013，第747页。

他地方供奉。[①] 吕洞宾在民间的认知度位列八仙之首，他是历史上与岳阳和洞庭湖结缘的神仙，"三醉岳阳人不识，朗吟飞过洞庭湖"，元曲中有《吕洞宾三度城南柳》等脍炙人口的剧目，岳州城、君山都有仙迹可借凭吊和供奉，得到历代民众的膜拜。但这位道家神仙到底与湖湘文化所提倡的精神气质格格不入，与范仲淹所追求的古仁人之心是有距离的。清朝知县看出了这中间有问题，这个意见在多年后也就是 1985 年大修时被采纳，原来供奉在岳阳楼二楼的偶像被移走。现在岳阳楼的陈列，以清代书法家张照书写的《岳阳楼记》和毛泽东手书杜诗《登岳阳楼》为中心，符合历史，也与中国优秀传统文化的主题合拍，这是对洞庭湖人文意义的回归。

（三）岳阳楼主题文化在江南楼阁主题文化中独树一帜

洞庭湖区文化积淀中所包含的一些特质性的东西，如爱国主义的主旋律，创新、求变、自强不息的奋斗精神以及个人遭到不幸时对国家民族前途命运的思考，构成了湖湘文化的核心和本质，把它与其他区域或者水域文化相比较，能凸显其个性和巨大的差异性。

汨罗江属洞庭湖水系，为屈原怀石之地，洞庭湖区也是屈原第二次被流放辗转徘徊多年的地方。他的作品，关心国家的前途，百姓的命运，成为爱国主义篇章的鼻祖，洞庭湖区也成为中华民族爱国主义情怀的重要发源地。屈原在吸收南楚各地民风民俗基础上所创作的《九歌》《九章》等，与《离骚》一起，构成《楚辞》的艺术特色，这种以南方浪漫理想主义为思想艺术特色的流派被称为"骚"体，与北方现实主义流派"风"一起，构成中国本土的艺术特色"风骚"。南北之差异，有一部分来自洞庭湖区经济社会生活。

---

① 《光绪巴陵县志·岳阳楼集》。

1. 江南三大名楼文化名篇的比较

中国江南三大名楼，人文荟萃，各有千秋。如果我们把三大名楼的诗文名篇比作皇冠，那么黄鹤楼的崔颢题诗，岳阳楼的杜甫诗与范仲淹记，滕王阁的王勃序，就是皇冠上镶嵌的宝石。这四篇作品均是历朝历代选家所一致推崇的名篇。这些名篇中，王序最为华丽，气势磅礴，"落霞与孤鹜齐飞，秋水共长天一色"，为千古名句。但翩翩少年王勃，心中颓废与伤感跃然纸上，"冯唐易老，李广难封"，"时运不济，命途多舛"。谁能相信这种语气出自一位二十多岁的年轻人。王勃为初唐四杰，落海时年仅 26 岁，那么写作《滕王阁序并诗》应该早于这个年龄段。今天我们只能用诗文中的伤逝来哀悼这位英年早逝的文人。崔颢诗被严羽推为"唐人七律诗第一"，可见其自然宏丽。据说李白本人也有"眼前有景道不得，崔颢题诗在上头"的感慨。但这首吊古怀乡的佳作，诗末发出的是"日暮乡关何处是，烟波江上使人愁"的一种离绪，一份乡愁。岳阳楼的一诗一记，反映的又是什么样的内容呢？诗圣杜甫晚年流落湖湘，"昔闻洞庭水，今上岳阳楼"，先写了湖的浩瀚，"吴楚东南坼，乾坤日夜浮"，当时正值安史之乱，国家破碎，家园离散。"亲朋无一字，老病有孤舟。戎马关山北，凭轩涕泗流。"诗人与当年屈子在汨罗江，身世和遭遇是多么的相似。他想到的是国家的灾难，为民族家国而流泪，最后病逝于湘江的小舟。范仲淹在庆历新政失败后，安慰被贬的友人，"不以物喜，不以己悲"，"居庙堂之高则忧其民，处江湖之远则忧其君"。何等的胸襟与气概！居庙堂做高官忧民不难，做贬臣流放江湖而仍然怀其君着实不易，这正是儒家积极用世的精神，正是自强不息的写照。

2. 《岳阳楼记》与《石钟山记》的比较

岳阳与九江同属江湖名城，襟长江而分别带洞庭、鄱阳，范仲淹以吴人写岳阳和洞庭湖，苏轼以川人写九江和石钟山，可相互比较，也可以从这个比较中看洞庭湖和鄱阳湖两大湖泊在文化底蕴上的异同。

《岳阳楼记》的思想境界达到了儒家知识分子天下家国情怀的极致。有多人在整个华人生活圈做过多次"最喜欢的文章"和"最喜欢的名言警句"调查问卷，票数最高的都是《岳阳楼记》，是"先天下之忧而忧，后天下之乐而乐"。它之所以得到如此多的中国人认同，主要在于穿透力，它击中了中国人的天下家国情怀。我们可以从中华优秀传统文化价值导向和范仲淹本人久宦磨炼的人生经历两个方面来考察，缺一而不可得。一是古之仁人志士，他们的上下求索。崇尚自然的老子这样开导众生，"天地之所以能长且久者，以其不自生也，故能长生。是以圣人后其身而身先，外其身而身存，非以其无私邪，故能成其私"。好一句"后其身而身先，外其身而身存"，真是不言利而有利，不念私而得私。到荀子那里，则变成是吃苦在前，享受在后。"劳苦之事则争先，饶乐之事则能让。"诸葛亮所著《将苑》，把荀子的思想向前再推进一步，"古之善将者，养人如养己子。有难则以身先之，有功则以身后之"。爱护自己的儿女，有难自己先当，有功则让给子女，这是本能，是生活中最普遍的常识，人人皆可为之。先贤的不平凡在于教育开导大家把对待自己子女的态度和方式转移到对待他人上。这个说法距离"先忧后乐"，只差"最后一公里"，呼唤一位圣贤来破题。历史恰恰选择了范文正公来总结，也为湖湘文化奠定了基石。庆历新政失败后，范仲淹被贬，沦落沉浮于宦海，写《岳阳楼记》时已58岁。这个时节是他人生最灰色的阶段，孤苦伶仃但不失青云之志。晚年备受政治对手打击，官场失败但意志始终没有消沉。他与滕宗谅曾同事于泰州，在五言诗《书海陵滕从事文会堂》中用"君子不独乐，我朋来远方"赓续孟子"独乐乐"不如"众乐乐"这个话题。中国的传统文化以儒家文化为核心价值，儒家的人生目的又以积极用世为先，强调通过人物自身的主观努力来改变客观现实世界。人能有自己合理的个人欲望吗？《岳阳楼记》给出了所有人都接受的答案，应该有，也可以有。但它会有一个前提条件，那就是只有在所有人享受了，你才能享受人生的欢娱。君子生于忧患，死于安乐，先天下之忧而忧，后天下之乐而乐。

散文既有法而又无法，初有法度而终无法度。苏轼是八大家之一，他当然不会循《岳阳楼记》的路径一直往下走，他的散文重说理，重视探求人生的哲学意义。比如《前赤壁赋》，"寄蜉蝣于天地，渺沧海之一粟。哀吾生之须臾，羡长江之无穷。挟飞仙以遨游，抱明月而长终。知不可乎骤得，托遗响于悲风"，"逝者如斯，而未尝往也；盈虚者如彼，而卒莫消长也。盖将自其变者而观之，则天地曾不能以一瞬；自其不变者而观之，则物与我皆无尽也，而又何羡乎"。尊重每一个生命的过程，这是王羲之《兰亭集序》的姊妹篇，在看待生命的本源上，是对王右军"向之所欣，俯仰之间，已为陈迹，犹不能不以之兴怀。况修短随化，终期于尽"，"固知一死生为虚诞，齐彭殇为妄作"思想的接力和递进。苏轼对王羲之的超越，应该与他近佛崇佛的人生经历有关，也与他宦海沉浮、渴望回归自然有关。

苏轼的高明在于，他在政治上失意的时候，仍然一如既往地热爱生活，求索物之理、事之由，心中还有诗和远方。元丰七年（1084），他涉江送子赴德兴任职，还饶有兴致地登临石钟山，一探山鸣的奥秘。他不满郦道元语焉不详没有把石钟山的得名说清楚，也讨厌白鹿先生李渤多事反而将事情搞得复杂化，他反感"士大夫终不肯以小舟夜泊绝壁之下"。他在一千年前，实际上已经提出了没有调查就没有发言权这个当代共产党人也在探讨的一个命题，"事不目见耳闻，而臆断其有无"，这怎么可以呢？元丰七年的时代背景就是王安石变法已走到日暮途穷，他反对新法是出于新党不顾实际妄用"一刀切"，他也反对旧党为反对而反对，尽毁新法中的一些合理部分，他追求的是适应新形势的政府改良变法，增强国家的综合实力，达到富国强兵的目的。让政治的归政治，专业的归专业，这就是不太政治的苏轼缺乏变通，一生悲剧的根本所在。

范仲淹是伟大的，苏轼也是伟大的。散文的最高形式为无法，以艺术标准衡量，从骈文向散文的走向路径看，《石钟山记》似乎更高一筹。唐代中期开始的"古文运动"，是以提倡古文、反对骈文为特点的文体改革运动。韩愈把六朝以来讲求声律及辞藻、排偶的骈文视为俗下文字，而先秦散文，质朴自由，以散行单句为主，不受格式拘束，有利于反映现实生活、表达思想。六朝以来讲究排偶、辞藻、音律、典故的文体中虽有优秀作品，但大量作品已形式僵化、内容空虚，走向没落。用这一条对照，《岳阳楼记》不幸中标，其骈文占比较高。《岳阳楼记》骈散结合，当然不是骈文，但也孜孜于对偶、声律、辞藻等形式，兼具一定的固定程序法度。如果我们鸡蛋里面挑骨头，它确实有违散文的最高形式。从古文运动的原则要求看，《石钟山记》则更代表中唐以来文体的一种发展方向，苏轼的文章生活气息浓厚，有烟火味，接地气，文化人更喜欢。《岳阳楼记》则更有情怀理想，雅俗共赏，传播力更强大。大众审美的追求，让岳阳占了便宜，九江则稍微吃了一点亏。

岳阳楼是幸运的，一位苏州圣贤用生命为它树碑立传。文需才，才亦需势，千古文章可遇不可求。历代写岳阳楼记多少篇什，让我们记住的只有范仲淹。到了现当代，名家汪曾祺仍然写《岳阳楼记》，鲜为人知。一位岳阳籍才俊异想天开，重写《岳阳楼记》，把骈文运用到无以复加，对偶、排比、用典，以辞藻来堆砌，用华丽当美学，无所不用其极。但事与愿违，它既不像《滕王阁序》，更不像《岳阳楼记》，与范文正公打擂，结果以笑料收场，应该为后来者明鉴。石钟山也是幸运的，虽然江西老表欧阳修、曾巩、王安石他们没有写自己家乡，但四川人苏轼写了它，为它书写一段传奇，留下文坛佳话。苏轼的《石钟山记》是可以学习的，这道艺术门槛或许可以迈过。范仲淹的《岳阳楼记》也可以学，但"眼前有景道不得，崔颢题诗在上头"，几乎没有什么可能，证明你会逾越这座"高峰"。

‖第四章‖

湖区社会：本土文化与外来文化交融

洞庭湖自古为中国第一大淡水湖泊，它的交通区位十分特殊，起到沟通东西、连接南北的作用。因为本土文化与外来文化的交融，成就了洞庭湖区独具特色的多元文化。它是中原王朝开发南疆和经营西南的过渡带和接合部。从中国古代史的发展大格局看，中国的政治重心、经济重心一直存在由西向东、由北向南转移的大趋势。洞庭湖和湖南地区的历史发展进程一直得益于这一趋势所带来的机遇和优势，这些地区也一直是北方流民、江右移民的目的地。无论古往今来交通状况发生什么变化，南来北往、从东到西的人士几乎都要通过这一区域，中国历史上很多有较大影响的人物，尤其是文化人物，都到过洞庭湖。他们或者为官，或者遭贬，或者流寓，都曾流连于这一片区域，"迁客骚人，多会于此。览物之情，得无异乎"。还有一些历史上大名鼎鼎的文化人士虽然不以洞庭湖区和湖南为目的地，但他们也途经这一片水域，并留下光辉的篇什。比如唐代诗人白居易，他从四川顺江前往吴越路过洞庭湖，"安得禹复生，为唐水官伯"，"渗作膏腴田，蹋平鱼鳖宅"，"龙宫变闾里，水府生禾麦"。诗人对洞庭湖水患给老百姓带来的灾难深表同情。南宋陆游也是如此，他由家乡绍兴溯江赴川宦游途经洞庭湖，这位大诗人不仅写下多首诗作，还对湖区物产风俗做了大量记录，一些记载成为

我们今天研究长江洞庭湖生态的重要参考资料。流寓的文化现象，外来的文化元素成为洞庭湖的独特历史机遇。屈原曾通过对话渔父强调世人皆醉而自己独醒，举世浑浊而自己独清，绝不随波逐流。这是文字记载上本土文化与外来文化交融的实际事例，也折射了楚人入湘、楚文化南渐的过程。杜甫晚年流落湖湘，在贫病交加之际，仍然高唱"戎马关山北，凭栏涕泗流"。范仲淹勉励好友"先天下之忧而忧，后天下之乐而乐"。陆游曾用"挥毫当得江山助，不到潇湘岂有诗"① 来形容个人所处环境、心境与诗歌创作的关系，这些都是中原文化入湘后，洞庭湖浩浩汤汤的湖水拍打这些文人士大夫的心中块垒，湖域水乡的自然、社会环境在推动这些流寓文人士大夫反思人生和社会文化价值观念。

洞庭湖居五湖之首，楚人在春秋时期就越江向南方拓展，沿洞庭湖东西两岸入湘，是楚国的"江南"地区，并成为楚国的"粮仓"。人文意义上的"江南"也滥觞于斯，后来相继出现人文地理上的"江左""江右""江东""江西"等概念，历史上江南的开发利用都与湖泊湿地相关联。洞庭湖开发模式的形成和发展，为大江大湖地区社会发展做出了表率，尤其在清中期到民国，建设发展成为天下粮仓，雍、乾时期民谚"湖广熟，天下足"变成"湖南熟，天下足"，而湖南为全国输送的商品粮、油和其他物资产品，大半出自湖区。自然科技和湖泊科学领域的研究者也把目光投向湖区的人文和历史，中国科学院南京地理与湖泊研究所工作人员在做了大量的研究后提出了洞庭湖水文化的命题。他们初步梳理了洞庭湖区积淀的人文事项，有屈原和龙舟竞渡、君山、德山、钦山、桃花源、李白杜甫诗、

---

① 〔宋〕陆游：《剑南诗稿》卷六十。

范仲淹文等。[①] 他们在《中国五大淡水湖》的专著里，又用专门篇幅来阐释湖区名人传说和民俗文化，[②] 但入列的 3 项内容，即屈原、二妃、民俗食粽与划龙舟均来自洞庭湖，其他湖泊的内容没有入列。有著作提到吴国"鱼肠剑"和明清时期"三千里飞马递鲥贡"。鱼肠剑指的是专诸刺杀吴王僚的故事。三千里飞马递鲥贡说的是长江下游一带的珍稀特有鱼类鲥鱼，它与刀鱼、河豚一起被誉为"长江三鲜"。明永乐皇帝迁都后，从南方过去的王公贵族怀念和嗜好江鲜，为了保鲜，只有动用政府资源以八百里加急送京。这种爱好一直为清贵族所继承，运送鲥鱼的急递也延续了几百年。对比洞庭湖区文化事项，这一类就有些微不足道了。

一 独特的神话体系彰显了湖区民众精神世界的丰富内涵

如果洞庭湖的思想文化只有主流正统的一面，那么它会显得色彩单调。考察洞庭湖的人文历史，它不但拥有中国传统文化的主旋律，同时具有丰富多彩的、为普通老百姓所喜闻乐见的传说故事和民间信仰。比如二妃传说、孟姜女的故事、范蠡和西施的传说、杨泗将军信仰、柳毅与小龙女、刘海与狐仙的故事等，或人或神，彰显了湖区民众丰富的内心价值世界。

（一）湘君、湘夫人：洞庭湖流域共同的水神

湘君、湘夫人的传说，最早见之于《尚书》，后来《孟子》《山海经》等典籍也有记载。娥皇、女英两姐妹是尧的女儿，也是舜的妻

---

① 窦鸿身、姜加虎主编《洞庭湖》，中国科学技术大学出版社，2000，第 336 页。
② 窦鸿身、姜加虎主编《中国五大淡水湖》，中国科学技术大学出版社，2003，第 257 页。

子。舜帝南巡后，她们千里寻夫来到洞庭湖，听到丈夫崩于苍梧的消息，双双投水。湖区留下了许多二妃传说故事。君山又名湘山，得名于二妃。采桑湖得名，亦源自二妃，君山上斑竹又名湘妃竹，也出自二妃。二妃以壮烈行为首先得到了湖区老百姓的尊敬，二妃被民间尊为"湘水之神"，一直到宋代，遍布江南的黄陵庙，祭祀的并非黄帝轩辕而是娥皇、女英。但是二妃故事的发扬光大，就得益于在湖区生活了十多年的屈原。屈原的反复吟唱，扩大了湘妃故事在上层政界和知识界的传播和认知范围。娥皇、女英的故事，讴歌的是爱情，是女子对丈夫忠贞不贰的爱情，在中国男权社会演义几千年，世世代代受到人们的推崇与纪念。我们可以从屈原的笔下窥视古代湖区先民对二妃的推崇，这段催人泪下的情感故事得以成为目前为止中国最为古老，也最为动人的爱情故事。

《山海经·中山经》："又东南一百二十里曰洞庭之山……帝之二女居之……是多怪神，状如人而载蛇，左右手操蛇，多怪鸟。"《山海经》给我们描绘了许多人兽同体互生的形象，这是先民在意识形态中满足内心一种极为强烈的欲望及渴望的表现。而后人多认为此处"帝之二女"指舜二妃娥皇、女英，系神话在发展过程中与历史人物的附会。也有文献记载二妃未到洞庭湖。《礼记·檀弓》云："舜葬于苍梧之野，盖三妃未之从也。"三妃指娥皇、女英与癸北氏。二妃各有葬地，《竹书纪年》载："帝舜三十年，葬后育于渭。"该书自注："后育即娥皇。"晋皇甫谧《帝王世纪》云："女英葬于商州。"所以说《山海经》中出入洞庭的"帝之二女"不可能是娥皇、女英。东晋文学家、训诂学家郭璞以《山海经·中山经》为据，指出"湘夫人"为"天帝二女"，他说："帝之二女，而处江为神，即《列仙传》江妃二女也，《离骚》《九歌》所谓《湘夫人》，称帝子者是也。"他认为，《山海经》并没有明确表明"帝之二女"便是娥皇、女英，这里的"帝"可以理解为"天帝"。可见最初的洞庭湖水神"帝之二女"，和天神、日神、月神、山神一样，是洞庭湖先人自然崇拜的一种反映。由于洞庭湖和湘、资、沅、澧四水是楚国专属的河流，在当地居民的日常生活中发挥着极其重要的作用，受"万物有灵"原始思维的影响，洞庭湖先民就想象有水神，"令沅湘兮无波，使江水兮安流"，于是最初的水神出现了，她受到了当地居民的顶礼膜拜和虔诚祭祀。屈原《九歌》中有辞藻辉煌、恋情热切的《湘君》《湘夫人》二章，屈原笔下的湘君、湘夫人已脱离了《山海经》中"帝之二女"的原始面貌，"二女"由"状如人而载蛇"变成了深情绵邈的配偶神，既有神的神秘，又有了人的性情。此二章为歌咏湘水神的诗篇已得到学界公认。王逸《楚辞章句·九歌序》已说明《九歌》的祀神乐歌性质，汪瑗在《楚辞集解》认为"湘君"可以被认为是主管湘水之神，"湘夫人"是神之配偶。屈原之《九歌》是根据沅湘民间祭神乐歌，将古代之《九歌》加以改造、加工而成的。《九歌》是远古时歌曲之名，当时舜与二妃的传说还未产生，湘君、湘夫人不可能与舜、二妃发生关联。依据原始初民"万物有灵"的思维，"湘君""湘夫人"为湘水配偶神的说法应当是早期神话的产物，但要晚于更为古朴的《山海经》"帝之二女"传说，早于成为历史人物的舜与二妃的传说。和《山海经》相比，屈原《九歌》不再单独以女性为湘水之神，而是增添了一个男性"湘君"为湘水之神。因为神话传说不是一成不变的，它会随着时代的发展而变化。在人类普遍群居而没有实行"对偶婚"的时代，人们不会想到他们的水神会有配偶，只有当大家都过上男婚女嫁的家庭生活时，水神的婚姻大事才会被提上日程，《九歌》中的湘君、湘夫人这对湘水配偶神就这样产生了。《九歌》中湘君、湘夫人那约会不遇、互相怨慕的情绪，表现了这一对有情水神深深相爱却无缘相会的哀怨与伤感。所以说，"二湘"名为祭歌，实是感情浓郁的恋歌作品。① 《九歌》中提到的神有云中君、云神、湘君、舜帝、湘夫人、娥皇、女英、少司命、大司命、河伯、东君、太阳神、山鬼，山神。《离骚》中也有很多的神话人物，太阳神羲和、月神望舒、风神飞廉、雷神雷师、云神丰隆、有娀、宓妃、商汤、夏禹、后辛、夏桀、浇、五子、鲧、启等。尤其是《九歌》中很多神灵，均与洞庭湖流域地区相关。但只有湘君、湘夫人二神影响最大，传播最为久远。

关于湘君、湘夫人的爱情神话，自秦汉起，演变成了舜与娥皇、女英二妃的爱情传说。② 湘君、湘夫人产生之初实为本地土著水神，但随着"舜崩苍梧""二妃沉于湘水"传说的广为人知，湖湘之间便将历史人物"舜""二妃"与本地土著自然神湘水配偶神联系起来，这多与对屈原《九歌》中相关辞章的臆解有关。《九歌·湘君》云："望夫君兮未来，吹参差兮谁思！"由于民间传说舜"作箫，其形参差"，所以众多学者以此来认定这是《九歌·湘君》写舜的一条重要证据。还有《九歌·湘夫人》中的"九嶷缤兮并迎"及"帝子降兮北渚"等句，更被大多数学者认为是舜与湘君、二妃与湘夫人相关联的铁证。"九嶷"为舜所葬之地，"帝子"是指二妃贵为帝尧之女，王逸、洪兴祖等遂以此认定湘君、湘夫人就是舜与二妃。关于舜帝和二妃的故事流传甚广，历代典籍都有记载。《尚书·尧典》载：尧在位七十年准备选贤禅让，众人推荐舜，"帝曰：'我其试哉。女于时，观厥刑于二女。'厘降二女为妫汭，嫔于虞"。尧帝用自己的女儿做试验，将两个女儿嫁给舜，从两个女儿那里观察舜的德行。两个女儿来到妫水湾，嫁给虞舜。《孟子·万章上》也记载了"舜之不告而

---

① 李琳：《洞庭湖水神信仰研究》，湖南人民出版社，2012，第49页。
② 刘城淮：《中国上古神话》，上海文艺出版社，1988，第658页。

娶"的事："舜之不告而娶，则吾既得闻命矣，帝之妻舜而不告，何也?""帝之妻舜"正是指尧将二女嫁与舜的事。

司马迁在《史记·五帝本纪》说，舜耕历山，渔雷泽，陶河滨，作什器于寿丘。尧乃以女妻舜以观其内。践帝位三十九年，南巡狩，崩于苍梧之野。葬于江南九疑，是为零陵。这里提到了舜在尧禅让后做天子，最后又南巡死葬苍梧之野，未提及二女为湘水神之事，但他在《史记·秦始皇本纪》中却借博士的话明确提到了湘君为舜二妃娥皇、女英：(二十八年)始皇还，乃西南渡淮水，"之衡山、南郡。浮江，至湘山祠。逢大风，几不得渡。上问博士曰：'湘君何神?'博士对曰：'闻之，尧女，舜之妻，而葬此。'于是始皇大怒，使刑徒三千人皆伐湘山树，赭其山。"刘向在《古列女传》说："舜陟方，死于苍梧，号曰重华。二妃死于江湘之间，俗谓之湘君。"[1] 刘向的解释来源于司马迁《史记·秦始皇本纪》中博士那段话，后人亦从其说，以二妃为湘君、湘水神。《楚辞·九歌·湘夫人》王逸注云："尧二女娥皇、女英，随舜不反，没于湘水之渚，因为湘夫人。"

除此之外，舜二妃神话还流传有斑竹的神话。梁代任昉《述异记》对斑竹传说有详细记载："昔舜南巡，而葬于苍梧之野。尧之二女娥皇、女英追之不及，相与恸哭，泪下沾竹，竹上文为之斑斑然。"晋朝张华《博物志》中也提及了斑竹传说，"尧之二女，舜之二妃，曰湘夫人。舜崩，二妃啼，以涕挥竹，竹尽斑"。至迟到汉晋时，人已多认为湘夫人是尧之二女，舜之二妃娥皇、女英。以二妃为湘夫人，为湘水神。湘夫人与娥皇、女英联系到了一起，完成了由自然神向人间神的转变。

洞庭湖地区河网密布，水系纵横，除了洞庭湖之外，境内还有许

---

① 〔汉〕刘向：《古列女传》卷一。

多大的河流，有长江、湘水、资水、沅水、澧水等。那么，它们是各有自己的水神，还是拥有一个共同的水神？王逸在《湘君》"君不行兮夷犹"下的注解给了我们提示："言湘君所在，左沅、湘，右大江，苞洞庭之波，方数百里。"可以看出，湘君管辖的并不仅是湘江一条河流，而是以洞庭湖为中心的各条河流。所以，湘君是洞庭湖流域多条河流所拥有的共同的水神。

唐至宋代是中国民间信仰的整合期，唐统治者信佛、崇道，对民间造神起到推波助澜的作用，再加上唐末五代长期的兵燹战乱，使民众产生了宗教信仰上的需求。特别是宋代以来的外患导致长期战乱不止，民众生活非常艰难。在这样的条件下，他们只能求助于能够为他们带来福音的神灵，以求得心灵上的安慰。此外，洞庭湖的日益扩大以及社会经济的发展为湖区造神运动提供了客观而必要的背景条件。①除原有水神湘妃外，洞庭王爷柳毅、杨泗将军、屈原、龙母等水神也相继出现，而且许多地方神祇也具备保佑舟船航行平安的神力，如资江流域的魏公菩萨、澧水流域的姜女娘娘，也成为当地百姓的保护神。

唐代以来，关于湘君、湘夫人又有了新的说法。韩愈的《黄陵庙碑》有云："湘君、湘夫人……尧之长女娥皇为舜正妃，故曰君；其二女女英自宜降曰夫人，故《九歌》辞谓娥皇为君，女英为帝子，各以其盛者推言之也。"韩愈进一步明确了湘君、湘夫人与娥皇、女英二妃的对应关系，并在无形之中将封建君王的后宫等级制度附会于远古时代的君王，这一看法得到后世的普遍认同。可见，唐代洞庭湖一带的水神信仰已呈多样化趋势。《山海经》中的"帝之二女"，屈原《九歌》中的土著水神湘君、湘夫人以及后来的舜与二妃，都被视为湘水神。

---

① 李琳：《洞庭湖水神信仰研究》，湖南人民出版社，2012，第52页。

除湖北省三峡地区纪念大禹治水的黄陵庙颇为有名外，还有几处黄陵庙作为地名使用，但与祭祀二妃相关的黄陵庙位于现湘阴县三塘镇军民村湘江边，亦属洞庭湖畔。黄陵山上也产斑竹，旧有黄陵庙、二妃墓等名胜遗迹，东汉末刘表曾为它立碑，后由唐代韩愈重新立碑并作《黄陵庙碑》和《祭湘君湘夫人文》，沈约、李群玉、张孝祥等名人咏黄陵庙、二妃和斑竹诗文百余首。如李群玉《黄陵庙》："小姑洲北浦云边，二女容华自俨然。野庙向江春寂寂，古碑无字草芊芊。风回日暮吹芳芷，月落山深哭杜鹃。犹似含颦望巡狩，九疑如黛隔湘川。"他还有"黄陵庙前莎草春，黄陵女儿茜裙新。轻舟短棹唱歌去，水远山长愁杀人"，也是写黄陵庙的，亦有名。李群玉题诗之后，相传住在山下旅馆中，梦见两个女子，自言是娥皇和女英。因为被李群玉的好诗所感动，所以来致谢。并且说，两年之后，你将"游于汗漫"，那时我们就可以和你相会了。两年以后，李群玉果然得病身亡，类似于神女峰的传说故事。南宋孝宗乾道年间（1165～1173），张孝祥离开长沙到湖北荆州任职，因风雨所阻，滞留黄陵山下。作《西江月·黄陵庙》："满载一船秋色，平铺十里湖光。波神留我看斜阳，唤起鳞鳞细浪。明日风回更好，今宵露宿何妨？水晶宫里奏《霓裳》，准拟岳阳楼上。"情绪上已没有李群玉那样悲伤和忧愁。为什么纪念湘妃的庙以"黄陵"来命名呢？文献上似乎没有涉及或者没有说清楚。有人认为名称源于黄帝南巡，张乐洞庭之野，登熊湘。但《方舆纪要》引孔颖达的说法，指黄陵山一名湘山，湘山就是今天的君山，有信口开河的成分了。《水经注·湘水》："湘水又北经黄陵亭西，右合黄陵水口。其水上承大湖，湖水西流经二妃庙南，世谓之黄陵庙也。"先有亭，后以亭名为山名，然后民间以黄陵冠为庙之名称，大体上还说得过去。纪念二妃的黄陵庙初始仍然与黄帝有关，但西陵峡南岸三斗坪一座纪念大禹治水的黄陵庙是否也与黄帝沾边，就不好揣测了。

尤其是它原名黄牛庙、黄牛祠，这"黄牛"也与黄帝有关么？

君山二妃祠的始建年代，已无从考证。唐代巴陵人李密思写于咸通四年（863）的《湘君庙记》记载，在秦代以前便已建庙："洞庭山，盖神仙洞府之一也。以其洞府之庭，故以是称。湖名因山，自上古而然矣。昔人有立湘君祠于此山，因复谓之君山。其庙宇为秦皇毁废，后亦久无构葺者。""密思以咸通二年谬宰巴陵，其年六月，因时雨不降，遂洁斋躬祷于山。将涉逆波触舟，众以为不可渡，乃皆请止。予谓：'骄阳害稼，虑困吾民，岂可偷安哉？'因命速棹去岸。俄而长飚东来，委波顺送，帆席半挂，已及山址。于是祷拜既毕，舣棹将归，则赫日掩光，玄云四集，向者东风爰息，西风又与，舟子皆拥棹闲笑，倏忽至邑。步及县署，则甘泽溥降，一夕而涨陂溢塍，里巷欢呼，相以为贺。众尤异者，自卯及申，一往一复，转风徇意，如用迎送。则知非至神无以动阴阳，非至诚无以极感应。昭昭显验，诚可嘉之。密思由是默度于心，将建祠宇。会有阻，而逾年未克。及我使君濮阳公之来也，抚此疲氓，一振仁风俾俗，安物泰，于是得以为请。因蒙敦勉之，遂成兹宇。其堂室图塑，皆洁而无华，约而且备，不悖于俗，不役于民。袭千古之遗迹，葺一时之坠典，人皆悦矣。神必据之所，期福我黎元，寿我疆土；疫疠灾荒，绝于境内；雪霜风雨，咸顺其时。永久无疆，愿显莫忘。此非独记建庙之微绩，且欲旌神之有征，带砺山河，唯兹乎不泯。"① 由此可知，君山至晚在唐咸通四年已有二妃庙。又据宋人上官彝《渊德侯庙记》、陈邕《湘君祠记》载，宋元丰五年（1082），岳州守郑民瞻上奏朝廷，湘君、湘夫人被封为"渊德侯"；嘉定十一年（1218）改建湘君祠。今日的湘君庙（俗称二妃庙），庙门仍悬挂有"渊德侯"匾额。

---

① 《全唐文》卷八〇二。

洞庭湖中的君山岛，其得名也与二妃有关。君山亦称湘山，上有湘妃祠，亦名湘山祠，主祀舜的二妃娥皇、女英。祠南有二妃墓，墓址四周生长有二妃堕泪而成的斑竹，亦称湘妃竹。那丛丛翠竹上呈现点点泪斑，有紫色的，有雪白的，还有血红血红的。有的像印有指纹，传说是二妃在竹子上抹眼泪印上的；有的竹子上有鲜红的血斑，传说是两位妃子眼中流出来的血泪染成的。按照生物学解释，竹杆上形成斑痕并不神秘，竹根发芽发笋时被一层苔藓寄生的真菌所感染，接种到幼芽笋上，形成了一种病态反应。随着竹子的快速生长，竹壁上长满痕状斑块，呈黑褐色、金黄色。外部环境、苦竹幼芽、苔藓、真菌四者相互影响，形成斑竹。目前湖南境内君山和宁远九嶷山均产斑竹，在其他地域移栽亦可成活。君山的动植物具传奇色彩的还有金龟和杜英树，惜未有神话故事加以渲染。湘妃墓碑上镌刻有"虞帝二妃之墓"，为湘军名将彭玉麟所题写。墓前引柱上刻有对联："君妃二魄芳千古，山竹诸斑泪一人。"湘妃祠历经沧桑，历朝历代多次修缮，现在的湘妃祠重建于 1985 年。祠庙为三进三门庭院式建筑，走进庙堂，只见二进两厢立守护神四尊，三进为正殿，正中供奉二妃塑像，两厢各立侍女塑像四座，塑像仪态各异，栩栩如生。

（二）洞庭王爷柳毅：爱情与浪漫的精神符号

唐中叶，李朝威《柳毅传》中诞生了又一段经典爱情故事。小说描写了书生柳毅与洞庭龙王女儿的爱情，柳毅后来被湖区民众尊为洞庭王爷，掌管这一片烟波浩渺的水下世界，人们多祈求他保佑湖区平安。[①]

李朝威是陇西人，唐代著名传奇作家，生平事迹无考。其创作活动大约在德宗贞元年间（785～805）至宪宗元和年间（806～820）。他的作品

① 汪聚应辑校《唐人豪侠小说集》，中华书局，2011。

仅存《柳毅传》和《柳参军传》两篇。其中《柳毅传》是他的代表作，鲁迅先生将其与元稹的《莺莺传》相提并论。这样一位与洞庭湖完全无缘的作家为什么会虚构一出关于洞庭龙王之女的爱情故事呢？

中唐时期的历史语境应是洞庭湖情结出现、情感意蕴得以丰富的主要原因。中唐以前，唐代文人多存有强烈的由文事立致卿相的功名愿望，充满激情与进取意识的风貌艺术地展现在他们的文学作品中。"安史之乱"以后，国运衰退，中兴成梦，士人进取之心渐消，遂多于现实之外寻求寄托。具体到小说创作上，表现为在"粗陈梗概"的六朝志怪小说的基础上，辅以想象、虚构，在才子佳人、人神交往、求道成仙等情节中解释现实人生、抒发内心怨愤、寄托情感诉求。洞庭湖作为一个有着丰富历史文化积淀的地域，一直都是集悲情、浪漫与隐逸于一身的复杂的地理空间，它已经超越了地域概念而升华为一种包容了固定情思的文化符号和普遍意义上的文化象征，很好地满足了这一时期文人的期许。在这里，洞庭湖被抽象为一个可以不受身份与礼教的约束，只是滋生爱情与浪漫的精神符号。《湘中怨解》中"情无垠兮荡洋洋，怀佳期兮属三湘"，一个"属"字就为我们展示了唐代小说家内心隐秘的世界。

中唐时期重视小说审美特性的风尚促使文人更加注重洞庭湖内蕴的挖掘，这一转变为洞庭湖情结在唐传奇中拓展提供了契机。中唐是唐传奇的兴盛时期，这一时期的小说佳作迭出，题材广泛，风格多样化，表达技巧日臻精湛。随着"著文章之美，传要妙之情""滋味说"等理论的提出，小说家对小说审美特性的认识也在不断提升。他们从丰富多彩的洞庭湖传说里汲取素材、情思、意境、抒情方式来充实文本，从而形成了浓郁的诗意小说，这种诗意主要表现在两个方面：一是在诗歌的插入上，特别是骚体诗的运用，使得以叙事诗为主的小说具备了浓厚的抒情意味，如《柳毅传》中柳毅与洞庭君、钱塘君分别吟唱的三首骚体诗。又暗中契合了故事发生的背景洞庭湖，所以自然而然地融入了楚辞的表达手法。二是在小说氛围和意境上，有意识地营造一种诗一般的韵味。这一点在《湘中怨解》中表现最为突出。《湘中怨解》虽是讲述了一个人仙相遇传统题材的故事，但作者并不着意于情节的曲折，而是注重意境的营造。小说在"舞毕，敛袖，翔然凝望。楼中纵观方恰，须臾风涛崩怒，遂迷所往"中收尾，唐传奇中的洞庭湖总是那么哀婉迷人，在美丽中透着一抹淡淡的感伤。

此外，洞庭湖自身的地理环境与唐代文人的审美心理相契合，从而使洞庭湖逐渐成为文人情感的载体。洞庭湖之所以能够触发文人的浪漫情感，与其自身的地理环境密不可分。就洞庭湖而言，其风流袅娜的自然美，吸引了文人赋予其丰富的意蕴，并引发了他们的无限遐想。罗含《湘中记》载："湘水至清，虽深五六丈，见底了了然，石子如摴蒱矣，五色鲜明，白沙如雪。赤崖如朝霞，绿竹生焉，上叶甚密，下疏辽，常如有风气。"据李白诗云："帝子潇湘去不还，空余秋草洞庭间。淡扫明湖开玉镜，丹青画出是君山。"《柳毅传》中对洞庭湖的描述是"晴昼长望，俄见碧山出于远波"，《许汉阳》中"竹树森茂"，《高昱》中的"阔水波澄，高天月皎"，《蒋琛》中的"西风萧萧兮湘水悠悠，白芷芳歇兮江篱秋"，虽是寥寥数语，但都勾勒出洞庭湖超脱清幽之景，与唐代文人追求逍遥闲适、与世无争的审美心理相契合，从而在唐传奇中被赋予了浪漫、空灵、清幽的意蕴，男女相恋、隐逸修仙便成为最主要的题材。①

湘妃信仰在唐以后，特别是明清时期逐渐走向衰微。先秦和两汉之时，由于洞庭湖水域面积不是特别广阔，湘妃被人们作为洞庭湖和湘水的共同水神而顶礼膜拜。后来随着洞庭湖的扩大，单独的洞庭湖

---

① 谷文彬、张晓雪：《洞庭湖何以成为唐传奇最浪漫之地》，《文史知识》2021 年第 8 期。

神也就产生了，这就是《柳毅传》中的柳毅。李朝威传奇《柳毅传》的深入人心，使柳毅在民众心中的地位越来越高，由于柳毅的身份为洞庭龙王的女婿，所以民间传说柳毅后来也被封为洞庭王爷，掌管洞庭湖广大水域。历代统治者给柳毅屡屡封敕。唐昭宗天祐二年（905），敕封洞庭君为"利涉侯"；后晋高祖天福二年（937）恩准楚王马希范的奏请，将洞庭庙利涉侯晋封为灵济公；元致和元年（1328）又敕封洞庭君为"忠惠顺利灵济昭佑王"。特别是明清以后，随着移民的入迁，濒湖各县纷纷筑堤围垸，湖区垦殖日趋频繁，湖区水患大大增加，再加上湖区盗贼盛行，过往商民苦不堪言，湖区民众除了修筑堤围，只有寄希望于洞庭湖神保佑。因此，洞庭湖神影响日趋扩大。到了清初，洞庭湖又成为平定吴三桂叛乱的主要战场之一，清军平叛取胜被认为是受洞庭湖神的荫庇，所以清朝统治者对洞庭湖神大加封祀，兴建或修葺祠庙对洞庭湖神进行隆重祭祀。清圣祖康熙十八年（1679），敕封洞庭君为"洞庭湖神"，并撰有《敕封洞庭湖神文》："朕惟景运长隆，允藉百灵之助，神明效顺，聿修咸秩之文。是以诗诵怀柔，礼敦禋祀；缅稽祭义，胥答鸿庥？况乎肆征不庭，佐国威于有赫，深入其阻，彰神怒之式凭。幽赞聿昭，褒称宜懋。惟神德符河海，秀结东南。纳三峡之洪流，汇九江之殊派。膏吴润楚，普美利以成能；浴日含云，协太虚而敷化。粤自唐宋，历被崇封。暨我国家，弥宣伟绩。顷者逆氛未靖，天讨用加。地当师旅之屯，众赖精英之佑，阅时八月，波浪无惊。俾我六师，舳舻共济。坚城立拔，余孽宵奔。眷言挞伐之奇勋，实属神功之丕显。特申昭报，式考彝章，封为洞庭湖之神，载诸祀典。神其永膺嘉号，配岳渎而咸尊。益著珍符，格馨香于忽替。专官告祭。惟神鉴知。"① 洞庭王爷柳毅在洞庭湖

---

① 《道光洞庭湖志》之《皇言》。

区拥有至高无上的权威。

洞庭湖神柳毅信仰的兴起与繁荣，在一定程度上使相邻的湘水神受到冷落，地位日趋降低，不如从前，庙宇也变得破败不堪。湘妃信仰由于从信仰之初就限于洞庭湖及湘江这样固定的地理环境，古老农耕文化的封闭性使湘妃信仰无法走出其为之造福的一方水土，其信仰民众往往仅限于当地的信仰圈子，所以湘妃信仰从始至终都是一个地域性的水神信仰。再加上从信仰之初就得益于屈原《九歌》的反复吟咏与文人士大夫们的极力推崇，湘妃始终在普通老百姓眼里都是一个高高在上的帝王后妃，其传说与显灵故事都是在彰显帝王后妃高人一等的聪明才智与作为水神的威力，贞烈仁孝也成为封建统治阶级维护封建统治的工具，从而让普通老百姓敬而远之，缺乏民间信仰坚实的民众基础。自古以来中国民间江河水神名目繁多，自然和社会环境的变迁使在文人雅士诗词歌赋中大放异彩的湘妃终于走下圣坛，以尧女舜妃之尊让位于平民出身的书生柳毅，可以说正是民间信仰的功利性和世俗性使湘妃信仰逐渐走向了衰落。

傍山吃山，靠水吃水。在渔民的眼里，水中的鱼虾都是水神的兵将，捕捉鱼虾无疑将会触怒水神，水神会兴风作浪来惩罚他们，威胁他们的生命安全。渔民在捕鱼的过程中，捕鱼量的多少具有很大的偶然性。所以，渔民希望通过供奉水神来祈求水神谅解，以保佑他们平安捕鱼、多捕鱼、捕好鱼。渔民信仰与崇拜水神的活动，贯穿洞庭湖渔民生产、生活的整个过程，渔民十分重视有关水神的祭祀活动，并且形成了固定的祭祀仪式，他们周期性地甚至有组织地进行一些祭祀活动，祭祀的对象就是洞庭王爷柳毅。由于渔业生产具有季节性，洞庭湖上捕鱼受鱼汛支配，何时出湖捕鱼，直接关系到捕鱼量多少。因此，出湖日子的选择，是每一个渔民都尤为重视的。渔民特别看重每年第一个鱼汛期的首航日，他们认为由洞庭王爷确定鱼汛期的首航日是比较稳妥的。所以，大多数渔民要到洞庭龙王庙举行隆重的仪式，祭拜龙王并占卜确定首航日。旧俗在每年中秋之夜，以月亮的明暗，预测当年捕鱼的多寡，俗称"中秋卜鱼"。夏汛水面宽阔难结网，为捕鱼淡季，有"神仙难捕六月鱼"之说。冬至前后，湖水涸浅，是捕鱼的黄金季节。渔民根据规定的日期，统一下湖捕鱼，称为开湖。新中国成立前，湖泊为湖主私有，开湖时，各帮渔船聚在一起，头船停泊湖中，桅杆上挂红、黄两面旗帜，用三牲（鸡、鱼、猪）、水酒祭祀洞庭王爷。湖主一手抓雄鸡，一手持利刀，将鸡头砍入湖中，鸡血洒于网上，接着将米饭沿船舷撒到水里，称为杂腥敬神。随后，火铳连响，鞭炮齐鸣，渔船争相入湖捕捞。中华人民共和国成立后，开湖改由水产部门组织，宣布开湖纪律，指挥船上鸣放鞭炮后，成百上千只渔船一齐出动，各自开始作业。渔业生产充满危险，旧时渔民往往要将神灵请入渔船中供奉，在渔船上设置神龛，其祭祀多在神龛前举行，这样可以方便处于流动状态的渔民在渔业生产时从事祭祀活动。有的渔民长期生活在船上，在神灵诞辰等特殊日子，也要像在岸上一样举行隆重的祭祀仪式。所以一般沿湖渔船上都设有神龛，备有香烛、纸钱，以供船行途中祭祀使用。湖上渔船舱内香烟缭绕，烟火不断，就是为了让船行途中香火不绝，他们认为只有这样，水神才能保佑大家航行与捕鱼安全。有的渔民则在下网前祭祀水神，是希冀水神送来更多的鱼获。[①]

洞庭王爷作为洞庭湖水神主要源自唐代李朝威传奇《柳毅传》，人们把柳毅塑造为司职江南巨浸洞庭湖的水神形象，广为立庙祭祀，以佑航行平安和风调雨顺。至今，在君山上还有一口相传为柳毅去龙宫传书的入水口的古井，名柳毅井。君山秋月岭山麓还有洞庭王爷

---

① 李琳：《洞庭湖水神信仰研究》，湖南人民出版社，2012，第57页。

庙，整个庙宇占地五千平方米，气象宏大。庙为二进庭院式，青瓦红墙，雕龙画凤，前有九龙引柱。一进正殿挂"洞庭庙"匾，内坐黑脸大王——洞庭王爷武像：一手加额，一手托明珠，目光前视，仿佛正在调节阴阳，抑止洞庭风浪。据传柳毅传书后，洞庭龙君为了报答柳毅救女之恩，要将三公主嫁给柳毅，柳毅认为救人于危难之中乃做人之本分，不可因此为己谋利，便婉言谢绝了。柳毅出宫后，倾慕柳毅的龙女扮成渔家姑娘，与柳毅结为夫妻，婚后才道破实情，与柳毅重返洞庭水府，柳毅被封为洞庭王爷。龙君担心柳毅这白面书生镇不住水妖陆怪，便命钱塘君做了个怪面具，让柳毅白天戴着巡查湖岸，晚上脱下面具再回家。一次，柳毅巡湖一直忙到深夜，回家时忘记取下怪面具，一踏进家门便再也取不下来了。于是柳毅便由白面书生变成了黑脸大王。柳毅在洞庭湖畔做了很多好事，人们为了纪念他，便在君山修建洞庭王爷庙。凡过往洞庭湖的人都要进庙烧香，祈求平安。至今，洞庭湖一带船家中仍流传着"大庙不离洞庭王爷，小庙不离杨泗将军"的俗语。从一篇唐代传奇转化为洞庭湖区的重要水神崇拜，个中原因一言难尽，洞庭龙王没有成为主祀神，而他的女婿掌管了这一片水域，李朝威还把钱塘君拉来做陪衬，民间信仰的荒诞不经自屈原时代就是如此，它不真实也不科学，却是一种文化。

近年来，地方政府在开发历史文化资源方面发力，君山岛的柳毅井、二妃、斑竹等文化历史资源开始整合开发，以体验式旅游的方式，对爱情文化底蕴进行挖掘，打造中国第一个爱情主题公园。已设置寻找爱情区、确证爱情区、寄托爱情区、追忆爱情区和神秘文化区五个主题功能区域，吸引天下有情人前来旅游。这是将洞庭湖文化中神话元素运用于经济和社会发展的一种尝试，是信仰文化在社会生活中的拓展和新体验，具有新的转型意义。

（三）杨幺和杨泗将军：洞庭湖区的守护神

洞庭湖诸神中，或人或神，变化较为复杂和混乱的是杨泗将军。在遍布湖区的杨泗庙中，因为杨幺因素的加入，在信仰中严格区分十分困难。也有地区民众把杨泗将军等同为洞庭王爷，华容县插旗镇千河村的舒氏庙，其主神洞庭王爷就是杨泗将军。用湖区俗语"乱搞乱发财"形容较为贴切。

在洞庭湖区，杨幺传说对于杨泗将军信仰的支撑作用尤为突出。作为信仰对象的杨幺，其庙宇遍布洞庭湖区，香火旺盛。关于杨幺的各种传说演绎着神灵的由来和功德，化解着信众的困惑。智慧的民众以充满人情味的传说为自己的信仰找到合乎情理的依据，固化了杨泗将军信仰。洞庭湖区老百姓崇信杨泗将军的习俗相当普遍，尤其是在洞庭湖周边，渔民们开船启航都要拜祭杨泗将军，"大庙不离洞庭王爷，小庙不离杨泗将军"。一般临水的佛寺道观都有供奉，祭祀所塑杨泗像，大多数为身穿金盔金甲，手握利剑，或坐或站立状的武将。

根据民间传说，杨泗将军最早的神迹是在长沙，黄芝冈《中国的水神》中早有详细论述，《长沙县志》上也有记载："紫云台杨泗将军得道处，跑马石遗迹犹存。"杨泗将军又被称为四圣王爷、平浪王爷。"将军""大王"都是祀典里的河神，有的地区水蛇虾蟆往往被认为是大王或将军的化身，享受最隆重的祠祭礼拜。慈利县江垭镇南门东下溇水边有一座杨泗庙，正殿供奉杨泗将军神像，他右手举钺斧，做斩蛟龙之势。据说杨泗将军是玉皇大帝的外甥，为了保一方安宁，不让洪水成灾，命他专管江河中故意兴风作浪的蛟龙。从"玉皇大帝外甥"的身份我们可以推知，杨泗将军最早有可能是道教的民间土著水神。明嘉靖百回本《西游记》上记载，四川灌州灌江口的二郎神系玉皇大帝的外甥，二郎神的母亲是玉帝之妹，因思凡下界，与杨君生下二郎神杨戬。二郎神杨戬在神魔小说《封神演义》一书中也有记叙，所以得到民间的广泛认同。灌口二郎神也有斩蛟的传说，故事情节与长沙杨泗将军斩孽龙有诸多相通之处，如斩龙、锁龙等情节如出一辙。由此我们可以推知，杨泗将军长沙斩孽龙传说可能移植了灌口二郎神传说中的某些情节。黄芝冈在《中国的水神》中，把杨泗将军和二郎神、李冰、许真君等联系起来进行考察，通过各地县志、文人笔记以及民间传说中的水神材料的比较分析，认为从水神的生日、地方遗迹、塑像以及故事情节上彼此有不少串通融合之处，这是很有说服力的。

但长沙杨泗将军斩孽龙的传说则可能直接源于江西许真君斩蛟。随着明清时期的江西填湖广、湖广填四川，江西移民的大量涌入，许真君斩蛟传说传入湖南。据《长沙县志》记载，"将军肉身已变化"，将军的肉身在江西。民间传说杨泗将军在长沙显灵，流寓长沙的江西法师起了觊觎之心，在黑夜偷入紫云台，把将军的肉身背走了。现在民间还有句俗语："杨泗菩萨求雨，少了法身。"江西法师背着杨泗将军的肉身，开始还不是特别吃力，但到了更鼓台，眼看就要离开长沙了，法师忽然觉得将军肉身有千钧之重，他明白是杨泗将军显灵了，于是向将军许愿，愿替将军盖一座一百根麻石柱的殿堂。于是将军便不恋故乡了，随那法师到了江西，据说现在江西还有一座一百根麻石柱的殿堂供奉着将军的肉身，而长沙紫云台杨泗将军庙里便只有木雕的神像了。将军神像"头戴金盔穿金甲，手拿斧钺斩蛟龙"，状貌端整，像白面书生。①

长沙还有另一个版本的杨泗斩孽龙传说：杨泗乃宋代湖南长沙人氏，七岁成神。传说一条孽龙来到长沙县鼎功桥浔龙河里，兴风作

---

① 李琳：《洞庭湖水神信仰研究》，湖南人民出版社，2012，第119页。

浪。住在河边的杨泗决心除掉这条孽龙，遂赴南岳烟霞洞，拜师习武，师傅教会杨泗一套上天入水、隐身循迹的法术，还赐他一匹红鬃马和一把七星宝剑。后历尽周折，杨泗终于把孽龙除掉。孽龙除掉后，杨泗却远走高飞，再也没回来，百姓都说他成了神，于是立庙以祠。杨泗形象各地稍有不同，但大多身穿铠甲，头戴金盔，右手执一大钺斧，形貌是位少年神将，丰神俊朗。而洞庭湖滨杨泗庙中的杨泗为一中年黑脸将军像。

今长沙果园乡浔龙河畔有一小镇，即名"杨泗庙"。有人说，杨泗隐居在泗水入洪泽湖处的一处河流上，故杨泗庙又称为"泗洲"，长沙鼎功桥今仍存有"泗洲"的地名。每年农历六月初六王爷生日，各埠杨泗庙都要举行堂会。旧志载，清咸丰十一年（1861）长沙靖港建成杨泗庙，并设"八元堂"以招揽运输；民国28年（1939）浏阳浮桥北岸（今西河街）也建成杨泗庙，为船行驻址。长沙县果园乡有杨泗庙，宁乡县双江口有泗洲庙，望城县铜官镇袁家湖亦有泗洲寺，浏阳澄潭江镇有一村名为杨泗村，长、望、浏、宁各地均建有杨泗将军庙或泗洲庙。

在洞庭湖区汨罗市大荆镇火天乡也有一个杨泗庙，常年香火不断，以水神祀奉，供奉的也是一少年将军，像白面书生似的。我们由此可以推知，斩孽龙的杨泗将军顺着湘水一道流入洞庭湖，于是洞庭湖区的岳阳便有了和长沙斩孽龙杨泗将军完全一致的神像。

据洞庭湖区各县县志记载，洞庭湖区杨泗庙里供奉的杨泗将军大都是一个黑脸中年将军模样，迥异于长沙斩孽龙的白皙少年将军神像。显然，这两个杨泗将军是有差异的，绝不是指同一神灵。洞庭湖区杨泗将军的来历，从历代文献记载中无法得知，地方志上的记载也只是说明其为水神。但我们考察当地的民间传说与民间歌谣，再结合洞庭湖区杨泗将军与其他地区杨泗将军在外貌上的殊异，探寻到了洞庭湖区水神杨泗将军信仰中的地方特色——杨幺崇拜的痕迹。

汉寿县城关镇原小码头杨泗庙,"文革"以前还存在。就在汉寿修建杨泗庙之后,洞庭湖区及湘、资、沅、澧四水的许多河边湖畔也陆续修起了杨泗庙。最初杨泗庙主要分布在洞庭湖地区,与当年杨幺战争的主战场一致。此后凡往来洞庭、必经四水的船只、排筏,都自发地靠岸,渔民、船夫、樵子、农民和商贾都入庙虔诚地膜拜。

杨幺牺牲后,洞庭湖区的老百姓非常怀念他,相互传言:杨幺兵散以后,"卷旗插野,后遍地生花,如卷旗之状……名之曰卷旗花"。《光绪华容县志》卷二载:"离西南数里,有杨幺窑,开有卷旗花。幺败兵散,卷旗插野,后遍地生花,如卷旗之状,因名。"至今洞庭湖区还有卷旗花,又名盘龙草、盘龙参,是洞庭湖区的一种中草药,每年夏季开花,恰如一竿飘卷的红旗。至今洞庭湖区还有"杨泗菩萨不管天,只管昏君与赃官"的民谚,赞扬杨幺不屈的造反精神。洞庭湖区的杨幺墓也有好几处,如岳阳、安乡、华容、常德市佘木铺及湖北等地都有杨幺墓,真伪难辨,有些县的杨幺墓是纪念性的假墓。据考证,真正的杨幺墓在汉寿县风井杨家坟园。1950年群众开荒挖平坟园时,发现有一处坟墓与众不同,棺材周围砌的是宋朝烧制的长方青灰砖,墓内尸体已腐,但一把金光闪闪的护身铜剑,长一尺多,耀眼刺人,剑柄有"大圣天王"模糊字样,当时在场干部群众有目共睹。①

洞庭湖区还有多处杨幺遗址,如三郎城、孩儿城、子母城等。三郎城据传为杨幺三个哥哥所筑。三郎城,即大郎城、二郎城、三郎城,《光绪华容县志》及《道光洞庭湖志》皆载为岳飞驻兵之所,据传实为杨幺兄弟所筑;孩儿城在沅江县(今沅江市),据《沅江县地

---

① 李琳:《洞庭湖水神信仰研究》,湖南人民出版社,2012,第123页。

名录·名胜古迹》记载，为杨幺子所修筑；还有子母城，据《嘉庆沅江县志》卷二十："子母城，在县东北八十里，宋杨太屯兵处，至今土城形迹宛然。"我们可以推知，杨幺被推为首领之后，采用的是钟相"等贵贱，均贫富"的起义口号，并继续借助宗教的旗号扩大起义的影响，号称"大圣天王"。那么从杨幺被推为首领开始，他就已经被神化了。从《宋史》的记载中可以知道，杨幺与岳飞的战争以水战为主，杨幺被正史称为"水贼"，为了稳定军心，他也有可能从一开始就是以"水战的战神、洞庭船民的保护神"形象出现的，这种民间信仰一旦形成，就已经很稳定了。所以洞庭湖区杨幺崇拜的遗迹才会如此丰富多彩。

明清时期洞庭湖地区水灾加剧，再加上明清以来大规模移民涌入的过度开发，洞庭湖区的生态平衡被破坏，以水灾为主的各种自然灾害频发。而清代中期以后，随着洞庭湖地区商品经济的勃兴，内河航运业的发展，水路交通在地方经济与社会发展中发挥重要作用。整个洞庭湖流域处处水急滩险，船排行江，多有危险，船工、排工为求水上平安，把自己的良好愿望寄托在他们崇祀的土著神灵——杨幺身上。由于"等贵贱，均贫富"口号在洞庭湖区深入人心，杨幺在洞庭湖区人民心中有着崇高的地位，民间一直盛行祭祀杨幺。又由于杨幺与水神杨泗将军之间有着诸多共同之处，如姓氏及姓名的巧合、与水的关联等，洞庭湖民众逐渐将地方神杨幺与斩孽龙的水神杨泗将军融合在一起。崇祀杨幺的民众为避统治者之忌，为杨幺隐名神化，附会以斩孽龙得道之说，也正符合他们拥戴敬仰杨幺的心理。于是杨幺成了洞庭湖民众心中的水神杨泗菩萨，成了洞庭湖区土生土长而又影响广泛的洞庭湖水神。

洞庭湖区的信仰文化中，除屈原外，杨幺由现实生活中具体人物走上神坛，成为水神杨泗将军，与二妃、大禹、柳毅和孟姜女众神话人物相比是较为特殊的。虽然屈原传说中也演义出许多传奇，但屈原终究只是一种文化符号，严格意义上不能纳入洞庭湖区的神灵。杨幺是本乡的守护神，他既是神又是人，他是按照湖区民间社会的理想和现实要求塑造出来的神灵，他最接地气，与底层民众心灵相通。尤其是改革开放以来，随着宗教政策的拨乱反正，他还有进一步传播的空间。

（四）孟姜女：洞庭湖区纳吉驱邪的表达形式

中国四大民间故事：白蛇传、牛郎织女、梁祝和孟姜女。其中孟姜女的故事没有缺席湖区的历史舞台。这一在齐国最初发生的故事大概最迟在明清时期就被移植到了湖区。《同治孟姜山志》将孟姜女认定为澧州人，居住在嘉山、澧水之东，孟姜女的老家名叫孟姜垸。在古澧州地区包括今湖北省公安县在内，孟姜女故事传唱不衰，至今在澧县、津市一带还有实物遗存。湖区在南北朝开始就成为北方流民迁徙的目的地。因此，反抗暴政和追求自由幸福生活的孟姜女故事传入这一地区并深入人心，应该是顺理成章的。①

孟姜女的传说在全国都很有影响，古澧州与山东、陕西、江苏成为孟姜女传说四大流传地域。作为洞庭湖版本孟姜女传说的代表，古澧州孟姜女传说在流传过程中与洞庭湖区湘妃传说结合在一起，植入了"望夫"和"绣竹"等故事情节，其与全国各地孟姜女传说最大的区别是受楚文化熏陶，被深深地打上了楚巫文化的烙印。当地传说孟姜女跳台自尽后，上天成仙，再下凡来除暴安良，因而被当地人奉为驱鬼灭妖的"傩神"，受万民崇拜。明嘉靖年间（1522～1566），朝廷在嘉山修庙崇祀孟姜女，名"贞烈祠"，每年举行大型祭祀活动，

---

① 李跃龙主编《洞庭湖志》（下册），湖南人民出版社，2013，第720页。

进行"傩祭",由巫师举行"还傩愿"仪式,傩戏艺人演傩戏《姜女下池》。明万历进士公安人袁中道在《游居柿录》中记载,"天气晴朗,买一小舟往嘉山大德寺……过傩神庙,讯舟人云:'神甚灵,每日刑鸡求福者数百,土人有小事皆至。'俗信鬼,因其宜也"。由此可见,孟姜女已成家喻户晓的"傩神"。时至今日,这一信仰仍存在于当地人的日常生活中。

孟姜女传说的源头,是由春秋《左传》记载的杞梁妻因丈夫战死,拒绝郊吊而哭夫的真实历史衍变而成,已有两千多年历史。澧州孟姜女传说,因其鲜明的楚文化特色,在明代一出现,便影响巨大,并迅速流传到南方各地。但明代以前,澧州孟姜女传说无典籍可考。关于明代以前的澧州孟姜女传说从何时开始流传,历代学者、专家众说纷纭。有"移民说",有"李泌造新城说"①,但当地人亦有不同的说法。其实,湘西苗疆地区边墙的发现,让我们认识到澧州作为联系大西南的"咽喉"之地,其百姓历朝历代也有苦于苛政的血泪史。而且,我们不难发现,在湘西北广大地区流传了几千年的《望夫歌》与《孟姜女望夫歌》有着许多相似之处,如《望夫歌》中的《十二月望郎》是这样的:"正月是新春,小郎上北川,双手扯着郎衣襟,早去早回还。二月到姐家,小郎上长沙,七月长沙八月家,劝郎不去哒。三月三起风,一心想望哥。端起板凳搭起脚,一心想望哥。"《十二月许郎》:"正月是元宵,姐儿与郎初交,夫子为人君子好,许郎荷花包。"《十二月探郎》:"正月探郎是新年,小郎一去三五年,想起大情哥,不知哪天还。"而《孟姜女望夫歌》在结构内容、形式上,特别是一年十二个月的层次感上,与以上《望夫歌》差不多:"正月望夫是新春,家家户户点红灯,人家夫妻团圆聚,孟姜女丈夫造长城。

① 王泸:《嘉山傩韵》,大众文艺出版社,2010,第138页。

二月望夫暖洋洋，双双燕子到南方，燕子成双又成对，孟姜女成单不成双。"我们由此可以想象，几千年来，澧州世世代代的妇女为盼望被朝廷征兵、服徭役的丈夫回家，一年四季是怎样望夫、思夫的。而唐宋以后，发源于山东的杞梁妻故事，衍变为孟姜女传说，流传到洞庭湖区澧州。当地广大妇女渐渐把望夫归的情感，嫁接和寄托在孟姜女身上，因为孟姜女故事中孟姜女的命运、个性，与澧州千百年来广大妇女的命运、个性简直一模一样。于是，广大妇女就以孟姜女自居了。同时，在长期的故事传承中，一代又一代的澧州百姓，特别是受压迫、受剥削的妇女，又在创造、丰富、完善着孟姜女的故事。就这样，澧州孟姜女传说形成了自己鲜明的特色：望夫。这就是明代以前无典籍可考的澧州孟姜女传说在当地的民间基础。[1]

孟姜女故事除传唱外，在澧县、津市一带还有实物遗存。孟姜山，按当地方言发声，念"姜"为"家"，念为"孟家山"，后来澧水流域民俗早起讳"梦"，"孟""梦"同音，因简而为"家山"，今作嘉山，有"洞庭八百里至嘉山"一说。民间把嘉山当作洞庭湖的西岸，它是武陵山脉延至洞庭湖域最末的一节，峙澧水之阴，高百余米。嘉山曾有孟姜故宅、贞节祠、望夫台、孟姜竹、恨石、镜石等。孟姜故宅尚存一碑，有"道之云远思君子，魂兮归来返故居"对联。贞节祠在1954年冬毁于火，今留有当地民众自发捐修的小庙。望夫台为范郎服役后孟姜女盼夫之处，台旁有一石，为孟姜女恨秦无道，常用手指掐之而留下若干指痕，民众称"恨石"。镜石传为嘉山东麓澧水旁有石如斗，上如平镜，孟姜女望夫之余，常临江而泣，恍惚之中照石而见范郎影，故谓"镜石"。可惜这些实物如今已不复存在。

澧州孟姜女故事由民间述说向官方崇祭演变的过程中，明弘治进

---

[1]　李琳：《洞庭湖水神信仰研究》，湖南人民出版社，2012，第81页。

士、工部尚书李如圭起了至关重要的作用。李如圭本澧州人，对本地民间流传的孟姜女故事了如指掌。明正德元年（1506），任朝廷监察都御史的李如圭因病思乡，请旨到澧州养病家居，专程来到嘉山游览。他目睹了嘉山和孟姜女有关的众多遗迹，如望夫岩、镜石、绣竹、孟姜女故宅等，耳闻嘉山百姓讲述鲜活生动的孟姜女传说，聆听嘉山百姓演唱悦耳动听的孟姜女思夫歌谣，便想用什么方式来表彰家乡这位杰出女性。当时明朝开国皇帝朱元璋曾下旨在全国范围内大兴崇祀，"名山大川，圣帝明王，忠臣烈士，凡有功于国家及惠爱在民者，著于祀典，令有司岁时致祭"。[①] 为迎合全国大兴崇祀的这股热潮，作为朝廷大员的李如圭便与澧州知府商议修建孟姜女祠宇。于是，嘉山顶上一座庄严肃穆的供祀孟姜女娘娘的"贞烈祠"于嘉靖甲午年（1534）夏天落成了。李如圭撰《贞烈祠记》，以孟姜女守节称著，谓之"贞节"，并摹印历代诗人碑刻，刻石记其事，称为碑林。一时间，朝拜者如云，明清两代便有百余名朝廷大员、文人墨客慕名来到嘉山贞烈祠谒孟姜女娘娘。

澧州有几千年楚文化浸染，孟姜女被作为傩神崇拜与当地信鬼崇巫好淫祠习俗密切相关。原为古澧州的澧县于20世纪七八十年代发掘出了彭头山遗址和城头山遗址，这两个遗址都有稻作与祭祀的遗迹，表明这一带至少在六七千年以前，就已经有人举行大型祭祀活动。而我们追溯傩巫的始祖，传说在公元前两千多年，黄帝与蚩尤进行了一场大战，蚩尤被杀，其余部逃往洞庭、彭蠡一带，历史上称其余部为三苗国。黄帝为灭其残部，派颛顼治于苗。《国语·楚语》载："及少昊之衰也，九黎乱德，民神杂糅，不可方物。夫人作享，家为巫史，无有要质。"颛顼深知三苗国的"家为巫史"是作乱的根源，

---

① 《明史》卷五十《志第二十六·礼四·吉礼四》。

想杜绝巫史，但事与愿违。三苗后裔为报复颛顼，戴上先祖的面具，披着先祖的图腾熊皮，驱赶颛顼死后为疫鬼的几个儿子。《续汉书·礼仪志》载："方相氏黄金四目，蒙熊皮，玄衣朱裳，执戈扬盾。十二兽有衣毛角，中黄门行之，冗从仆射将之，以逐恶鬼于禁中。"于是，这种报复颛顼的驱疫鬼仪式，便成了数千年来楚人及其后裔进行傩祭的习俗。洞庭湖及其以西一带的早期居民为三苗人，是蚩尤部落遗民。《楚辞》中的相关内容表明，屈原在被流放沅湘时，目睹了民间的巫傩文化，创作了《九歌》等名作。其中的"望涔阳兮极浦，横大江兮扬灵"与"沅有芷兮澧有兰，思公子兮未敢言"，就带有明显的洞庭湖地域特色。《旧唐书·刘禹锡传》这样描述唐时洞庭湖区的巫俗："蛮俗好巫，每淫祠鼓舞，必歌俚辞。"朱熹也曾说："沅湘之间，其俗信鬼而好祀。"① 远古洞庭之滨及以西就居住着三苗人，他们人人为巫，巫傩文化由他们首创，也由他们发扬光大。明代朱元璋实行崇祭政策，嘉山修建"贞烈祠"，正式将孟姜女立为"傩神"朝拜，举行"傩祭"仪式，其实都是洞庭湖区远古巫傩文化的缩影。清同治年间（1862～1874）大演傩戏，嘉山成立同乐、文化戏班，开始演傩戏《孟姜女》，把孟姜女作为"傩神"在舞台上演绎。只不过"傩祭"的逐疫功能变异为酬神功能，亦为嘉山的"还傩愿"仪式。后至民国30年（1941），傩戏艺人又组建福兴班，成为正宗的"还傩愿"师道戏。澧州孟姜女作为"傩神"被当地人崇祀是有着浓厚的楚巫文化渊源的。②

至今在西洞庭湖一带，民众普遍信仰崇拜孟姜女，并由此辐射到周边其他地区，如湘西、贵州、江西、湖北等地。澧州孟姜女信仰为

---

① 〔宋〕朱熹集注《楚辞集注》，上海古籍出版社，1979。
② 李琳：《洞庭湖水神信仰研究》，湖南人民出版社，2012，第82页。

什么能在明清时得到官方如此青睐呢？因其在当时满足了维护社会秩序的需要，有深刻的历史渊源。南宋建炎四年（1130），在洞庭湖区爆发了由钟相、杨幺领导的大规模农民起义，引起统治阶级的极度恐慌。由于起义军依赖洞庭天险并习水战，一次次打败朝廷前来征讨的军队，后来宋高宗派抗金名将岳飞前来镇压，钟相、杨幺壮烈牺牲。杨幺死后，当地百姓修庙祭祀，因杨幺排行第四，为避免官府纠缠，民众巧妙地在四字旁边加上三点水，称"杨泗菩萨"，明清嘉山祭祀"傩神"时也把"杨泗菩萨"作为"傩神"一起祭祀。这说明时隔百年之后，当地老百姓还在以不同的方式表达他们对统治阶级的不满与反抗。明清统治者为了笼络人心，采用了"攻城为下，攻心为上"的策略，用封建礼教来奴役人民。他们把关羽作为忠于封建帝王的楷模，引导庶民百姓对帝王忠心耿耿；他们为贞妇烈女树碑立传，维护封建统治秩序。明太祖朱元璋在洪武元年（1368）就曾下诏令："民间寡妇，三十以前夫亡守制，五十以后不改节者，旌示门闾，除免本家差役。"其后明成祖又亲自为《古今烈女传》写序文，刊印颁发。于是民间传说中"反抗暴政"的孟姜女被官方改头换面奉为"贞烈"而修庙祭祀，成为历代封建统治者实施安抚民心的工具。封建统治者还通过祭祀孟姜女来构建官民相互对话的平台。统治阶级从共同信仰入手，营造官民沟通交流的通道，这一点在孟姜女庙会中得到充分的展现。据《乾隆直隶澧州志林·祠庙志》载："嘉山望夫台庙，二进六间，州民不时朝谒，每岁春秋二仲官亲至祭。"由官方亲自主持的孟姜女春节庙会，是一年中最隆重、最热闹、最精彩的庙会活动，官员百姓扶老携幼全家出动，官民同乐。贞烈祠内香客如云，万头攒动，摩肩接踵，拥挤不堪。无论是官员还是百姓，都是来求孟姜女娘娘保佑的。而在山门外场坪上，最引人注目的还是"还傩愿"，又名"游傩"，也就是巫师举行"还傩愿"仪式，傩戏艺人演傩戏《孟姜女》。《乾隆直隶澧州志林·风俗》载："合族祭先祖于祠……始傩，击鼓铙镯以迎傩神逐瘟疫，舞者歌孟姜女故事。"另据《嘉庆常德府志》载："乡村多用巫师，朱裳鬼面，锣鼓喧舞竟夜，名还傩。"时至今日，嘉山百姓还在每年农历六月初六姜女娘娘生日这天举行孟姜女庙会，给姜女娘娘烧香、磕头，六月初五要唱通宵孟姜女小调，求姜女娘娘赐福消灾，只不过传统庙会上最具特色的"傩祭""还傩愿"仪式已看不见，也无民间艺人唱傩戏《姜女下池》了。

被洞庭湖区民众作为纳吉驱邪表达形式的澧州孟姜女信仰文化，是人们在面临人力无法改变的情形下排解自身压力或宣泄个人情感的一种有效手段。延续了几千年的嘉山傩文化，其实质就是驱鬼灭邪，所以民间戏班在举行孟姜女傩祭仪式时，都要唱傩戏《姜女下池》。当孟姜女与范喜良唱完"姜女不到愿不了，姜女一到了愿心"时，便有一小丑扮鬼邪上场，走着恐怖的鬼步，扮孟姜女的艺人戴上傩面鬼脸壳子，持三尺青锋剑，或一桃木棍，在台上驱赶鬼邪，直到擒住鬼邪，台下观众便鞭炮大作，一片欢呼。整个傩戏市场在孟姜女庙会的推动下，异彩纷呈，气氛热烈。姜女庙求雨时一般由全村人共同出资，祭品有猪头、雄鸡等，再加鞭炮、蜡烛、香、纸。祭祀时，先点上蜡烛，焚上香，然后再燃放一通鞭炮之后开始请神。请神时要念求雨词，求雨词的内容一般是向姜女娘娘申诉旱情的严重及人们心情的焦虑，乞求姜女娘娘大发慈悲下雨，并承诺如愿后一定会报答姜女娘娘恩情等。在今天的嘉山姜女庙，这种大型的求雨仪式已消失，但仍有少数虔诚的村民在干旱时私下向姜女娘娘祈雨，他们把渴望丰收的愿望寄托在姜女娘娘身上，缓解了自身面对干旱时的焦虑与紧张心理。说明洞庭湖区孟姜女信仰在当代还具有缓解心理压力、对人们进行心理调适的功能。

澧州孟姜女信仰是一种人与神之间的对话，更是一种人与人之间的相互沟通。嘉山孟姜女庙会求子摸鞋习俗通过这些遭遇相似的人之间的感情交流，能有效排解他们的心理压力。《孟姜山志·风俗志》中有记载："二月十五日，祠孟姜，以元鸟至，凡无子者祈焉。"后改为每年农历六月初六姜女娘娘生日这天，求子的村民们成群结队来到嘉山贞烈祠摸鞋，大家在共同的仪式中相互交流，增进感情。因澧州孟姜女传说中孟姜女是从南瓜中长出的，《孟姜山志》还载有嘉山八月中秋孟姜女庙会的送瓜习俗。这一天，嘉山一带的乡民，特别是年轻的夫妻、妇女、未婚女子清早都要上嘉山贞烈祠敬香，朝拜姜女娘娘，并准备好求姜女娘娘赐子的词句，一句一句说给姜女娘娘听。然后再成群结队下山，取一个大南瓜，用布包着并选择男童佩戴的首饰附在包裹上，吹吹打打到亲朋好友家送瓜祝亲友家生个胖儿子。这一天，嘉山一带许多家庭都要杀猪宰羊，接三亲六戚、亲朋好友宴饮。各村的吹鼓手忙得不亦乐乎，东家吹打西家又来接，条条村道上都是吹打送瓜的人群，嘉山下的各乡各村沉浸在一片鼓乐欢笑声中。由此可见，孟姜女在嘉山百姓心中威望是很高的，除了具备佑福消灾的功能，还具备赐子传宗接代的功能。

嘉山的渔民、船民还把孟姜女视为与水神杨泗将军地位相当的傩神，在他们看来，姜女娘娘还能保佑他们在水上的航行安全。他们认为，每当嘉山脚下的澧水河起雾时，姜女娘娘便会在澧水河上空挂上一盏红灯，指引驾船的民众安全到达目的地。所以春节期间，嘉山百姓家家户户门口都要通宵点燃香烛，就是为了酬谢姜女娘娘在雾天挂红灯。"春节孟姜女庙会有传统的倾家出动上嘉山贞烈祠给孟姜女娘娘敬香、朝拜、磕头、诉求等祭祀活动，还有傩祭仪式，唱傩戏《姜女下池》等等。同时，还发展了傩祭仪式，迎龙、送灯也是其中的活动。"① 据《直隶澧州志林》载，民国时期的每年春节期间，嘉山到处都是爆竹

---

① 李琳:《洞庭湖水神信仰研究》，湖南人民出版社，2012，第86页。

震天，鼓乐齐鸣。游龙戏耍的、敲锣唱戏的，在大街小巷、田野乡村汇集，一派热闹非凡的景象。孟姜女庙会往往就是一场文化娱乐盛会，庙会上有各种民间艺术展演，还有各种展出商品更是让人眼花缭乱。民间艺人有了这么一个好的平台，纷纷献艺、卖艺，庙会上笙歌乐舞，观众欢声笑语，其乐融融。还有各种传统风味小吃如结糖娃娃糕、油炸砣、焦盐馓子、糖麻花等在庙会上特别受青睐，各种生活用品如篾器、铁器、木器也在庙会上叫卖。孟姜女庙会，已成嘉山百姓丰美的精神和物质"大餐"。在此种情况下，平时较少联系的村以及同一个村落的内部成员之间，也通过孟姜女信仰加强了相互的交流与沟通，从而营造了一种欢乐祥和的人际氛围。

洞庭湖区孟姜女崇拜从明代修庙祭祀到现在已有 500 多年的历史，其"傩祭""还傩愿"仪式及傩戏《姜女下池》已经逐渐消失，但孟姜女信仰却依然盛行。即使到了现代社会，洞庭湖区孟姜女信仰仍然是当地民众协调矛盾冲突、维持群体关系、释放焦虑情绪、表达内心期望的合理渠道，其中包含着人类原始的对生命的崇尚和困惑。笔者希望通过了解这种独特的信仰文化，了解洞庭湖区民众苦难的生活史与其宗教、民俗交叉融汇的文化观念，最终达到不同文化群体之间相互平等对话、和谐发展的目的。

洞庭湖区信仰类神祇还有很多，例如由常德丝瓜井和道教人物刘海蟾而演义出米的刘海戏金蟾、刘海砍樵的故事。[1] 刘海和胡秀英人神相恋，刘海是湖区的"董永"和"许仙"，胡秀英就是水乡的"七仙女"和"白素贞"，这是一出湖区版的《天仙配》和《白蛇传》。湖区民众所信奉的崇拜里，既没有苛责七仙女的天庭，也没有扼杀白娘子自由恋爱的法海和尚，通过狐仙对刘海的追求而成眷属良

---

[1] 《常德市志》编纂委员会编《常德市志》，中国科学技术出版社，1993，第838页。

缘，充分肯定了贫寒子弟孝顺母亲、为人诚恳、勤实劳动的美德，也是洞庭湖区作为传统农业社会的价值观的体现。二妃是外来女子，小龙女则是洞庭湖水乡的女儿，她们都是洞庭湖所接纳的，可爱的、鲜活的生命，虽然只是神话，却妇孺皆知，知名度超过许多真实的历史人物。这些神话人物也对湖湘文化产生了巨大影响，成为湖南省的非物质文化遗产。通过文人士大夫的提倡，其文化理念已传承给湖南女性，鼓励她们敢于追求自己的幸福，追求理想中的爱情。"湘女"已成为湖南女性获得历史肯定的人文符号，屈原之后，建安文学的代表人物曹植开始用"南国有佳人，容华若桃李。朝游江北岸，夕宿潇湘沚"来描述湖南女子；现在人们广泛使用"辣妹子""湘妹子"这样一种称谓，也是表达一份对湖南女性的认同与肯定。程砚秋京剧名作《锁麟囊》里的主角薛湘灵，本为登州人氏，其取名与"湘娥"一样，都是湘君文化影响力之大的体现。检索洞庭湖区所传唱的爱情故事，忠于丈夫的娥皇女英、反抗暴政的孟姜女、人神相恋的小龙女和狐仙胡秀英，都是鲜活可爱的女性形象，为湖区民众充分肯定、接纳和喜爱，有的还被当成偶像膜拜。她们受苦难的遭遇得到同情，她们追求爱情和幸福的权利得到肯定，没有性别歧视，没有人将她们视为妖精或者红颜祸水。而在中国的历史上，从妲己到褒姒，从杨玉环到慈禧，卫道士们已经习惯于将脏水泼到女性的身上。中国的四大名著除了《红楼梦》，有谁对女性表示尊重乃至同情？对比中原地区或者专制道德意识比较浓厚的地域，我们可以从这一类题材看出湖区民间观念和意识形态上的差异，这个特点应该为研究者加以重视。

二 流寓和外来文化构成了洞庭湖区显著的文化特征

湖南省有个"湖"字，湖湘文化也有个"湖"字，这些"湖"

字都与洞庭湖有关，其得名都源于洞庭湖。探讨湖湘文化的源头离不开屈原，研究屈原又离不开洞庭湖或者洞庭湖流域地区。从楚国屈原被放逐到沅湘时起，洞庭湖便成为流放目的地。在此后的漫长历史阶段，湖湘地区因远离中原传统文明核心区，与岭南、西域、东北等地区一样，一直作为中原王朝远谪和流放政治对手的场所。流放不始于屈原，但屈原被放逐，尤其是被流放到沅湘地区之后，他一系列的创作成为汉民族文艺的总根源之一。"屈骚"成为中国文化南方理想浪漫主义的流派始祖。楚顷襄王时，屈原第二次被流放，在楚江南沅湘地区生活了十年之久，他的许多著作就写成于湖区，对中国的传统文化产生了巨大的影响。刘勰在《文心雕龙》里提出屈原的影响"其衣被词人，非一代也"。这种影响当然远不止诗词、歌赋。洞庭湖区在相当长的时期成为中原王朝贬逐官员士大夫的场所，"迁客骚人，多会于此"。这一类人员，从汉代贾谊开始，都有与屈原相同的经历，思想情感往往息息相通。司马迁在《史记》中把贾谊和屈原修成合传。他们祖述屈原，在历代累积形成迁客骚人文化现象，也有学者称之为流寓文化现象。流寓湖湘的文人士大夫，大体可以分为五类。

第一类是流放，因为在政治上遭受打击迫害，被放逐到洞庭湖流域地区，身份是流徒，如战国时期楚国的屈原；第二类是贬谪，只是在政治上受到排挤，被派遣到边远的湖南为官，以示惩罚，如西汉的贾谊、唐代的刘禹锡、北宋的滕子京等人；第三类是因生计所迫，过着辗转流浪、寄人篱下的生活，如唐代的杜甫、宋代的陈与义等人；第四类是由于社会环境的变革，乔迁寓居湖湘，如宋代福建的胡安国、胡宏父子，四川的张栻等人；第五类是流放贬谪路过湖湘，如唐代的李白、韩愈、元结，宋朝的丁谓、寇准，明朝的王阳明等人。

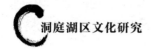

这些不同时期的历史人物，处境不一，遭遇不同，但都具有一个共同的特点，那就是政治上失意，像《岳阳楼记》中所说忧谗畏讥，处在人生的低谷。他们个人的遭遇大多与当时的社会变革大环境息息相关。他们在个人生活上受到磨难的同时，心理上还承受了国家前途、民族存亡的巨大考验。流亡的生活让他们有更多的机会接触民众和社会底层生活，他们要在以下两个方面实现转变：一个转变是角色改变，原来是贵族官宦、文人士大夫，现在是流徒贬官、落魄文人；另一个转变是生活环境改变，由北方到南方，由锦衣玉食的无忧生活变为普普通通的平民生活。

由简到丰易，由奢到俭难。这些巨大的反差强烈震撼着每一个人的心灵。杜甫流落长沙巧遇宫廷音乐家李龟年，"岐王宅里寻常见，崔九堂前几度闻。正是江南好光景，落花时节又逢君"，流露出对命运的几多无奈。他们都祖述屈原，由文学之士变成思想者。自强不息的奋斗精神成为他们应对现实的手段和方式，爱国、忧时、关心民瘼成为他们的理想和日常生活内容。这一批人是湖湘文化的开创者，也是湖区人文积淀的宝贵财富。流寓对洞庭湖区文化、湖湘文化的形成和发展的影响，主要表现在以下三个方面：一是以"忠君"为主要内容的爱国主义，成为湖湘文化的主旋律和优秀传统。屈原怀石投水，死谏以报楚怀王，是忠君。《岳阳楼记》中"处江湖之远则忧其君"，忠君是他们的公开宣誓。杜甫"昔闻洞庭水，今上岳阳楼。吴楚东南坼，乾坤日夜浮。亲朋无一字，老病有孤舟。戎马关山北，凭轩涕泗流"。通篇是登岳阳楼，却不局限于写"岳阳楼"与"洞庭水"。诗人摒弃对眼前景物的精微刻画，从大处着笔，吐纳天地，心系国家安危，悲壮苍凉，催人泪下。时间上抚今追昔，空间上包吴楚、越关山。其世身之悲，国家之忧，浩浩茫茫，与洞庭湖水势融合无间，形成沉雄悲壮、博大深远的意境。这是一首表现杜甫爱国主义精神的名篇，与《岳阳楼记》一起，构成一诗一记的岳阳楼文化"双子座"。二是流寓过程中面对的社会现实问题形成湖湘文化重实践、经世致用的务实学风。白居易《自蜀江至洞庭湖口有感而作》："安得禹复生，为唐水官伯。手提倚天剑，重来亲指画。疏河似剪纸，决壅同裂帛。渗作膏腴田，蹋平鱼鳖宅。龙宫变闾里，水府生禾麦。坐添百万户，书我司徒籍。"作者希望大禹"复生"，通过兴修水利，实现"渗作膏腴田，蹋平鱼鳖宅。龙宫变闾里，水府生禾麦"的愿望，这里表达了一位在杭州治水取得了成功的士大夫对洞庭湖治理的感慨。三是流寓文化不甘沉沦、自强不息的品质养成了湖湘士人的奋斗精神。屈原是最好的例子，"路漫漫其修远兮，吾将上下而求索"，"亦余心之所善兮，虽九死其犹未悔"。

洞庭湖区文化中流寓和外来文化除了以上三种正面叙事之外，还有许多探求人生哲学意义的优秀作品，也一直占有很高的地位。比如孟浩然，这位以淡泊人生著称的诗人也曾以洞庭湖为题材，委婉含蓄地表达过兼济天下的初心。其《望洞庭湖赠张丞相》："八月湖水平，涵虚混太清。气蒸云梦泽，波撼岳阳城。欲济无舟楫，端居耻圣明。坐观垂钓者，徒有羡鱼情。"这是一首干谒诗。唐玄宗开元二十一年（733），孟浩然西游长安，写了这首诗赠当时在相位的张九龄，目的是想得到张的赏识和录用，只是为了保持一点身份，才写得那样委婉，极力泯灭那干谒的痕迹。面对浩瀚的洞庭湖，自己意欲横渡，可是没有船只。生活在圣明的时代，应当贡献出自己的力量，但没有人推荐，只好在家闲居，这实在有愧于这样的好时代，言外之意，希望对方予以引荐。这首诗委婉含蓄，不落俗套，艺术上具有含蓄的美学特色。遗憾的是，孟浩然一生没有能一展抱负，但在写洞庭湖壮丽的景象和磅礴的气势上，一直没有后来者超越"气蒸云梦泽，波撼岳阳城"这两句，包括杜甫的"吴楚东南坼，乾坤日夜浮"和魏允贞的

"洞庭天下水，岳阳天下楼"，也还要稍稍逊色。

从历史的角度考察，这些人文现象均直接或间接来源于洞庭湖这一片水土。

三 桃花源与逸隐文化成为中国传统文化诗意的存在

洞庭湖区文化积淀之所以丰厚，在于它的包容性和多元文化元素。如果只有爱国主义的主旋律，则可能被人误解为仅唱高调，它既不排斥浪漫色彩的爱情和世俗的喜怒哀乐，也不拒绝道家的亲近自然、返璞归真。从《沧浪歌》到陶渊明的《桃花源记》，我们可以看出一种有别于传统儒家文化的湖域水乡多元文化元素。

洞庭湖的伟大之处在于，它既是中国传统儒家文化的堡垒，又是其他民间文化和流派的精神乐园。从战国末期屈原放逐到沅湘与当地老者渔父的对话，可以看出其价值取向的差异。屈原认为："举世皆浊我独清，众人皆醉我独醒。"但在当地人心目中，"圣人不凝滞于物而能与世推移"，"世人皆浊，何不淈其泥而扬其波？众人皆醉，何不哺其糟而啜其醨？"①

屈原实际上没有能说服老者渔父，而在现实生活中，也没有屈原的立足之地，这位伟大的爱国者最后只能"宁赴湘流"。渔父的世界观就是"不凝滞于物而能与世推移"，他追求的是一种心灵与世事的和谐，个人与自然和社会的统一。他以融入自然为宗旨，爱惜生命高于一切。为了保全生命，对于个体行为进行调整，遇事不硬拗，甚至于委曲求全，随波逐流。他认为保全生命的最佳办法就是顺其自然、热爱自然，把个体投入、融入无限的大自然。

---

① 《楚辞·渔父》。

常德位于西洞庭湖，在渔父之前，这里便有逸隐文化的传统。《庄子·让王》："舜以天下让善卷，善卷曰'余立于宇宙之中，冬日衣皮毛，夏日衣葛绤；春耕种，形足以劳动；秋收敛，身足以休食；日出而作，日入而息，逍遥于天地之间而心意自得。吾何以天下为哉。悲夫，子之不知余也'。遂不受。于是去而入深山，莫知其处。"世传他归隐枉山，易名德山。《善卷祠记》留有"德山苍苍，德流汤汤，先生之名，善积德彰"之语，"常德德山山有德，长沙沙水水无沙"的美誉也由此而来。1956年6月，毛泽东在写《水调歌头·游泳》时，提及这则广为人知的民谚。

晋代，陶渊明作《桃花源记》并诗，向中国人描述了一个景色优美、土地肥沃、资源丰富、民风淳朴的世外桃源，那里没有压迫、没有战乱、和平安宁、自给自足、与世隔绝、怡然自乐。"不知有汉，无论魏晋。"桃花源到底在哪里，自陶渊明《桃花源记》产生后一千余年一直争论不休。历史学家陈寅恪认为，在纪实上，《桃花源记》是魏晋南北朝坞堡的反映；在寓意上，《桃花源记》是陶渊明思想的反映。他在《桃花源记旁证》中指出："陶渊明《桃花源记》寓意之文，亦纪实之文也。""桃花源虽本在北方之弘农或上洛，但以牵连混合刘驎之入衡山采药事之故，不得不移之于南方之武陵。"陶渊明在虚构一个他个人心目中的理想社会，与现实社会决然相隔离的乐土，这在现实生活中肯定是不存在的。但陶渊明心目中却有原型，那就是洞庭湖域西北部的常德地区，他的祖辈在洞庭湖区生活工作多年。《桃花源记》和诗中描绘的光景和屈原笔下的渔父世界观惊人地吻合。陶渊明不赞同屈原的人生态度，反而认同渔父的世界观，主张与世无争而亲近自然。其不为五斗米折腰、辞官归隐田园本身就是晋代乱世中的"渔父"形象。

湖南人把洞庭湖西部水域的桃花源，作为陶渊明理想中的乐园并不始于当下，而是有上千年的历史，这个漫长的历史过程是全国其他若干个争夺桃花源冠名权的地方所没有的。西晋太康元年至东晋元熙元年（280～419），桃源山上已建有道观，名"桃源观"，与作者陶渊明同处一个时代。这里群山环抱，松竹葱茏，层峦叠翠，秀色可餐，是避暑驱寒胜地。历代名人骚客、羽士高僧游此，无不为这"桃源佳致"所陶醉并赞叹不已。唐高祖武德年间（618～626），在桃花山重建道观，唐昭宗时（889～904）毁于兵燹。宋太祖乾德元年（963），转运使张咏根据朝廷析武陵县之政令，在实地考察之后，建议置桃源县。其理由是：有一风景秀丽、道观雄伟的胜地，因东晋大诗人陶渊明所作《桃花源记》传颂于世而得名桃花源。这是政府在行政区划命名上对于地方发掘人文历史资源的一种肯定，已为后来历届政府所沿用。在大型工具书《辞海》《词源》中，桃源县成为唯一添加注释的《桃花源记》原型地，是国务院唯一备案认可的"桃花源国家级风景名胜区"。

桃源县在桃花源名胜建设上代有兴废，屡毁屡建，未曾断章。宋徽宗政和元年（1111），依桃源山势建梵寺，分上、中、下三宫，次年，钦赐"桃川万寿宫"宫名，形成颇具规模的建筑群。至元惠宗时（1333～1368）毁于战乱。明、清两代，桃花源的建筑移至桃花山，以秦人洞侧之大士阁（今桃花观）为主体，时兴时废。清光绪年间（1875～1908），知县余良栋任内沿桃花山重修渊明祠，按陶渊明诗文命名，配置亭阁，至民国末年衰败。中华人民共和国成立后，人民政府重视其重建和保护。1959年1月，湖南省人民委员会公布桃花源为湖南省重点文物保护单位。1963年，建立国营桃花源林场，负责桃花源林业资源的管理和保护。1964年，成立桃花源文物管理所，具体负责桃花源的文物管理与保护。1963～1988年，先后完成菊圃、碑、水源亭、遇仙桥、高举阁等10多个建筑项目的修复和新建工程，总建筑面积达 1884 平方米。1988 年，湖南省政府公布桃花源为全省十大风景名胜区之一。1992 年，桃花源被国家林业部批准为国家森林公园。1995 年，国家主席江泽民视察桃花源并题字。2001 年，桃花源获批为国家 4A 级景区。2019 中国旅游产业发展大会，桃花源与北京故宫、西藏布达拉宫、敦煌莫高窟等共同荣膺 2018 中国旅游影响力十大文化景区。迄至今日，桃花源风景名胜区总面积为 157.55 平方千米，其中世外桃源主体景区 15.80 平方千米，武陵人捕鱼为业的沅水风光带水域 44.48 平方千米。外围保护区 96.90 平方千米。桃花源风景名胜区分桃花山、桃源山、桃仙岭、秦人村 4 个景区，其中桃花山、秦人村为桃花源的中心，有桃花源跨国道大牌坊、渊明园、桃花湖、刘禹锡草堂、咏归亭、花影亭、双星亭、五柳湖、水府阁、问津亭、黄闻山庄、秦人洞、豁然台、秦人居、竹廊、公议堂、奉先祠、延至馆、自乐桥、奇踪馆、傩坛、桃川万寿宫（上宫）、天宁碑院、悠然园、八仙亭、秦城、秦人古洞、玄亭、桃林、渊明祠、集贤祠桃花观、水府阁、观景台、天宁碑院、沅水风光线等 100 余处景点。

陶渊明不为五斗米折腰，归隐而成为田园诗的鼻祖，苟全性命于乱世，不求闻达于诸侯。千百年来，李白、刘禹锡、苏轼等仰慕和追随陶渊明，都在此留下了许多珍贵的诗文和墨迹。洞庭湖西部的水乡泽国成为他们共同的精神家园。从渔父的沧浪之水到陶渊明的桃花源，正是烟波浩渺的洞庭湖为湖湘文化打造了一个多元文化共存的空间。为什么这样说呢？可以用湖区相关事迹来论证。生活在这里的常德人，在湖南被称为"德语系"，他们都操有类似北方语系西南官话语音。还有古澧水下游的华容县，被戏称为"东德"。因为常德人随缘包容，会办事、会做官，又有"无德不成厅"的说法。常德人多灵气，个个精明，具有商业头脑，精明中显得礼性，狡猾中含有诚信，遇到麻烦也总是会想办法，多动脑筋，不会一味地去蛮干。又比如岳飞和杨幺的民间传说，在湖区，没有人因为岳飞是抗金英雄而贬低杨幺这位造反的农民领袖，也没有人因为杨幺是官逼民反的本地人而否认官军统帅岳飞，从湖区遍布关于那一段历史的地名，到民间口传的语言民俗故事，都非常客观公允。[①] 这种民间历史观、这种空间和社会现实的土壤在中原地区正统文化占绝对主导地位的环境下根本无法想象，而湖南地区存有非正宗色彩的文化基因，成为多元文化共生的土壤。

四　洞庭湖地区是移民社会的样板

（一）洞庭湖区是人口流动的重要目的地

湖区社会有本地人和移民的区别。洞庭湖区土地肥沃、物产丰富，因为泥沙的淤积，洲土面积不断扩大，便于围垦开发。湖区历来成为人口移动的重要目的地，因而洞庭湖区人口流徙十分频繁，人口的增长又促进了堤垸不断新辟。

楚人自西周开始南渐，春秋时期"大举南进"，先后进入洞庭湖区周围的岳阳、常德、益阳等广大地区。据《岳阳市志》载，有记载的首次移民为楚迁都于郢后，因罗子国在枝江，逼近郢都，便将罗地遗民迁到湘水之阴（现汨罗江南岸屈原农场马头槽）。楚成王时期，扬越人以汉水流域为活动中心，由于楚国日益强盛，大量蚕食散漫而无组织的扬越人所在地区，迫使其节节南退，有的散布于长江中下游两岸，其中一部分沿洞庭湖东岸至湘江流域定居。楚穆王十年（前616），楚灭麇子国，将其遗民迁于微水（今新墙河）流域。楚惠王四

---

① 李跃龙主编《洞庭湖志》（下册），湖南人民出版社，2013，第714～721页。

十二年（前447），灭蔡，迁蔡百姓至沅、澧一带。两汉之际，由于中原地区战乱和水、旱、蝗、瘟等灾害频发，大量人口逃往长江以南地区，尤其是生活条件较优、经济比较活跃的洞庭湖区周围，其中"流入荆州者十余万家"。[①]

魏晋南北朝时期，同样因为战乱和灾荒，出现了大批中原人口南迁的现象。北方地区的各族人民纷纷南迁，造成史无前例的流民问题。据统计，西晋末年中原地区南迁的人口近 30 万户，约占两晋总人户的十二分之一，使荆、湘一时成为流民问题十分突出的地区。西晋时，四川省十多万流民流入荆州、澧州地区。其中西晋"永嘉之乱"后，山西、河南一带流民万余人涌入洞庭湖西部、澧州一带。西晋永嘉之乱，河东（现山西省西南部）流民迁徙南安（华容县）。据《宋书·志第一·志序·历上》记载："魏晋以来，迁徙百计，一郡分为四五，一县割成两三。"因此出现了郡县滥置的现象，洞庭湖区先后增设的县有作唐、安南、澧阳、巴陵、湘阴、玉山、湖滨、龙阳、药山、重华等。

为解决大量流民问题，东晋还设立侨郡安置流民。"晋自中原丧乱，元帝寓居江左，百姓之自拔南奔者，并谓之侨人。皆取旧壤之名，侨立郡县，往往散居，无有土著。"[②] 先后在洞庭湖区（今湖北松滋市至湖南安乡县直线距离100多公里的范围内）置南义阳郡、南河东郡。南河东郡在今松滋、公安一带，客籍民户系晋南、豫西北、苏北、皖北徙来。

此外，东晋、南朝与北方政权有过多次军事行动，每次北伐后，都有大股北民南迁。如东晋永和十年（354）桓温北伐进军关中，后

---

① 《三国志·魏书·王卫二刘傅传》。

② 《隋书·食货志》。

因前秦"芟苗清野，军粮不属，收三千余口而还"后自江陵北伐，又"迁降人三千余家于江汉之间"①。淝水之战后，"胡亡氐乱，雍、秦流民多南出樊、沔"②。北民入迁与时俱增，逐渐进入洞庭湖区南侧、东侧。梁时，湘州刺史张缵在任时招诱流亡，"流人自归，户口增益十余万"③。梁朝在今沅江增置药山郡，下辖药山、重华二县，又在今湘阴、汨罗一带设岳阳郡，增置玉山、湖滨等县。虽然梁陈时期有郡县滥置的情况，但此处郡县密集，与他处很不协调，外民迁入多也是原因之一。

与此同时，巴蜀地区也是战乱不断，该地居民大批流亡到荆、湘地区，"时流人在荆州十万余户"。④ 又据《晋书·杜弢传》载："时巴蜀流人汝班、赛硕等数万家，布在荆、湘间。"由于荆州刺史荀眺"欲尽诛流人"，以防造反，结果引发了长达数年之久的巴蜀流民起义，波及湖南全境，最后为陶侃所镇压。但这些流人大多就在这里散居下来，有的迁居到偏僻地区。

隋唐五代时期，北民仍陆续南迁。特别是"安史之乱"导致中原战火绵延，民众大举南迁。《旧唐书·地理志》称"襄（湖北襄樊）、邓（河南南阳一带）百姓，两京（指长安、洛阳）衣冠，尽投江、湘，故荆南井邑，十倍其初，乃置荆南节度使"。当时南下北民多集中于江陵至沅、澧一带。据《安乡县志》载，"后梁太祖元年（907）客籍人口占总人口的49%"。

靖康之难发生后，宋代政治中心南移，人民又一次大量南下。"建炎之后，江浙、湖湘、闽广西北流寓之人遍满。"⑤ 宋以后，洞庭

① 《晋书·桓温传》。
② 《宋书·州郡志三》。
③ 《梁书·张缵传》。
④ 《晋书·刘弘传》。
⑤ 〔宋〕庄绰：《鸡肋编》卷上，上海书店出版社，1990。

湖淤积加快，湖区成为外省人口迁居的重要目的地。具体流入洞庭湖区的也不乏记载："西北士大夫遭靖康之难，多挈家南寓武陵"①；宋末欧阳守道说："百年来，中原故家长沙者颇多。"②说明当时今常德、长沙地区接纳了许多北方流民。

元代，湖南全省人户虽然增长缓慢，但洞庭湖区人户却增长很快，据《湖南省人口志》统计，元至顺元年（1330），洞庭湖区所在澧州路、常德路、岳州路取代永州、郴州，成为全省人口密度最大的地区。究其原因，除了人口自然增长的因素之外，必与人口流入有关。元朝末年，各地发生农民大起义，全国普遍陷入征战，洞庭湖区人口减少甚多。例如，人口密集的沅澧平原常德一带是有名的"鱼米之乡"，经过元末战争，到明洪武三十年（1397），变成了"土旷人稀，耕种者少，荒芜者多"的地区。明朝统治者针对这种状况，采取了一系列恢复生产、增加人口的政策。据《澧县志》载："明初，实行招诱流民和移民垦殖政策，江西等省迁入澧州人口众多。"《岳阳县志》载："明洪武年间（1368～1398），江西人口大量迁入境内，湘阴县迁入129族，平江县迁入35姓。"《益阳地区志》载："明洪武初至成化年间（1368～1487），江西省吉安、吉水、泰和、安福、永丰等地居民，大量纷迁入境。据各地族谱资料推算，迁入的人口总数，占当时全区总人口的一半左右。"

清代，外省民众继续向洞庭湖区迁徙。据《益阳地区志》载："清中叶至民国初年，区境人口呈增加趋势。主要是沿洞庭湖一带淤积成洲，益阳、沅江、南县（清末置县）有大片荒洲待垦，区外不少

① 〔宋〕洪迈：《夷坚志》（第三册）辛卷第四《武陵布龙帐》，何卓点校，中华书局，2006，第1412页。
② 〔宋〕欧阳守道：《清溪刘武忠公诗集序》，载〔宋〕欧阳守道：《巽斋文集》卷八，文渊阁四库全书。

农民纷纷来此垦殖定居。另据清同治末年至民国初年的统计，外省（多为江西、四川、湖北等省）来益阳拓荒定居者，数达二三十万人。"《安乡县志》亦载："清代中后期，移民大批涌入，围垸垦殖，但无详细史料可考。"《桃源县志》载："县内的 160 多个姓氏中，有不少姓氏是明代及清代从江西省迁入者，其中从吉水迁入的有 37 姓，从丰城迁入的有 31 姓。翦姓是明代从新疆辗转而来的维吾尔族人在迁入后自创的姓氏。"

除外省移民外，省内邻近州县入迁者也很多。特别是藕池决口后，湖区西北部新淤洲土骤增，从而吸引了邻区大量移民。当时，华容西南一隅更出现围洲挽垸高潮，《光绪华容县志》载，"所垦垸田，栉比鳞次，南阡北陌，一望皆田"，"多为澧州、荆州、龙阳、益阳诸邑人所佃种"。民国《益阳县志》亦称该县"下乡之人则多赴滨湖各县筑圩垦亩"。据《沅江市志》载，康熙二十三年（1684），沅江县有男丁 1288 人，人口 5308 人。乾隆十七年（1752），有男丁 2104 人，人口 7364 人。至嘉庆二十一年（1816），剧增到男丁 17110 人，人口 79806 人。到咸丰、同治年间（1851~1874），荆江四口洪水南侵入洞庭湖，东南湖和万子湖一带，堤垸再度溃决，县南水域不断扩大。相反，北部却淤积加速，次第形成北部平原。19 世纪后期起，在北部陆续新修大批堤垸，来自长沙、湘潭、益阳、衡山、湘阴、湘乡、安乡、华容等地的大量移民迁入县境。光绪十三年（1887），衡山人聂缉槻一次就招佃约 2000 户，有 2 万余人在县境北部落户。光绪十六年（1890），全县人口已发展到 44675 户 274934 人。和清康熙二十三年（1684）相比，人口增长 50 多倍。

清末，新设南洲直隶厅，"气象云蒸，五方之人源源麋集"，"龙阳、沅江、巴陵驳隶之地方概系新淤官土类，召客籍人民星罗棋布而居之，近华（容）安（乡）武（陵）土著人民间有迁入官洲界内者，华、安、武属故土之界亦多客民错居其间"。当时南洲厅境内的外来移民，大多来自邻近州县，其中"益阳十分之二有半，沅江十分之一有半，龙阳十分之一，长沙十分之一，桃源、巴陵、湘阴十分之一，湘乡、善化、宁乡、安化、浏阳十分之一，澧州、宝庆各郡十分之一"，外省的"江西、福建、湖北各省十分之一"[①]。清光绪二十一年（1895）南洲直隶厅建立之初，厅境户口有"土籍"和"客籍"之分。凡世居南洲后随地划入厅境者称"土籍"，以华容、安乡、常德等县籍居民为多；凡外地迁入南洲者称"客籍"。是时，汉寿、沅江、岳阳三县拨入之地（今南县东南一带）皆系新淤，人烟稀少，客籍人多居此地。

民国时期，洞庭湖区人口仍有迁徙，据《益阳地区志》载，该区继清代从外省迁入"二三十万人"之后，"至民国时期，又继续迁入10多万人"。据《汉寿县志》记载："清中叶至民国时期，湘乡人迁入县境定居者约7万。"据《安乡县志》载，这一时期，安乡人口迁入多于迁出。据民国30年（1941）、31年（1942）、35年（1946）的资料统计，共迁入28005人，迁出24242人，迁入多于迁出3763人。民国36年（1947），本籍人口157545人，占66.38%，客籍人口79776人，占33.62%。客籍人口中，省内迁入人口76491人，占95.88%，外省迁入人口3282人，占4.11%，外国侨居人口3人。永乐乡（今安宏乡等地）22334人中，客籍人口11824人，占52.94%，客籍人口中，省内迁入人口11808人，占99.86%。抗日战争期间，受战争的影响，沦陷区民众流徙内地，沿海沿江工矿企业、学校和机关单位内迁，抗战军人落户。洞庭湖区和湖南全省均出现了人口大量流动的现象。

（二）新中国成立后农垦和水库移民成为主要特点

中华人民共和国成立后，随着国民经济的发展，洞庭湖区人口总

---

① 《光绪南洲厅志》。

量不断增加，出现了几次较大的人口流动现象。一是解放初期南下干部迁入和国民党战俘遣返归乡，少量人口迁入。二是各县市围垦移民人口众多。据《汉寿县志》载，1949～1980 年县内迁移情况。1954 年特大水灾后，定福、毛连、长兴、羊角、镇安、镇护、鼎新、太岳、六安、民生、七荆、枫紫等 17 垸废为沅、澧水洪道，次年迁移人口 21600 人。其中迁往贺家山 4500 人，南赶障 8600 人，盘古障 5200 人，日新和茶盘障 2000 人，辰护垸 1300 人。1957 年，围垦洋淘湖。次年，江东市、大桥一带向洋淘湖移民 420 多户 1470 余人。1970 年，废金石垸向菱角湖移民 1970 多户 8560 人。1975 年冬围垦围堤湖，1977 年从全县各地迁入 603 人，1979 年迁入 3200 人，1980 年迁入 2790 人，合计 6593 人。1979 年迁居大南湖 8845 人，其中株木山 3190 人，周文庙 1255 人，太子庙 1200 人，毓德铺、崔家桥共 1300 人，龙潭桥 400 人，其他各地 1500 人。据《澧县志》记载："1976 年围垦七里湖柴山，有金山闸口 2 个公社的 2600 人集体迁入垦区。"2006 年，国家发改委批准岳阳市君山区建设层山安全区。层山安全区试点工程位于君山区钱粮湖南垸，总规划面积 14.241 平方千米。国家批准移民迁建工程用 3 年时间将区外 15420 户 46587 人迁入区内安置，其中钱粮湖镇 18 个村 8962 户 26940 人，良心堡镇 4 个村 996 户 3205 人，采桑湖镇 10 个村 3395 户 10476 人，华容县 4 个村 2067 户 5966 人。目前已迁入 3500 多户 12000 多人。三是农垦移民迁入，全省国有农场有两次规模的人口迁徙。1950～1959 年，全省大规模开发建设国有农场。由于农场开发建设需要大量的劳动力，先后由政府组织迁入 21 万多人，其中包括 1953 年、1956 年和 1958 年湖南省政府先后三次大规模招工，以及 1959 年湖南省委、省政府在全省动员 10 万名劳动力"上山下湖"，大办国有农场。这 10 万名劳动力，主要来自农场邻近和人多地少的 20 多个县，如常德、汉寿、慈利、宁乡、南县、湘阴、华容、岳阳、双峰、湘乡等县都有大量移民迁入农场。1960～1979 年，由于国民经济调整、知识青年上山下乡、铁路及大中型水库建设需要，全省农场共接收城镇居民和精简下放职工 5 万多人，下放知青近 7 万人。具体可以从大通湖、北洲子和钱粮湖 3 个农场的人员进入情况看湖区因发展农垦而出现的移民现象。

大通湖农场于 1950 年开始围垦。1950 年 4 月至年底，湖南省农林厅先后向大通湖管理处调派管理干部及技术人员 70 余人，中共常德地委也从南县、澧县抽调行政干部 30 余人和公安战士 50 余人，连同农场在当地招收的 30 余名农业工人，全场共有职工 180 余人。1951年 1 月，从益阳、常德、南县、澧县、岳阳、湘阴、湘乡、醴陵 8 县招收农业工人 1224 人。1953 年，从长沙、常德、汉寿、桃源等县（市）调派县、区级干部 30 余人。1954 年，进行第二次移民扩场，农场总面积达 12.3 万亩，从湘潭、常德、湘阴、湘乡、双峰等县招收农业工人 1643 人，其中有一部分是土改后的农村基层骨干。1956年，原长沙下放到城步南山农场的 150 名城镇青年，经湖南省团委分配到场生产。1958 年 5 月，有省、地下放干部 142 人、军队转业干部63 人，以及广州军区、湖南大学、中南矿冶学院等单位共计 347 人先后来场，至年底全场共有 3189 户 11432 人。1958 年扩建北洲子分场。1959 年，将南县的金盆农场、庆成乡和大通湖养殖场并入大通湖农场。出于扩垦需要，同年 12 月，接收慈利县移民 643 户 2718 人，加上新扩场地的原有垦民，年底全场共有 9162 户 27600 人。1961 年 10月，湘黔铁路因故停建，有 147 名修路民工进场落户。与此同时，也有一部分农民因自然灾害严重外流到场充当临时工而后落户农场。至1962 年，全场人口增至 11895 户 35901 人。1963 年 4 月，分配西洞庭农技校财会班学员 28 人到场，年底大通湖农场实有 5721 户 19453 人。1968 年 12 月、1970 年 3 月和 1972 年 3 月，先后有株洲市知识青年

495 人、益阳市知识青年 130 人、长沙市知识青年 1042 人下放农场劳动锻炼。由于多渠道的人口源流，农场人口的世居籍贯是除山西、甘肃、青海、海南、台湾、宁夏、西藏以外的省（自治区、直辖市）。1992 年调查显示，属于湖南省籍的共计 31296 人，占全场总人口的 90.4%；属于其他省（自治区、直辖市）籍的有 3317 人，占总人口的 9.6%。

北洲子农场移民。1949 年以前，北洲子农场是一个小村子，名岳西村，有小堤。1944 年，日本侵略军侵占岳阳，驻岳阳国民党军队撤至北洲子。同时，岳阳县大批难民流落到此，高峰时近万人。1949 年大水溃堤后，未再修复，成为荒洲。1957 年后开始围垦，属大通湖农场的一个分场。境内岳西村、三联社、樵民社共有群众 270 多户 1100 多人。因围垦需要，岳西村和三联社的群众，分别迁到南县华阁乡和沅江县芦苇场，但樵民社及其他社一部分居民 150 多户 700 多人仍居住原地，1958 年 1 月转入农场。1958 年初，大通湖河坝基建队、铁木工厂、缝纫社等单位的职工和居民 100 多人，转来北洲子分场从事农牧业生产。同时，从大通湖农场第二、第三、第四作业区等单位调来职工 500 多人。1959 年 11 月，慈利县移民 130 多户到场落户。1960 年从大通湖农技校分配学员 40 多人。1961 年 10 月，湘黔铁路转来益阳籍民工 200 多人。1962 年从城镇、厂矿精简下放干部、工人 39 人。1964 年从茶盘洲农技校分配学生 56 人。1969～1978 年，衡阳、长沙、益阳、上海等城市下乡知识青年先后来场 2542 人。1973 年从南县、华容等地人民公社迁入 52 户 240 多人，其中享受职工待遇的有 143 人。1984～1986 年，经农场批准，先后从乡村迁入农场的长年合同工有 885 户 3598 人。全场人口的原籍共有 23 个省（自治区、直辖市），108 个县（市），其中湖南省益阳地区、沅江市、南县、慈利县籍的人数居多。

钱粮湖农场第一次移民是 1958 年，共移民 22132 人，其中劳力 4340 人。移民中，澧县 7167 人，其中劳力 1350 人；桃源县 2980 人，其中劳力 440 人；慈利县 3970 人，其中劳力 660 人；华容县 11 个公社就地转入农场 8015 人，其中劳力 1890 人。第二次是 1959 年 10 月 13 日，从益阳县炼铁厂、煤矿等单位调入劳力 1891 人，另有沾亲带故的 275 人随同迁入农场，共移民 2166 人。第三次是 1960 年，从华容县南山、城关、护城、华一、操军、新景、幸福、东山、鲇鱼须抽调 1000 名劳力入场，此后其家属 3000 余人陆续到场落户。移民活动中，出现盲目流入农场和移民自动返回原居住地的现象。第二次、第三次移民中随亲入场人员有 1829 人，1960 年返迁 2981 人，其中劳力 1553 人。另外，1968～1977 年，钱粮湖农场先后接受 4 批湘潭、长沙、岳阳下乡知识青年，加上平时零星来场的人，至 1978 年共接收 1307 人。其中 1968 年湘潭知青 508 人，1972 年长沙知青 305 人，1976 年岳阳知青 87 人，1977 年长沙知青 385 人，其他城镇陆续入场的知青 22 人。

还有水库移民，湖南省在治理洞庭湖的同时，展开了大修水库的群众工程，特别到 1958 年，大、中、小水库遍地开花。如汉寿县一县就有四座大中型水库，即江东水库、清水坝水库、胭包山水库和颜家庙水库，先后共移民 2 万多人至洞庭湖周边围垦垸。20 世纪六七十年代，湖南省开始在四水上游修建大型水库，一部分库区移民陆续迁往洞庭湖区。据湖南省移民局统计，至 2010 年，湖区岳阳、益阳、常德三市和望城县涉及大中型水库移民合计 58 万多人，移民安置涉及 524 个乡镇 5552 个村，连带影响（即大中型水库淹地不淹房）人口 29.47 万人，小型水库移民 40.18 万人。水库移民安置大致分三种情况：一是原地后靠安置，二是投亲靠友插花安置，三是向湖区集中安置。大中型水库移民数量大，集中安置人口多。洞庭湖区有四个集中安置点，一是西湖农场。1972 年 10 月，迁柘溪水库移民 3 万多人到西湖建立湖南省国营西湖农场。其中农转非人口有 9500 人。农场总面积为 68.6 平方千米，其中耕地面积为 3806 公顷，养殖水面为 709 公顷，居民及工商企业占地 616 公顷。1999 年，全场总人口为 41977 人，安化县、新化县移民占总人口的 90% 以上。从事第一产业的人数为 19479 人，第二产业的人数为 2584 人，第三产业的人数为 2990 人。二是沅江县四季红镇。1966 年，从柘溪水库库区安化县 4 个区（烟溪、平口、云台、中砥）3 个镇（烟溪、平口、马路口）10 多个公社 130 个大队移民 1 万余人。为安置好柘溪库区移民，湖南省人民政府在大通湖的南面，挽垸造田近 2 万亩，并将附近金盆农场的 1 个巴围子（今五星、安心村）与新垸合并，建立四季红人民公社，下辖 8 个大队，92 个生产队，共 10480 人，其中农转非人口 7147 人。总面积为 17.55 平方千米，耕地面积为 16450 亩，其中水田 14824 亩，旱地 1626 亩。现辖 9 个村，255 个村民小组，4 个居委会，1 个林场。1990 年四季红乡改镇，2004 年末有住户 5626 户，总人口 16383 人，其中非农业人口 6865 人。三是湘阴县杨林寨乡。1969 年底至 1970 年初，从柘溪水库库区新化县琅塘、白溪、油溪、荣华 4 个区 16 个公社，移民 15000 人组建成一个移民乡，是全省外迁移民集中安置区之一。后来陆续返迁二三千人。移民中有 2765 人转为非农业人口。现辖 14 个行政村、1 个居委会，共 164 个村民小组，总人口 30574 人，耕地面积 24260 亩。四是岳阳县中洲乡。从 20 世纪 70 年代初开始，岳阳县开始围湖建垸，1977 年至 1989 年先后将铁山水库大型灌溉工程规划范围之内的月田、毛田、公田、黄沙、荣湾 5 个区的部分村、组向中洲乡移民 19700 余人。现全乡辖 25 个行政村和 1 个渔场，181 个村民小组，6758 户 25099 人。移民集中安置区一般基础设施薄弱，生产资源匮乏，如岳阳市全市大中型水库农村移民人均耕地面积只有 0.4 亩，其中人均 0.3～0.5 亩的占移民人口

54.5%，0.1~0.3亩的占移民人口的37.0%，0.1亩以下的占8.5%，人均山地也只有1.1亩。洞庭湖区四个移民集中安置区都是血吸虫病重点疫区，移民大多来自山区，不仅对该地气候、生产方式、生活环境与生活习惯不适应，而且受血吸虫病侵害严重。因此，存在比较多的生产、生活和社会问题。

（三）湖区社会生活演变

洞庭湖区社会生活的变迁，在时间的维度上考察，每一个时期都变化很大，与湖南省其他地区和外省相比有相似的地方，但因五方杂处，生活习惯差异，在空间的维度来看又具有鲜明的湖区特色。其去繁尚简，移风易俗特征凸显，可以从最典型的几个方面，如生产活动、出行方式、宗族力量来考察。

1. 生产活动演变

洞庭湖区民众在漫长的历史时期一直以渔猎为主，"遍地野鸭和菱藕，晚上归来鱼满仓"，渔业、狩猎、采摘等成为民众赖以为生的手段。堤垸兴起后，湖区农业由捕捞渔业向种植农业为主过渡，渔业成为副业，种植业成为主业，粮、棉、鱼、油、猪是为大宗，洞庭湖区逐渐成为商品粮油基地。湖区民众几乎个个都是种粮里手，人人都是农业专家。20世纪六七十年代国家支援非洲，湖南省派遣的专家里有些就是湖区的种粮能手、植棉劳动模范。区域文化和民俗著作中称湖南人有"三长"，很多情况下指的就是湖区的民众能打仗、会种田、会读书。洞庭湖区由渔猎经济向种养农业过渡和转变的主要推手是兴修的堤垸。堤垸开辟了大面积的可耕地，保障了定居土地。这是湖区经济生活的第一次巨变，而且持续时间特别漫长。第二次巨变是由传统农业向现代农业的转变，湖区由计划经济时期以粮、棉、鱼、油、猪为主的种养农业向高效的多种经营农业转变。20世纪80

年代最大的变化是由原来肩挑手提、面朝黄土背朝天的手工劳动向机械代替人手的机器劳动转变，原来的农业工具渐行渐远以致消失，机器完全取代畜力，穿着鞋袜不下田已成为湖区农业的新景。老辈农民的常用物，犁耙、镰刀、扮桶、风车、牛拖、石滚、碓臼、筒车、蓑衣、斗笠、油榨等生产用具，已难得一览，年轻一代已不知其为何物了。

2. 出行方式改变

人类之历史，始终是不得不和产业史与交通史关联着，而被研究、被整理。与其他地方相比，洞庭湖区的人类社会历史变迁，民众的出行方式变化最大，特色鲜明。水乡泽国，民众傍水而居，随水而生，人员流动和物资转运完全依靠水。湖区的城镇、集市、码头无不依水而立，大者如城陵矶、津市、茅草街等，小者如营田、白马寺、洪山头、注滋口、梅田、鹿角、南湖洲、临资口、六门闸、推山嘴、铁角嘴、樟树港、新泉寺、蒋家嘴、牛鼻滩、柳林嘴、蒿子港、草尾、黄茅洲、明山头等。它们都是因水而生，水运兴它们兴，水运衰它们衰。1955年从汉寿县划归南县的茅草街港是洞庭湖的一颗"明珠"，居资水、沅水、澧水、藕池河、沱江、赤磊洪道和南茅运河七水汇合处，是长津等九条航线必经之地。民国20年（1931）前，此处尚为湖水之域，唯冬春枯水期隐现为沙洲，为免船只搁浅，插杆为帜。其后由于藕池口江水与沅、澧、资三水每于洪水季节相互顶托，泥沙淤积加速增大增厚，已成为一洲，状若犬首，名之狗头洲。民国27年（1938）洲土已成小丘，即使汛期亦不复水淹，乃有人烟。初仅茅屋数椽，后发展到茅屋数十家夹道，多经营烟酒、南食和客舍，接待过往船舶船夫和客商行旅，茅草街之名由此而来。由于该地当河湖主要航道中枢，又在湖水北岸，岸线呈凹形，有利于船只安全泊碇。加之洲土面积逐年增广，抗战胜利后水运复兴，便成为洞庭知名集市和码头。

　　洞庭湖区水上交通由四水入湖航道、四口入湖航道、湖泊航道、湖区河流航道和人工运河航道组成四通八达的水上出行通道。从常德到长沙方向，从德山沿沅水入湖，通过茅草街中转入湘江航道，经营田至长沙。从岳阳往长沙方向，沿湘水航道经由鹿角、磊石、芦林潭到长沙。比如从华容到岳州府，需从石华堰经石首沿长江至城陵矶方到岳阳。整个洞庭湖区的水上交通以茅草街为接转中心。在近现代交通方式产生以前，平民出行选择陆路方式主要靠步行，用骡马、车或者人力舆轿方式的主要是官家，水上出行是最大众的方式。民国元年（1912）6月，水利专家易荣膺调研洞庭湖水利，他的行止如下：16日乘巡防营红船抵君山，晚泊窑子湖；17日午前到竹肖港，午后抵三封桥；18日到华容县城，换陆路雇车经万庾、榻西湖、石华桥至高基庙；19日渡黄回湖至石首县，20日雇小舟到新河口，经萧子渊、郝穴；21日出发至斗湖堤，抵沙市东关对岸接官厅；22日抵太平口；23日转舟，24日出荆河脑，到城陵矶，换小舟向岳州，抵达北门外便河；25日大雨，往长沙船停航；26日行船至鹿角因大风下锚停泊；27日从鹿角回长沙。这个在今日为期一两天的行程当年用了12天。

　　近现代陆路交通方式产生以后，从20世纪上半叶开始，湖区的出行方式彻底改变，即由水上交通向公路交通转变，由坐船向坐车转变。除货运外，长沙、岳阳、益阳、常德之间，传统航道上的客班，水上的出行交通方式在20世纪90年代基本停止。纯湖区县内、乡镇、堤垸内的内河、运河、渠道上穿梭于水乡之间的载客水运也随之逐渐停航，退出历史，湖区坐船出行的亲水体验已成为一种记忆。

　　洞庭湖区出行方式的变迁，也与湖泊自身的巨变相关。19世纪中叶荆江四口分流局面形成，至20世纪末期，洞庭湖演变最为激烈、最为迅速。湖洲的扩大，堤垸的大规模修筑，堵口塞支，原来烟波浩渺、乘风破浪的水域已不任舟楫而断航，零星港汊此落彼起，有的小港已不复存在，比如接港、三仙湖、茈湖口、麻湖口、小港等。又由于人流、物流的转移，集市繁盛不再而零落，如藕池河东支河堤下的罗家嘴，比下游的注滋口兴起还早，原为华容县新生大垸临东洞庭湖小集市，长百米青石板小街，聚集商户、药号、学校几十家，河对岸又是南县德胜港，两岸人民来往频繁，其龙舟赛在两县也小有名气。20 世纪 70 年代开始，水路萧条，人员走散，小镇零落已无一丝生气。湖区垸落似罗家嘴这样的小集市因公路修建、水上物资聚散功能涸敝而荒废的不在少数。

3. 宗族力量式微

湖区社会生活变迁的第三大项是宗族和家族力量的式微。在中国几千年的乡村基础控制系统中，乡绅自治是最突出的特点，向来有"皇权不下县，县下惟宗族，宗族皆自治，自治靠伦理，伦理靠乡绅"① 的说法。但是，清中叶迄至民国时期，洞庭湖区社会组织形成过程中，其社会形态确确实实与传统中国大相径庭，主要是湖区社会所表现出的移民特征所致。湖南地区和湖北省域在向洞庭湖区移民迁徙过程中，虽然也不乏举族异动的情况，但更多的是以小家庭为主，或父子，或夫妻，或兄弟等青壮年团伙的经济性移民行为。他们怀揣着不满足于现状，对所期待美好生活的愿景，往往特别具有冒险和开拓进取精神。在纯湖区的堤垸，大家庭、大家族往往难得一见，遑论一姓宗族的聚族而居。没有大家族、宗族为背景的湖区社会，宗族势力以及它所表现出来的绅权极其微弱，与传统社会的基层控制体系差别明显。以小户家庭代替家族，以堤垸为利益共同体代替以血缘为纽带，重组湖区社会组织。聚族而居没有了，祠堂没有了，族产、族

---

① 秦晖编著《传统十论——本土社会的制度文化与其变革》，复旦大学出版社，2003，第 1 页。

谱、族田没有了，五方杂处，有荒可以开垦就是新的家园，"既无宗族思想之维持，复无安土重迁之观念"①，随时准备离开。他们是新型农民，组成有别于传统社会的湖区堤垸社会。毋庸讳言，早期的湖区堤垸社会是无序的、混乱的。流民、地痞、胥吏、湖霸、强盗、散兵游勇等，组成一个强者为王、巧取豪夺、适者生存的社会。与传统社会对比而言，它更具冒险性，给人以更多的机会和挑战，既是罪恶的渊薮，又是成功者的天堂。官府的、本地的、外籍的、家族的势力交织，为新社会的定型增添光谱和权重。清代自康熙迄咸丰朝，湖田政策经历了一个劝垦、限垦、禁垦、禁筑限垦的演变过程，而弱化了的家族地方势力，也由积极支持到消极抵制再到强烈抵抗，最后形成了官禁于上、民垦于下的局面。南洲直隶厅在乌嘴正式成立后，政府强势介入洲土纷争，改变了湖区淤洲行政真空的状态，地方家族豪强一方独霸的局面不复存在，转而寻求政府治下私人或家族利益的最大化。清政府在湖区淤洲长期力行"没为官荒"的政策，对违抗法令私自垦卖的绅民，不论是本籍还是外籍，都予以严厉打击，并划定新政区强化行政管控。同时，对遵守法度者则允许优先承佃，并在一定程度上出让堤垸社会管理权，甚至认可他们的"具保"资格。在剿抚并用的治理背后，无疑是清政府欲以最小成本来控制湖区淤洲秩序的意图。而与之相对的地方家族势力，因政府的强势介入，虽失去了自主垦卖湖田的权力，表面上处于极为不利的地位，但借助官垦承佃的政策，积极争取政府对民间权力的承认，尽可能多地获取淤洲利益，成为湖区围垦中受益最大的阶层。光绪年间（1875~1908）开始的官垦招佃、地方家族势力承佃，政府管理、地方势力协理这一相互承认的地方权力格局，结束了湖域的混乱和无序状态，重构了湖区堤垸社会

---

① 孟维宪：《洞庭湖滨之农民生活》，《东方杂志》第338号，1936年10月。

的早期秩序。随着晚清内忧外患的加剧，湖区政府迫于财政压力不得不开放地方力量参政通道，并承认他们经济上的一些要求，由此也开启了政府与地方精英共谋地方利益的时代，即省府与上层精英结盟，县府与下层精英合作。政府力量对湖区资源的强势掠夺，遭到湖区下层本地精英的普遍反抗。20 世纪 20 年代初开始，这一区域下层本地精英的诉求与湖南省治运动大潮相结合，抵制外来精英与外来官僚，并与地方政府结成利益共生的关系，进一步恶化了社会秩序，引发湖区民众的强烈不满，因而招致国民革命的大清算。然而，国民党政府却基于一党集权化的统治理念镇压了走向权力自为的湖区农民运动，并顺势改造政府与精英共生的权力关系，使之成为强化中央集权的手段。1949 年，洞庭湖区率先获得解放，人民当家做主，基层建政全面取代过去的"共治"，通过大规模的土地改革，湖区社会的士绅势力大都被当成地主、土豪劣绅镇压和管制，本已式微的家族宗族势力彻底退出历史舞台。

家族宗族势力的式微是洞庭湖区移民社会与其他区域相比最为明显的差别。这种差别化反映到民风习俗上又以湖区民俗尚简易为特征，它体现了一种社会进步。风俗产生和演变的规律，一般都有由野而文、改陋为良、由繁而简、由恭到亲和由俭到奢的过程，与人类社会的发展和进步相一致。但在湖区，这种历史的进步又相对成为次要因素，而主要因素则取决于社会人口来源的多元化。比如丧葬，在全湖区表现为停丧时间缩短，一般以 3 日为限，不择日，不打卦卜占。这种在治丧时间上的简化与湖南省其他地区有较大的差别。形成这种风气，主要在于湖区社会的移民性质。

五　堤垸与御水抗洪文化

垸是洞庭湖区和两湖平原特有的名称。《汉语大字典》对"垸"

字的释义有二。其一为《说文解字》以"夅"和"灰"而也，从土，完声。一曰补垸。其二为湖南、湖北等地在沿江、湖地带围绕房屋田地等修建的像堤坝的防水建筑物，也泛指堤内的地区。清魏源《湖广水利论》云："下游之湖面、江面日狭一日，而上游之沙涨日甚一日，夏涨安得不怒？堤垸安得不破？"《同治监利县志·方舆志》把"院"和"垸"做了对比："院字《玉篇》云，'周垣也'。《增韵》有垣墙者曰'院'，今南堤之内有田数千亩，俱作塍御水，亦有周垣之象，似可从'院'，然以田亩畛域名为'院'，似太文，俗读'垸'，音如'院'，以其偏旁著土，故相沿为'垸'。"由于"垸"是"院"字的变体，音义相通，而"院"为垣墙之意，故将"垸"字用于筑堤围垦之湖荡地区，既形象又真实，这是两湖平原地区劳动人民在长期围湖垦殖生产实践过程中的创意，丰富了该区的农业文明。同时由此表明，在两湖平原地区，"垸"是由"院"演变而来的。将"垸"代"院"而泛指围垦区，在两湖平原是经历了较长时间演变过程的。明代童承叙在《沔阳志·河防》中云："民田必因地高下，修堤障之，大者广数十里，小者十余里，谓之'院'。"这里所说的"院"，就是嗣后所说的"垸"。到了清代，"垸"字代"院"已被两湖平原围垦区广泛运用。如乾隆《湖北安襄郧道水利集案》卷下之《禀制宪晏各属水利岁修事例》云："自京山以下，次潜江，次天门，次沔阳，地形愈注，众水汇归，南北两岸夹河筑堤。其州县民人纠约邻伴，自行筑堤捍水保护田庐，谓之曰'垸'。各垸之田，少者数百亩、千余亩，亦有多至万亩者。"再如道光《楚北水利堤防纪要》卷首引汪志伊《湖北水利篇》云："民间于田亩周围筑堤以防水患，其名曰'垸'。每垸周围二三十里、十余里、三四里不等。"降及近代两湖平原凡筑堤障水之区均称为"垸"，而堤内垦殖之农田皆称为"垸田"。如今，这已成为两湖平原湖荡围垦地区人民对其的惯称了。

在洞庭湖平原上产生的湖泊湿地开发模式，最基本的平台就是堤垸。洞庭湖区河溪交错如网，大小湖泊星罗棋布，堤垸纵横毗邻，开发历史悠久，素享"鱼米之乡"的美誉，是"两湖熟、天下足"民谚的主要诞生地之一。由于地势低洼，近河临湖，筑堤建垸、围垦种植之"围垦农业"是广大平原地区土地开发利用的主要特点和生产方式。围垦强度之大，全国闻名。洞庭湖区的垸田面积近6666.7平方千米，而鄱阳湖区的垸田仅有1333.3平方千米左右，两地垸田垦殖的规模天差地别。据不完全统计，新中国成立后仅洞庭湖已被围垦面积就在1700.0平方千米以上。与洞庭湖相邻的大通湖本是洞庭湖水域的核心组成部分，1951年因筑堤建垸而演变为内湖，初时内湖水域面积达313.4平方千米，后因继续围垦，至20世纪60年代中期尚有湖面185.0平方千米，经历70年代的再次围湖垦殖，今湖泊面积仅剩114.2平方千米。新中国成立后的数十年间，60%以上的湖面已被围掉。洞庭湖平原历经长期的艰辛开发和垦殖，现已成为全国重要的商品粮和淡水鱼产品的生产基地之一，农业生产发达，农产品商品率高达50%以上。

洪涝灾害频繁是湖区面临的最大生态环境问题，也是本地社会经济发展的首要制约因素。洞庭湖盆地地势低下，是地表径流易于汇聚之地，而入湖诸河皆属雨洪性质的河流，在季风气候控制下极易产生洪灾，尤其以湘、资、沅、澧四水及荆南松滋、虎渡、藕池、调弦（1958年冬堵闭）四口（三口）的洪峰相遭遇所形成的洪灾危害最大，1954年、1998年及历史上的1931年特大洪水皆属这一灾害类型，造成了经济损失和人身安全损失。据统计，洞庭湖地区"从公元650年至1948年共发生大洪灾和特大洪灾32次，其中特大洪灾有9年（792年、1560年、1831年、1849年、1885年、1906年、1911年、1931年、1935年）；1949年至今，大洪灾以上的年份约有14年，其中特大洪灾有 7 年（1954 年、1980 年、1983 年、1995 年、1996 年、1998 年、2017 年）"①。洪灾的空间分布与本区地形之间的关系密切，大致呈现平原下部及滨湖地区洪灾重于平原上部及其边缘之低山丘陵区的基本规律。洪灾出现的时间受暴雨洪水的季节分配所控制，主要出现在每年 6、7、8 月份。涝灾与洪灾密切相关，皆因持续性降雨或强降雨所产生，先涝后洪、先洪后涝或洪涝并发的情况均有出现，两种灾害难以分割。洞庭湖平原的涝灾基本上发生在受大小堤防保护的堤垸区，区内易涝易渍耕地达 567 万亩，占区内总耕地面积的 65.4%，是长江流域易涝易渍耕地所占比重最大的地区。

　　洞庭湖平原因降水充沛，水资源环境优越而得水之利，但也往往因持续性连绵阴雨、强降雨、暴雨或汛期降雨过度集中而致水灾发生，地势低洼的地表形态又进一步加剧了水灾的形成，以致水灾频繁发生，成为本区诸自然灾害之首，危害重，影响大。水灾又有洪水灾害、涝灾和渍害之分。洪水灾害多因流域大面积暴雨洪水所产生；涝灾则因降雨多，垸田积水不能及时外排而形成；渍害则因垸田地下水位过高、土壤过湿，其物理、化学和生物学过程不能正常运行而酿成。此三者关系极为密切，涝渍灾害常因洪水灾害而引发，或三者并发，故统称为水灾。湖区各地因地貌等环境条件和水利设施标准的差异，发生水灾的概率并非一致。如岳阳县水灾的发生概率约两年一遇，主要发生在年内的 6~8 月，1954 年 6 月 7~8 日连续降雨 555.8 毫米，其中日最大降雨量的 16 日达 246.0 毫米，占年平均降水量的 19.0%，造成全县严重洪涝渍灾害。又如澧县发生水灾的概率达 38.4%。1980 年的 5~6 月连续 10 天的日降雨量均在 50.0 毫米以上，其中 5 月 31 日的降雨量达 232.0 毫米，是年平

---

①　长江水利委员会长江志总编室编《长江志 3》，中国大百科全书出版社，2005。

均降水量的 19.1%，该年强降雨导致县内 40 处堤垸溃决，淹没耕地 8 万余亩，减产粮食 3.198 亿斤、棉花 1.2 万石，倒塌房屋 3067 栋，经济损失严重。

"水灾一条线。"水灾具有沿江河、湖泊水系地势低洼之地而发的特点。洞庭湖地势低洼，水系发达，湖泊众多，是水灾的多发区。新中国成立后的 1954 年、1969 年、1983 年、1996 年、1998 年、2017 年都曾发生严重水灾。历史上，1788 年、1849 年、1860 年、1870 年、1931 年、1935 年等也都是湖区水灾严重的典型年份。如 1849 年，湘、资、沅、澧四水同时遭遇大水，滨湖堤垸溃决而存留者无多，长沙、常德等地"城内多通舟楫，成为水市"，灾民"流离荡析，苦不聊生"，武陵、龙阳、益阳、湘阴、澧州、安乡、华容、沅江 8 州（县）及岳阳水灾最重，全省大荒且疫，称为"己酉大荒"。[①] 洞庭湖是两湖平原最为低下之处，是著名的"水袋子"，每当水灾发生，这里便是"重灾区"。

湖区堤垸自挽修之日起，一直在与洪水做斗争，并在斗争中求生存，历来是冬修—防汛—冬修—防汛的循环往复，在洞庭湖区，不论官民，不论男女老幼，形成了独特抗洪御水的湖区文化，是中华优秀传统文化的重要内容。这种主要精神特质可以概括为万众一心，众志成城，不怕困难，舍生忘死，不怕牺牲，舍小家，保大家，等等。经过几代中国共产党领导人的倡导，抗洪精神已经成为中华民族培育形成的建党精神、长征精神、延安精神、抗战精神、抗震救灾精神、载人航天精神等长期奋斗中培育、继承、发展起来的伟大民族精神的一个组成部分。江泽民总书记把抗洪精神精辟概括为"万众一心、众志成城，不怕困难、顽强拼搏，坚韧不拔、敢于胜利"的精神。这种具

①　《湖南省志》第一卷《湖南近百年大事纪述》，湖南人民出版社，1999，第 101 页。

有丰厚内涵的抗洪精神，是爱国主义、集体主义和社会主义精神的大发扬，是社会主义精神文明的大发扬，是我们党和军队的光荣传统和优良作风的大发扬，是中华民族的民族精神在当代中国的集中体现和新的发展。它同我们党一贯倡导的革命精神和新时期的创业精神一样，都具有特殊价值和重要意义，都是我国人民宝贵的精神财富。"众志成城"体现了民族团结的伟大力量。团结就是力量，团结就能胜利。洪水峰来峰往，面对来自自然的巨大威胁和考验，湖区广大干部群众团结拼搏，形成了上下一心、干群一心、党群一心、军民一心、前方后方一心的抗洪大军，与自然灾害展开了殊死搏斗。"不怕困难、顽强拼搏"体现了不畏艰险的英雄气概。抗洪不仅条件艰苦，困难重重，而且洪峰迭起，险象环生。其斗争之严酷激烈，历史罕见，世界罕见。但为了保卫国家和人民的利益，为了保卫改革开放的成果，广大军民不畏艰险、不怕困难、严防死守，顶住了一次又一次洪峰的冲击。滔天洪水，千里堤防，随处可以看到军民舍生忘死、共御洪魔的动人场景。这是生死系于一念的时刻，更是英雄辈出的时刻。抗击洪水，不只是一种物质的较量，更是一种意志的较量。在人被累乏、堤被泡软的严峻考验面前，没有必胜的信念，没有同洪水血战到底的决心，是无法言胜的。同样，没有钢铁般的意志，没有坚韧不拔的毅力，也是无法言胜的。正是有了这种抗洪精神，才能做到"大堤比家亲，大堤比命重"；才能做到"洪水涌来勇者胜，抗洪抗到水低头"；才能做到"把生的希望留给他人，把死的可能留给自己"；才能取得抗洪斗争的胜利。

在抗洪文化的专业层面，既有历史各个时期的传承，又有当代堤垸御水新思路和新内容。比如预防为主，有备无患；防汛防到底，抢险抢到头；严防死守，人在堤在；前有滔天洪水，身后是粮田家园，退无可退；蓄洪"五先五后"；从最坏处着想，向最好处努力；等等。

湖区的华容县是江湖名县，既临江又伴湖。境内长江"天字一号"河段堤防高 36.20 米。1998 年的长江洪水最高水位达到了 37.62 米，形成了 8 次洪峰。为了抵御洪水，洪峰来一次，堤顶子堤就加高一次，最高处加高到 2.00 米，子堤挡水最高达到 1.78 米，"人在堤上走，水在头上流"，"天字一号"河段堤防居长江子堤之首，被称为"中华第一子堤"。团洲垸于 1977 年建成，是湖区最后修建的堤垸，素有"湖南第一险"之称。1998 年 7 月 27 日，洞庭湖第二次洪峰直逼该垸。29 日凌晨，风雨交加，惊涛一阵响过一阵。53 岁的乡干部毛绍同团胜村支部书记毛爱民率先跳入两米高的浪头。紧接着，3000 多名村民纷纷下水，手挽着手，用血肉之躯抵挡着狂风巨浪。妇女们趴在子堤上，紧紧地拖住男人们的臂膀，转眼构筑了一座血肉堤防，凭着"人一个，命一条，堤一段"的信念，死守着身后赖以生存的大地，经过 3 个多小时的大搏斗，终于战胜了洪魔，护住了他们的家园。2016 年 7 月 10 日 10 时 57 分，华容县新华垸发生溃口，垸内顿成泽国，沿线房屋均进水被淹。抢险干部群众试着用彩条布压盖，用棉絮裹沙石做了沙卵石包，想堵住口子，但因为水流太急，险情发展得太快，无济于事。在抢险救援中，出现了惊心动魄的一幕：身系安全绳的抢险人员驾驶着载满麻石的卡车驶向溃口，在卡车坠入溃口前跳下卡车，用连车带石的方式堵溃口。堵溃口的 13 台卡车都是老百姓自己的卡车，临时征用，没有一个人拒绝。这些车主被称为"卡车敢死队"。

1998 年 7 月 24 日，同是湖区水窝子的安乡县，安造垸临长江分洪的松滋河大堤溃决，8 月 7 日，与安造垸仅一堤之隔的湖北孟溪（又称黄金垸大垸）临松滋河大堤也溃决，这都是几十万亩的大垸，恰逢南北骑居两省和二垸中线的号称"一镇跨湘鄂"的黄山头镇，陷入了四面环水、极其险恶的境地。在安造垸堵口的湖南人，闻听北邻孟溪大垸溃决，奔腾而下的长江高位洪水，只需一天就可溃流威胁到安造垸与之相隔的北间堤。北间堤是相对主堤低矮很多的小堤，根本挡不住溃决而来的长江高位洪水，于是湖南省政府紧急调集抗洪抢险人员 6000 人，24 小时内把低矮的北间堤加高加厚筑高了 7～8 米，改名为北大堤。到 8 月 19 日，北大堤的洪水高程涨到了 42.02 米，才加固的堤段已经淹没到了堤顶，连夜抢修的 60 厘米高的子堤开始全线挡水，情况万分危险。在 15 天时间里，为修筑安乡人民的"生命线"北大堤，血肉之躯与风浪和烈日搏斗，双肩磨烂，抢险军民超越了体能极限，靠必胜信念支撑，动用土方 7 万立方米、砂卵石 1.7 万立方米、编织袋 114 万条、彩条布 20 万米，终于将 3000 米长、30 多米高的堤防加高到 43.5 米，滔滔洪水被挡在间堤之外。北大堤一夜成名，成为当时确保湖南安乡、南县、常德和西洞庭、南洞庭的生命线。

垸区的民众有大局观念，懂得舍小家保大家的道理，当洪水成为人力不可抗的灾难时，会选择主动扒口分洪。1964 年 6 月 29 日，澧水大洪水，津市洪峰流量为 10700 米³/秒，洪峰水位为 41.56 米，街道进水，决定主动扒阳由垸分蓄洪，以减少津市城区洪水威胁，最后淹没垸田面积 5000 亩。二是 1980 年 8 月澧水津市洪峰流量为 15000 米³/秒，洪峰水位为 43.32 米，同期涔水也发生大洪水，为了保澧阳平原和津市安全，经省长办公会议决定，由省防汛指挥长现场指挥扒涔旦农场分蓄洪，淹田 5 万多亩，确保津市和重点垸安全。

为了降低荆江洪水水位，1998 年 8 月 5 日凌晨 1 时，湖北省石首市接到指令，8 月 5 日 13 时将六合垸破口行洪，5 日 23 时将永合垸破口行洪。小河口镇弃守，至少损失 8 亿元，仅当年已经耗费的防汛物资就价值 2000 多万元。石首市准时破口行洪。一瞬间，滚滚浊流挟裹着巨大的咆哮声，从几米高的落差倾泻而下，小河口人为了保大局、保大家，飞泪舍弃了自己曾经拥有的温馨、殷实的家园。

8 月上中旬，长江荆江段先后出现了 1998 年的第四次、第五次和第六次洪峰。迫于持续居高不下的水位，湖北省公安县 920 平方千米的分洪区先后三次准备放闸蓄洪。蓄洪区 52 万人必须在 18 个小时内全部转移到安全地带。公安县人在 10 天内进行了三次大转移，为了大家而舍弃自己的小家。第一次是 8 月 6 日下午 2 时，荆州市防指发出了准确的消息，公安县必须在第二天中午 12 点之前，做好所有的分洪准备。50 多万人在预定的时间内全部安全转移。但这次公安县没有分洪，人们又陆续回到了自己温馨的家。第二次是 8 月 12 日，公安县进行了同样的大转移，但又没有分洪。最难以做出决策的是 8 月 16 日夜间的第三次分洪。16 日中午 11 时，长江第六次洪峰到来，沙市水位暴涨，远远超出 44.67 米的保证水位线。晚上 11 时，水位达 45.05 米，超过国家抗洪预案 45 米线荆江分洪的水位。此前近 7 个小时，即 16 日下午 3 时 45 分，武警荆州支队 1000 多名官兵紧急向北闸防淤堤运送 20 吨炸药，协助解放军某部工兵连挖开预留炸药室，放置炸药，安装引信。设计炸开口门 220 米。晚 10 时 15 分，爆破工作准备就绪。16 日下午 5 时，荆州市防指已第三次发出群众紧急转移令，广播车、广播电台、电视台滚动播出转移令。分洪区只能出不能进，每个村使用一个排的兵力对分洪区遗留人员进行拉网式搜索。晚 9 时 20 分，拉响分洪警报。警报要响到 10 时为止。荆江分洪与否，得到了江泽民总书记、朱镕基总理的高度重视，8 月 16 日下午指示温家宝副总理立即赴湖北荆州现场指挥。根据江泽民总书记"再看一下，坚持一下，慎重决策"的指示和水利专家们"荆江大堤能够在较短时间里承受趋于极限的压力"的意见，温家宝副总理在一线做出了迎战第六次洪峰的紧急部署，中心思想是"严防死守"，就是说"荆江不分洪"。17 日凌晨 7 时，沙市水位上涨到 45.19 米；10 时，长江第六次洪峰正通过沙市，沙市水位达 45.22 米，创历史最高水位记录。上午11时，沙市水位开始回落，荆江大堤安然无恙，百万军民仍在严防死守，埋在闸口和大堤的炸药最终没有被引爆。但公安县50万居民三次大转移壮举载入了史册。

"洞庭湖的麻雀，是见过风浪的"，这是流传于湖区的俗话。这里的民众，以堤为命，临水而生，在与洪水打交道的历练中，形成了万众一心、顽强拼搏的斗争精神，也形成了湖区御水文化的核心价值观，这也是洞庭湖区的民众在湖泊湿地开发建设历史长河中，对人类文明做出的贡献。

六 湖区与湖域外社会之异同

在三湘四水，组成人类社会的"细胞"是村寨。一般而言，在山区表现为寨，在丘岗地区表现为村落。但在洞庭湖区，社会的组织形态主要是堤垸，它不只是简单的农田水利设施，在古代，洞庭湖区就已经形成了以建设堤垸水利为纽带的社会关系网络，一座堤垸就是一个水利社会共同体。它既是一种生产方式，又是一种生活方式。如果说在丘陵和山区，遍布梯田和村寨，那么在湖区水乡泽国，平畴百里，"堤垸如鳞"便是最普遍的景观。从地名信息中统计，洞庭湖区和湖北省，带"垸"名的居民点竟有2464个。在山寨，防的是强盗和土匪，演绎的是人与人的关系；在湖区垸子，防的是洪水，演绎的是人和自然的关系。梯田是抗旱的文化，堤垸是御水的长城。湖区社会的生活与生产，湖区人民的喜怒哀乐，几乎都与水有关。堤垸既是社会生活圈，又是生产单元，这一点与长江下游的垛田地区有相似又有差别。相同点在于都是在低洼地区的一种农业垦殖方式，所在地大多河网密布。不同点在于，垸田是四周修筑大堤又把内部渍水排出垸外形成耕地的农业，垛田是用开挖河沟的泥土堆积抬高形成耕地的农业；垸田原本是洞庭湖的一部分，而垛田所在处原来并不一定有河湖；堤垸的田土相比垛田更为集中；垸内既有水田作物也有旱田作物，而垛田内则因土地透水性好，宜种旱作物；垸内有炊烟村落，人类宜居，但垛田只是单纯生产区而没有人类生活和居住。

洞庭湖区的社会文化发展与变迁表现为堤垸的兴建和扩张，湖区腹心地带得到全面开发，堤防、河道、刽闸、聚落、城镇等自然和人文景观也基本定型，垸田水利系统把湖区日益紧密地连成一个整体，它的文化也随之定型与发展。自然和人文环境的深刻变化主要表现为四点。一是"龙宫变闾里"，原来成片的湖面变成满目的田庐，从清到民国时期的府、州、县志中随处可见。过去消泄洪水、任水来去的地方，此时变成需要保护的垸田。二是形成被连续、封闭的堤防管束的湖泊、河流所主导的水利和生态格局，四口南流挟带大量泥沙，湖身淤高，容量减小，水的流速降缓，加大了湖区的水灾发生频率，也淤出了大面积的洲地湖田。从此，湖田之利愈增，而滨湖水患愈烈，这成为洞庭湖平原经济社会发展面临的一个基本问题。三是长江、洞庭湖、湘江、资江、沅江、澧水堤防保护的堤内区域被众多的垸堤分割、定型。在洞庭湖围垸的进程中，各地围筑时间早晚、围垦规模等具体情形不一，但依托洞庭湖区湖堤河堤江堤围筑各自的垸堤，从而使整个湖区被线状和环状的大小堤防分割成片的总趋势是一致的。这些堤线构成湖区平原的骨架，今天湖区面貌虽然较过去有翻天覆地的变化，小垸连成大垸，大圈合并小垸，但构成其地表形态的堤防骨架并没有根本改变。四是洪涝灾害加剧，灾害暴发的频率越来越高，危害越来越大。堤垸围垦恶性膨胀造成洞庭湖平原水系紊乱，河湖蓄洪、泄洪能力减弱，生态平衡被破坏，这里的民众饱受了"人与水争地为利，水与人争地为殃"的苦难。

洞庭湖平原地区，从地形上看既有湖沼、平原，也有丘岗，反映到堤垸类型上，有全封闭型堤垸，也有半封闭型堤垸。一般来说，依山傍岗的堤垸是半封闭型堤垸，临湖较远，水利设施以撇洪系统为主。傍水临湖的堤垸属全封闭型堤垸，垸内沟港湖汊纵横。在洞庭湖区，可以根据距湖泊主体的距离来划分纯湖区和平湖区、新垸和老垸、半封闭型堤垸和全封闭型堤垸。湖区的堤垸修筑沿革，也客观存在由边缘丘岗地向核心湖区挺进的过程。湖区的几大农场，如大通湖农场、钱粮湖农场，在 20 世纪初还处于洞庭湖的主体水域，19 世纪末建县的南县，之前大部分境域都是烟波浩渺的水世界。南县原名南洲，是这片洲土地势最低的地方。因为这样的地形结构，南洲城濒临洞庭湖，虽然洲头洲尾海拔高度只有十多米，但足以令住在南洲城里的人们心惊胆战。南洲城在水窝子里，一旦北边与长江相连的湖北荆州久合垸与湖南岳阳永固垸防洪失手，大水就会迅速沿着梅田湖故道汇集到扇子拐，最终冲到北间堤。大水真到扇子拐堤，那就是考验北间堤的时候，也是考验南洲城里人的时候了。最核心的湖区，以南县为最。平原湖沼地形为主的南县、湘阴、安乡、君山、大通湖、屈原、西洞庭、西湖等县（区）基本上属纯湖区，岳阳、华容、汉寿、沅江、赫山、鼎城、武陵、资阳等县（市、区），以平原和丘岗地形相结合为主，可视为核心湖区，亦可作为平湖区，没有明确的标准，一般也被看成纯湖区。但宁乡、望城、汨罗、临湘、澧县、石首、公安等县（市、区），则一般视为平湖区。

纯湖区的堤垸，在社会组织形式上，基本上一村一垸，几村一垸，或一乡一垸，几个乡共一垸，县与县之间，堤垸杂花的情况极为少见，村、乡、县之间，以堤为界。堤界，即为村界、乡界和县界。在生活上，一个垸子组成一个社会生活圈；在生产上，一个垸子成为一个生产单元；在社会组织上，往往一个垸子就是一个村、一个乡，再由几个垸组成一个县。纯湖区的县份，全县均在防洪堤的保护之下，全县都由堤垸组成，所以全县的土地都是垸田。典型湖区的村落民居或沿大堤，或沿渠系一线排开，没有尽头，它的特色是呈线形延伸，一队队、一排排，井然有序。堤与路、路与渠合一，大堤就是省道、县道和乡道。比如，县道073线的一段，既是东洞庭湖的湖堤，又是钱粮湖的垸堤；既是公路，又是抵御洪水的堤防。道旁有渠，沟渠兼道。比如南茅运河，河堤就是南茅公路。水利设施与道路交通合一，是湖区的普遍景观。

‖ 第五章 ‖

水乡特色： 浓郁的民俗文化

湖区民众与湖相伴、依湖而生，形成了具有湖域水乡特色的民俗文化。仁者乐山，智者乐水，既体现了湖湘文化的普遍性特征，即共性；又具有鲜明的湖区特色，即个性。无论是口传谣谚，还是生产生活习俗，它的差异性主要体现在移民和亲水两个方面。从民俗文化的分区上，它与湘中、湘西、湘南地区差别明显。即使与湘、资、沅、澧四水尾闾的流域地区文化对比，也有不同。

一 口传谣谚传载了湖区风土人情

洞庭湖区的歌谣民谚源远流长，有着悠久的历史传统。春秋战国时期，楚歌已经普遍流行。北宋范致明在《岳阳风土记》中这样描述洞庭湖一带风土民情："沿湖万库，土地肥沃，民好歌吹管。"明隆庆《岳州府志》载："岁时集合，祷祠击鼓，男女踏歌，谓之歌场。"至今，在岳阳市云溪区陆城镇，仍有歌郎庙等祭祀洞庭歌神的遗址。这些民间歌谣，是湖区人们最日常、最广泛的民俗传承载体，是湖区人世世代代，在生产生活活动中抒发感情、激发热情、传播知识的最具代表性的民俗文化。

（一）丰富多彩的渔歌

洞庭渔歌历史悠久，极具风韵。宋代范仲淹《岳阳楼记》，更以"渔歌互答，此乐何极"描绘出一幅令人心驰神往的湖上风情画卷。洞庭渔歌内容丰富，形象地反映了湖区渔民的劳动和生活，生动地展现了湖区的风土人情。

渔歌歌词，往往是渔民触景生情，随口编唱，渔民称为张口就来的"丫口腔"，反映渔民真挚朴实的感情和豪放磊落的性格。渔歌曲调，是在湖区广泛流传的地花鼓、彩莲船等曲调，与粗犷、悠长的船工号子、湖歌相互影响、掺杂的基础上发展形成的，具有浓厚的湖乡特色。

洞庭渔歌体裁多种多样，内容丰富多彩。有多段体的叙事歌，有富于节奏感的劳动歌，还有抒情的情歌和上口的儿歌，不同形式的渔歌各具风味。其题材则有豪情放歌"我是洞庭打鱼人"的序歌，有为打鱼做准备工作的织网歌，有下湖前祈求神灵保佑平安和丰收的祭湖歌，有反映捕鱼劳作的下湖歌，有收网归来后抒发情感的苦歌和情歌等。

（二）特色鲜明的船歌船谣

在洞庭湖水乡，人们劳作、出门、祭祀、娱乐以及人们的衣、食、住、行都与船密不可分。船之于水乡是须臾不可离开的。昔日的湖区，行船的人们水深摇橹，水浅撑篙；下水顺流，上水拉纤；有风走风，无风拼力。他们一生一世历尽艰辛，把命运搏击在波峰浪谷之间。船歌便是世世代代的船民们在日日不离的艰辛行船生涯中感慨生活、抒发感情的民间歌谣。这些歌谣多是讲述水路埠头及船民情感、生活的，有唱词、有曲调、能歌唱。船歌既是船工行船中口口相传的经验总结，亦是船工的行船指南。很多船歌还反映沿途经过的滩头以及两岸的自然景观、风俗民情和历史传说，具有很浓的地方特色。洞庭船歌是极富特色的民间劳动歌。这些歌谣多是船民行船之时随兴而作，在传唱中则又有一定的习俗讲究。

（三）内涵深刻的民间谚语

洞庭湖区流传着许多渔业谚语，这些谚语是湖区人们千百年来渔业生产生活的一些日常经验总结，形象生动，朗朗上口，极富渔家特色。口语化的民俗形式中，蕴藏着深刻的、颇有启发性的生活哲理。清末临湘绅士吴獬曾广收湖区谚语，编著有《一法通》，5万余言，是民间谚语、俚语、格言、谐对的汇集，不少老者至今犹能背诵全本或其中部分句子。

在这些谚语中，一代一代人传承着日积月累的经验、智慧和湖乡最通俗的民间文化。如"涨水的鱼，退水的虾""清明鱼开口，白露两闭嘴""鱼长三伏猪长秋""寸水不见鱼""鱼走一条线""七上八下九回头，十月鱼儿跟水流""立冬小雪客归家，藕行高凸鱼归塘""土荆花儿开，鱼儿往上来""草鱼喜清，肥水里面养'胖头'（鳙鱼）""燕子天上怕风吹，鱼儿水里怕石灰""鲢鱼直，泥鳅滑，乌龟王八搭亲家""鱼死不闭眼，蛇死不挡路""癞蛤蟆剥皮眼不闭，黑甲鱼剖腹心不死""傍晚把水闹，难活到明早""虾子爬岸边，浮头（指鱼瘟）在眼前""见鱼来下叉，春头夏尾秋叉花""响动鱼虾沉，浮头莫担心。响动鱼不动，浮头就是病""鲫鱼浮头，全池无救""半夜鱼闯塘，难活到早上""养鱼不瘟，富得发昏""养鱼冒得（没有）巧，不吃露水草""肥水养懒鱼，瘦水出饿鱼，污水出怪鱼""人冷穿袄，鱼冷放草""泥水潺潺鱼儿肥""一日不开食，三日不长鱼""一日长三钱，三日不喂又还原""一日不养，三日不长""一草养三鲢""春禁一捧（鱼）籽，秋后一湖鱼""三年不撒网，鱼在水里长""西北黑一黑（鱼苗），七天七夜到湖北""道州发水慢悠悠，七天七夜到潭州""清明小娠，谷雨大娠；立夏、立夏，一娠一刹（指种鱼产籽）""清明鱼产籽，谷雨鸟孵儿""过了惊蛰节，是鱼都咬铁""青蛙叫，鱼咬钓""春钓边，夏钓浅，秋钓潭""冬季垂钓在中午，夏季垂钓在两头，春秋垂钓在早中晚""浑水钓鲤，绿水钓草，清水钓鲫""钓鲫鱼撒窝，钓黑鱼找窝""水清不宜钓，鱼儿见竿就吓跑；水浑也不好，鱼儿难把食物找；不清不浑才正好""谷雨是鱼汛，一刻值千斤（金）""春打黄昏，夏打一时，清水打鱼到五更""鱼急跳水，虾急钻空""鱼行上水，鸟戏侧风""深水大鱼到，浅水钓鱼苗，不深不浅钓鱼好""钓到大鱼心莫慌，稳稳当当把线放"等。[①]

二　民间艺术和杂技游艺丰富着湖区传统文化

洞庭湖区的民间艺术与杂技游艺体现了丰富的洞庭湖传统文化，其中一些项目已被列入国家级或省级、市级非物质文化遗产予以保护和传承。

（一）形式多样的民乐

湖区民歌分为劳动号子、田歌、山歌、渔歌、小调、灯调、风俗歌等种类。粗犷、强劲的劳动号子，在水利建设工地及搬运码头上流传较广；高亢、悠扬的田歌、山歌、渔歌通常在田野在江河湖上劳动时传唱较多；委婉、细腻、抒情的叙事小调更多在闲时用来抒发感

情；活泼、热烈、诙谐的灯调，一般逢年过节时伴随其他文艺活动吟唱。民歌内容或表达对幸福生活的憧憬，或表现男女真诚的爱情，或嘲讽社会时弊，或兀自寻乐开心。

湖区民间器乐以锣鼓乐流传最为广泛。开台锣鼓、"十样景"、"夹叶点子"都是洞庭湖区广泛流传、经久不衰的民间打击乐。

湖歌　湖歌是洞庭湖区特有的口头相传的民歌形式，是湖区人生产生活的重要内容，湖区人借此传达思想、表现情感。洞庭湖腹地南县湖歌颇为有名。

南县湖歌有《楚辞》遗风。其形式上分为生产歌、生活歌、时事歌、礼仪歌等；内容上分为情歌、渔歌、田歌、孝歌、婚嫁歌、丧歌、劝善歌、童谣、小调等。"湖歌"，南县人俗称"湖歌子"，亦有称为"山歌"的。老一辈人几乎男女都会唱，无论是在大堤上还是在田埂上，兴之所至就会引颈高歌，有时还会引来应和之众。湖歌的曲谱世代流传，曲调既有山区歌谣的雄浑，亦有湖区歌谣的轻柔。歌词多为即兴创作，极尽讽颂、幽默、调侃之能事。民间各地都会有一些较有影响的民歌歌手。

硪歌　洞庭湖地区堤垸众多，由于河床不断升高，每年大堤都要挑土填高夯实，以防来年夏季汛涨时溃决。夯堤全靠人力，夯实堤基的工具有木夯和石夯两类，湖区通常使用石夯。石夯，湖区人习称"硪"，主要有抬夯、飞夯、天夯等，亦称抬硪、飞硪（亦称片硪）、夯硪。打硪是一项较重的体力劳动，须要齐心合力。为了协调动作，提高效益，消除疲劳，振奋精神，打硪号子便应运而生。打硪号子亦称硪歌。

打硪号子是具有一定的音乐节奏的劳动号子，也称夯歌、硪歌。其节拍规整、音域适中，对比强烈，声调高亢有力，节奏感很强，唱词多用"咳哟""咳咳哟"等虚词，通常的形式是一人领唱众人和。

领唱人亦是领硪人，领唱人随想随唱、随见随唱、即兴而起、脱口而出，或兴、或怨，可雅、可俗。每逢秋冬季节修筑堤垸时，大堤上硪歌四起，夯声震天，很是壮观。湖区各地的硪工号子种类很多，唱腔大致相同，又都有着各自不同的地域风格，洞庭湖腹地南县硪工号子则有着集洞庭湖周边地区硪工号子于一体的特点。南县硪工号子共有十多种，其中流传较广的有土著腔号子、西边腔号子、南边腔号子、飞硪号子等。夯歌内容丰富，大体可以分为叙事、抒情两大类。叙事类以一些传统戏曲唱本为主；抒情类则可自由发挥，随兴演唱。领唱高手一般都能即编即唱，且用词诙谐幽默、风趣动人，极宜调动大家的劳动热情。夯歌按地域分布，大致分四大流派，即高山调、花丘调、平原调、湖乡调。夯歌形式多样，流传广泛，主要是以口头形式传唱，旋律简洁，朗朗上口，好记易学。歌词多采用比兴手法，又借鉴了民谣、曲艺、戏剧等民间艺术的形式，表现力很强。其传承多以在劳动实践中边唱边学为主。20 世纪中叶，洞庭湖区建设和治理高潮迭起，是夯歌的鼎盛期。后随着社会的发展，重体力的劳动和重大工程的建设已经逐渐被机械化操作所取代，传唱久远的夯歌，逐渐失去了其特定的生存空间和土壤。作为夯筑生产活动中的劳动歌，夯歌已逐渐被大家淡忘。但夯歌作为一种民间音乐形式，仍在一些民众中传唱。

车水号子　车水是湖区群众抗旱排渍的经常性艰苦劳动。水车一般分 3 人头和 4 人头两种。3 人头配 3 人车水、4 人头配 4 人车水时，称为车"呆车"，3 人头配 5 人、4 人头配 6 人时，称为车"活车"，车"呆车"无人斟换，车上一段时间后便要停车休息。车"活车"常有 2 人轮流休息，轮流休息就需要记数，记数的方式就是用车水号子。车水号子俗称"喊槽"，喊槽通常没有唱词，只数简单的数字，由车水的人轮流喊唱，从 1 数到 100，或者从 100 倒数到 1，数完后便歇息。在喊槽时，如逢22、55，可以喊成"二个呀罗嗬二呀""五个呀罗嗬五呀"等。车水号子的记数方式多样，可以只喊单数，或者只喊双数，如一三五、二四六。还可以穿插喊唱，如幺四七、二五八、三六九等，穿插喊唱的称为"花槽"。喊花槽时，休息的人要留意听着，否则有调皮的人故意跑号，想要提前休息。据华容县戏曲工作者研究，花鼓戏中有名的"西湖调"，即源于该县北景港镇西湖一带的槽歌。花鼓戏名角何冬保出生在该地，著名歌唱艺术家李谷一的外婆也是北景港人氏。

喊槽形式多变，号子曲调各异。车水号子的旋律是与车水劳动的动作相联系的。因此，车水号子产生了与硪工号子、划船号子、撑篙号子、背纤号子、放簰号子等不同的曲调、节奏与曲式结构。车水号子音调低沉，节奏明快，曲调少而不断重复回旋，这是因为车水劳动强度大。喊车水号子无须从师，代代口传。车水号子通常只一人独唱，除记数外还要能控制节奏，调节车水的速度，使其节奏分明，富有律动，同时起到集中力量、统一步伐的作用。

兰溪山歌　兰溪是八百里洞庭著名的山歌之乡。昔日兰溪共有18个堤垸，这里的农民勤劳乐观，喜唱山歌。每年端阳节前后，邻近乡镇的男女山歌手，都要汇集到兰溪镇枫林桥畔赛山歌。枫林桥上赛山歌，成了益阳民俗风情的一道迷人的风景线。

兰溪山歌按唱腔分为高腔、平腔、哼腔、拖腔，按内容分为田歌、骂歌、苦歌、颂歌、情歌、赞歌等十余种。兰溪山歌的句式，大都是七言四句或七言五句，喜用比兴手法，言人喻事，比物言情。青年男女谈情说爱，编歌对唱，男青年唱道："枕头无芯肚里空，灯笼无芯亮不明。甜言蜜语我不要，只要情妹一颗心。"女青年即唱："妹是树上一彩凤，引得媒婆挤破门，金银财宝我不要，情哥是我心上人。"兰溪人不单是大人爱唱山歌，小孩也跟着唱。兰溪乡村有时就会有这样的画面：明月当空的夏夜，年长的歌手，邀一两位歌伴，带着自己的小孙子，走上六七里路，到枫林桥头对唱山歌，常常唱到夜半更深才归家。①

民间器乐　洞庭湖区民间器乐主要有锣鼓乐、鼓吹乐及寺院宗教乐等。20世纪50年代后，寺院宗教乐基本绝迹，锣鼓乐则经久不衰，广泛流传。湘阴、汨罗、岳阳等县盛行开台锣鼓，又名"打开台"。乐器有堂鼓、铜钹、小锣、云锣、汉锣等。通常，剧团在农村演出前，或有人家举办红、白喜事时都会演奏锣鼓乐。锣鼓演奏情绪有高低缓急之分，高时似引吭高歌，低时似轻言细语，急时似狂风暴雨，缓时则如日暖风和，传统套路有"步步高""急急风"等。

临湘、华容则有"十样景"和"夹叶点子"久传不衰。"十样景"由堂鼓、梆鼓、两副钹、大锣、欧锣、云锣、两个马锣、长号等十种乐器组成。乐曲有14首，短小，有的仅有一个乐节或一个乐句，演奏时雄浑响亮，气氛十分热烈。"夹叶点子"又称"铜钹点子"，是一种地道的民间打击乐，演奏乐器由一个牛皮鼓、两副薄铜钹、一面大汉锣组成（有的还配有一面小欧锣），高、中、低三种乐器齐备。由于高音乐器多，演奏速度快，紧密相接的短长短节奏贯穿始终，音响非常欢快热烈。其乐谱主要有《风老大》《堆罗汉》《缕缕金》《红绣鞋》《扑灯蛾》《幺二三》《川拨棹》等，还有名目繁多的"水谱子"。

荆州等地盛行"挑担围鼓"吹打乐。"挑担围鼓"俗称"挑鼓架子""打踩街"，是一种民间吹打乐演奏形式。溯其源流，当起于先秦时期的古楚乐。汉唐以来，荆州民间吹打乐在人们的生活生产中运用十分广泛，宋太祖赵匡胤平定荆南，曾从其都城江陵得精艺乐工32

---

① 益阳县地方志编纂委员会编《益阳县志》，湖南人民出版社，1992，第679页。

人纳入教坊乐部。明代荆州王府所用之乐曲及演奏方式，对"挑担围鼓"的影响较大。流传下来的"挑担围鼓"演奏和乐曲部分源于明、清散曲和套曲，部分为荆楚民间音乐。清代，荆州城为将军府所在地，据"挑担围鼓"老艺人讲，过去荆州的将军出行，都用"挑担围鼓"演奏。"挑担围鼓"主要分布在荆州市的中心城区及公安、江陵等地。市内梅台巷、杜工巷、胜利街、拖船埠等各条街巷，市郊的跃进村、张沟村、连心村、同心村、三板桥村、草市、岑河等，都有各自不同的挑担围鼓。"挑担围鼓"自清代早期在民间形成基本形态流传至今，演奏曲目丰富，乐器独特，道具工艺精美。其曲牌种类主要有上字调、六字调、正宫调及洋盘等几种。如表现曲调低回的"上字调"曲牌"大红袍"、表现曲调婉转的六字调曲牌"唢呐皮"、表现曲调高亢的正宫调曲牌"风夹雪"，以及洋盘曲牌"闹龙舟"等都是"挑担围鼓"曲牌的代表作。乐手们根据不同的场合选择不同的曲牌进行演奏，传统节日（春节、元宵节、端午节、中秋节）、工商庙会节日（财神会、轩辕会、土地会）和民间喜庆礼仪（婚庆、寿诞）等多用正宫、六字、洋盘等曲牌；白喜事（丧事）多用上（合）字、六字、洋盘等曲牌。

（二）种类繁多的民间舞蹈

洞庭湖地区民间舞蹈历史悠久，源远流长，这一点可以从大量的古典文献资料和考古新发现的文物资料中得到充分证实。荆州是举世闻名的楚文化的发祥地，作为楚文化重要组成部分的楚舞，不仅在先秦时期独树一帜，播扬风骚夸耀于东周列国，而且对后世舞蹈艺术的发展有着极其深远的影响。楚人有信鬼好祀的习俗，"其祀必使巫觋作乐，歌舞以娱神"。楚人崇巫，楚地巫风盛行。巫，在甲骨文里与"舞"相通。《说文解字》解释为："巫，巫祝也，女能事无形以舞降神者也，象人两袖舞形。"在巫术仪式中，歌舞是最主要的内容。汉代沿袭楚舞之风，大多数宫廷舞蹈均属楚舞体系。时至今日，在洞庭湖地区广泛流传的民间舞蹈，还可以窥见楚国舞风的痕迹。流传至今的民间舞蹈有地花鼓、彩龙船、龙舞、舞狮（俗称"皮老虎"）、蚌壳舞、虾舞、打湘莲、打腰鼓、耍花棍、花挑等。

地花鼓 地花鼓俗称"花鼓子"，系流传于湖北、湖南一些地方的汉族的古老民间舞蹈，是一种载歌载舞的演唱形式。"一周二岁打花鼓，打到九州十三府"的台词从侧面说明了地花鼓的传承源远流长。

地花鼓属灯舞类，最初仅限于春节等传统节庆时在大闹花灯活动中，与"狮子""龙灯""彩莲船"一同表演。其表演载歌载舞，情节生动，内容朴实，表演风趣，很受老百姓欢迎。这种文化娱乐习俗后来逐渐进入人们日常生活，民间操办红白喜事也打起花鼓子来。

地花鼓多为两人表演，一旦一丑（扮成一对情人或一对夫妻），丑走矮步，旦行云步、醉步。旦角自古以来是男扮女装，后才发展为男扮男，女扮女，也有四、六、八人花鼓，男女成双。表演时丑执折扇，旦执绸巾，不扮演人物，无情节贯穿，有小鼓、阴锣、大钵、马锣等击乐伴奏。锣鼓声中先由丑角出场，手持折扇，咏罢介词（登场诗），接着与锣鼓班子搭白，与观众交流，插科打诨，有固定的台词，也有即兴创作的台词，然后请出旦角边唱边舞。丑角表演诙谐、大方，旦角表演含蓄、羞涩。地花鼓表演大多表现劳动和爱情生活，如"数花""探郎""奴在闺房闷沉沉""十二个月""五更""十爱"等，也有唱历史故事和历史人物的，如"乌鱼招亲""玉堂春""一出宝台面朝东""一进门来把脚跌"等，还有的则是恭贺、祝福之词，多为即兴创作。

地花鼓舞蹈动作新颖，节奏明快，动态优美，舞蹈性强，有固定的步伐和造型。特点是下沉、扣胸、稍曲膝、扭腰、晃肩、绕扇花等。无论调度还是造型，旦、丑角都相距很近，来往舞时"背靠背，面对面"，不能超过一条板凳的长度，所以表演不受场地限制，堂屋、稻场、屋场、阶檐均可演出。[①]

地花鼓音乐唱腔多采用民歌小调，没有固定的曲牌，因而形成唱腔自由化的特点。各地艺人把自己熟悉的民歌小调大量融入使用，使地花鼓更为生动丰富，结构完整。各地的地花鼓虽同出一源，但风格特色各有差异，唱腔各地有别，华容县就有本地和长沙语系的不同唱腔；岳阳、临湘县（今临湘市）以岳阳花鼓戏之唱腔居多；湘阴、汨罗唱长沙花鼓戏声腔。

彩龙船　彩龙船又名"彩莲船""花龙船""赶旱船"等，是民间广泛流行的一种歌舞表演形式，因其主要表演道具为彩龙船而得名。彩龙船系用竹竿、竹篾扎成船样，外用彩纸糊上或用彩绸彩布和鲜花装饰，扎成"龙舟"或"莲舟"彩船。湖区的彩龙船多装有顶篷，有的还扎1米高的彩亭。表演时，一人扮渔姑，一人扮渔夫。渔姑坐船中，用彩绸系船于身上，双手拎船边，走平稳快速碎步，似在水中荡漾，并伴随乐声以身姿模仿行船中迎风、接浪、回舵等姿势。渔夫于船边执竿划桨，抑或扮成小丑、渔翁或渔婆，动作夸张，丑中取乐。渔姑表演彩船时而激烈颠簸，似风浪扑来，渔夫配合彩船的晃动做虎跳、旋子等动作，以示与风浪搏斗。当彩船行走平稳时，渔夫则悠然自得，边歌边舞，展示渔民战胜风浪的喜悦心情，同时还模仿撒网、捕鱼、采莲等动作进行表演。彩龙船属情绪性舞蹈，一般无固定故事情节，其曲调以船工号子为主，唱词则即兴随编，多系祝贺吉祥之词。

彩龙船的表演形式通常都是花旦操舟（双手提"舷"）作舞，

---

① 《南县志》编委会编《南县志》，湖南人民出版社，1988，第315页。

"船"前后配角配合表演。近年表演增加了一名婆旦，手持笆叶扇，小花脸，以朝天椒当耳环，插科打诨、逗乐取笑。随着一声"开船啰"的号子，锣鼓骤起，丑角持桨前导，旦角"坐船"以碎步相随，婆旦双膝微屈，用小跑步跟随船后，摇扇、扭腰边唱边舞，唱完一段（两句一段）又起锣鼓。

舞龙　民间历来将传说中的龙看成吉祥雄伟之象征，视其为无所不能、呼风唤雨、消灾祛疫的神物，祈求风调雨顺、五谷丰登。故而扎龙、舞龙在民间流传很广。龙舞的传统套路有"九龙戏水""九龙献技""大闹洞庭"等。龙舞种类繁多，在洞庭湖区就有布龙、火龙、板凳龙、草龙、荷花龙等。

布龙　用竹篾扎成龙形后，以布装饰龙身，上画金黄鳞片，龙头张口吐舌，龙须飘拂，龙眼如灯，此为布龙。布龙的节数通常从五节至十几节甚或几十节不等，一般为单数。舞龙的人数依龙身长短而不同，龙身越长，舞者越多。舞龙时，若干舞者手持木柄挥舞龙身，龙头前有一人手执珠叉引龙戏舞，时而高腾，时而俯冲，时而扭摆，时而卧地，顺势舞动，精彩热烈。每逢大型节庆活动，民间多舞彩龙，配以鼓乐，极其热闹。有时，几十条彩龙齐舞街头，鼓声喧天，场面十分壮观。

火龙　用竹篾扎成龙形后，糊以彩纸。每一节的竹笼里均安有油灯或燃烛，笼上方留有烟窗，此为火龙。节与节之间以彩布联结。通常由两人擎珠指挥，两龙配合，上下飞腾。入夜舞龙，龙身翻滚，灯随龙舞，煞是好看。

板凳龙　板凳龙系将一长条凳用彩绸或稻草扎成龙形。舞龙时，一人执凳前两脚，一人执凳后两脚，上下穿插舞动，甚是灵活喜人。

草龙　草龙系用稻草编扎而成的龙。此龙制作精致，耗时较长，一人编扎需用 2~3 个月。现民间已久不舞。另一种是儿童玩的稻草龙，编扎粗糙，随编随舞，每节龙身上插一根香火，入夜舞动时似星光闪耀，故而又名"星子灯"。

荷花龙　荷花龙系用竹篾和彩纸编扎、裱糊成一簇簇的荷花，再将这些荷花串联成龙头、龙身和龙尾，组成剪纸式。舞动时，一朵朵荷花开满龙身，团身而聚则成一株大大的荷花。

舞狮　舞狮分文、武两种。一般在正月初至元宵节表演。文狮表演细腻沉稳、温和可亲，主要展示狮子的温顺可爱。武狮表演技巧高难，腾跃攀爬，以表现狮子的勇猛刚健。舞狮时配以即兴编成的唱词，每唱一句，锣鼓间奏，狮子舞动。

舞狮一般由两人扮演，前者双手擎举狮头，将道具戴在头上，扮演狮头；后者俯身，双手扶着前者腰部，身披狮皮，扮演狮身，名曰"太狮"。戴狮头、披狮皮的称"少狮"。逗引狮子玩耍的称"狮子郎"。狮身一般用布或麻装饰而成，制作精巧。汨罗市流行一种"鸡毛狮"，全身用鸡毛编织而成，金光灿灿，柔健可爱。

华容县的"皮老虎"，其表演形式与武狮类似，每年农历正月至二月舞玩者多。表演时有唱赞词、破阵式、耍场地、玩高台等形式。唱赞词（又称"赞吉祥"）由当家武生引"皮老虎"至东家堂前匍匐，打击乐尾随而进。武生领赞，每唱一句，打击乐队齐声应和赞词，赞词有抄本流传，更讲究应景现编，并互相比试内容和文采。"皮老虎"有72龙虎阵。其中常用的有迎门接驾、孔明点将、夜打登州、黄龙出洞、铁壁挂灯、瞎子打虎等20多种。耍场地的过程中，表演"虎跳""小翻""倒立"等毯子功。玩高台，一是切桌、飞桌，二是"鹭鸶穿莲"上天台。最高的台，由12张方桌叠起，再加3条板凳，皮老虎边表演边穿插上攀，最后到板凳上做各种惊险动作。在舞狮行进途中，如遇舞龙，则即刻摆成"龙虎斗"阵式，龙腾狮跃，热闹非凡。

蚌壳舞　　蚌壳舞源于"渔翁戏蚌"及"珠蚌成精"的民间传说等，其道具以竹篾扎成蚌壳，糊上彩纸或饰以彩绸。表演时，一少女扮"蚌壳精"，手持两边蚌壳，立于壳中；一渔翁撒网打鱼，模仿蚌壳和渔翁逗耍的生活情趣。表演程式有蚌壳戏水、戏翁、探情，渔翁撒网、戏蚌、收蚌等。因各地生活习俗不同，表现形式各有差异。有些地方的蚌壳舞中，由一名或男或女的花旦演员扮演"珠仙"（即蚌壳精），舞动蚌壳。其后则跟一摇橹的渔婆，手执小橹和破笆叶扇，插科打诨于珠仙与观众之间，妙趣横生。另有"白鹬"和"渔翁"两个角色。渔夫戴无顶草帽，束发于帽外，斜背鱼篓，手提渔网，是一个聪明、乐观、诙谐的小丑形象；"白鹬"以白布或白纸制作，颈长五尺，由人顶舞。二者演绎"鹬蚌相争"的寓言故事，从"渔人得利"到"渔人得妇"，与珠仙成亲圆场。蚌壳舞通常与龙舞、狮舞、竹马戏、彩龙船等配合表演。

虾舞　　虾舞以竹篾扎成虾子状，糊上彩纸并着色，将虾系于竿端。表演时，舞者手执虾体，模仿虾子戏水、游泳、捕食等生活情境，表现虾子的生活情趣。今善舞者不多，行将失传。[①]

竹马舞　　竹马舞俗称"跑竹马"。早期多由村童表演，为娃娃舞。后演变成一旦一生（或丑）身系马头马尾，手执马鞭对舞。马头马尾以竹篾扎成，纸糊（或用布装饰）着色。表演时，马头系于演员腰前，马尾系于腰后。在一阵锣鼓声中跑马出场，唢呐笛子伴奏，演唱各种民歌小调，表现爱情生活或表演折子戏。每年春节，走村串户，祝贺主家发财、添福添寿等。有的地方竹马舞由4人或6人演出，分老生、小生、小旦、小丑等，服饰类似戏装。有主家摆阵，演员破阵的传统。

---

① 《益阳市志》编纂委员会编《益阳市志》，中国文史出版社，1990，第455页。

滚灯 滚灯是花灯艺术中纸灯的一种，源于江浙一带，后随历史上的人口大迁徙传入湖北松滋等地。昔时，民间滚灯艺人多以滚灯形式为四邻乡亲们贺新年，讨吉利。口授传承，流传至今。"滚灯舞"一般在元宵节前后表演。

松滋滚灯舞 松滋滚灯舞以"拖、戏、晃、摆"为主体动律，加以大小"圆场"，形成灯为人舞，人为灯转的场面，表演生动活泼，气氛祥和喜庆，主要表现人们对"团、圆、亮"的美好心愿。滚灯舞表演中，打击乐起着贯穿、烘托、连接作用，分别由鼓、大锣、大钹、马锣、小锣五件击乐组成。鼓音色热烈、厚实；大锣音色深厚，奔放；大钹音色稳健、明快；马锣音色开朗、活泼；小锣音色清脆、悦耳。锣鼓点谱主要有：花锣、长锤、大小收头、乱锤、滚头子等，演奏时随舞蹈的变化而变化，时轻时重，快慢交替，节奏鲜明，气氛热烈，整个舞蹈场面极富动感与活力。

麒麟舞 麒麟是中华民族远古时代吉祥图腾"四灵"之首，象征着祥瑞太平、风调雨顺、国泰民安。麒麟舞是一种喜闻乐见的民间舞蹈，表达农民辛勤劳动后丰收的心情，至今已有数百年的历史。所舞麒麟的骨架用竹篾扎成，皮用各色彩布做成，分成头、尾两截，中间穿孔，舞者站在穿孔处将麒麟系在身上表演。一般在春节期间，入村上街挨家逐户恭贺新年。安乡一带的麒麟舞通常由三人表演，一人扮武士，二人舞麒麟，动作近似"文狮"舞，通过拜四方后戏麒麟的一连串庄重、温柔的动作表现吉祥之意。以锣鼓加唢呐为伴奏。[①]

（三）传承久远的民间曲艺

洞庭湖地区的民间演唱娱乐传承久远，内容丰富。民间曲艺形式

---

① 《安乡县志》编纂委员会编《安乡县志》，新华出版社，1994，第500页。

主要有常德丝弦、三棒鼓、跳丧鼓、莲花闹、小调、评话、围鼓、渔鼓等。

常德丝弦　常德丝弦是流行于湖南常德沅江、澧水一带的地方曲种，由明末清初江浙一带的民歌和时调小曲传入常德后，与当地民间音乐相结合，不断演变、发展而成。因演唱时用扬琴、琵琶、三弦、胡琴等丝弦乐器伴奏而称之为"丝弦"，表演时用常德方言演唱，故称常德丝弦。这种地方曲艺乡土气息甚浓，音乐风格和唱腔及表演形式自成一格。常德丝弦表演以唱为主，以说为辅，说唱穿插。既演唱抒情小段，又演唱有人物、有情节的大段子。其唱词典雅、曲调优美、曲目丰富、结构完整、腔系多样，旋律朗朗上口，是群众性创编、演唱活动中常用的一种曲艺音乐形式。常德丝弦拥有100多个传统曲目，大部分取材于历史故事和民间传说。《宝玉哭灵》《鲁智深醉打山门》《双下山》《王婆骂鸡》《昭君出塞》等曲目历来为民间大众所喜爱。20世纪50年代后，涌现出《新事多》《夸货郎》《风雪探亲人》等一批反映现实生活的新曲目，流传甚广。20世纪80年代以后，《瓜中情》《待挂的金匾》《俏婆婆上大学》等一批新曲目社会影响很是广泛，且有着很高的文化艺术价值。①

三棒鼓　三棒鼓属杂曲走唱类曲艺，主要流行于湖区农村。一般为两人表演，一人打马锣演唱，一人抛棒演唱。也可以多人表演。有艺高者可一人表演，脖子上挂着小锣，既抛棒又敲锣又演唱。通常由主演者耍棒击鼓，伴演者敲锣帮腔，走街串乡，沿门挨户，站着演唱，也有的在茶楼酒肆演唱。表演时一人演唱，手持三根七八寸长的鼓棒，棒的两端与中间装上铜钱，一棒抛向空中，铜钱有声，两棒在手，反复交替而鼓棒不落地。边唱边舞，抛棒时还要击鼓。有的将鼓

---

① 《常德县志》编纂办公室编《常德县志》，中国文史出版社，1992，第500页。

系于胸前；有的则带着鼓架，将鼓放于架上，边唱边打鼓，节奏简单。三棒鼓表演有许多花样，如"麻雀穿树""单跨花""白蛇吐箭""过铁门槛"等。过去多是穷人以此卖艺谋生，唱的内容，或即兴编唱，见什么唱什么，或演唱有情节的民间故事、神话和传统剧目中的片段。20世纪50年代后，大多演唱乡村新人新事，在湖区农村颇受欢迎。由于流传地广，各地的唱腔、表现形式也稍有差别，具有地方色彩。比如，华容三棒鼓音调就具有典型的华容地方风味，其调式有徵、羽二种，唱词衬词较多，一次连续演唱的句数不等，但必须成双（长段道白的最后一句唱腔结束除外）。其演唱节奏活跃、旋律悠扬，依字行腔，似说似唱，通俗易懂，加上曲折的故事情节、幽默的曲艺道白，雅俗共赏，拥有很多听众。①

鼓盆歌 鼓盆歌是一种非常古老的曲艺形式，源于古代丧礼上"扑一个盆子当鼓打，唱歌陪丧家"的民俗活动，古代亦称"鼓缶、击缶"，现俗称"丧鼓"、"丧鼓歌"和"打鼓闹丧"，是一种在丧事中的演唱民俗仪式，为丧礼内容的一部分。鼓盆歌的起源可以远溯到《诗经》和《周易》，现流行于荆州、沙市、江陵等地。鼓盆歌表演形式通常为一人或二人自击鼓板独唱或对唱。民间演出时热心的听众也可参与帮腔，即在每段唱词的开头和结尾一起齐唱，也有一人无伴奏的清唱形式。鼓盆歌唱腔有平板、敲板、三句半和湖腔等。

沙市鼓盆歌在千百年历史中，从形式到内容，不断发展变化。形式上，打击的乐器由最早的缶到木盆，再到木盆上架鼓，最后定型为单一的鼓。沙市城区的艺人现在仍保持着原生态坐唱不表演的形式。鼓盆歌的曲目内容丰富多彩，帝王将相、才子佳人、戏曲故事、民间传说、神话演义、市井习俗、风花雪月、幽默笑话、民间丑态、人生

① 《华容县志》编纂委员会编《华容县志》，中国文史出版社，1992，第703页。

疾苦等无所不包。传承至今的曲目有 500 多首，大多数为艺人手抄本。唱腔以沙市地方语言为基础，当地人极易上口。"鼓"是沙市鼓盆歌中唯一的伴奏乐器，击鼓者双手持鼓槌，左手为"板"，右手为"敲""扎"，击鼓面的中部、侧部、边部，鼓槌有沉、浮、立、斜、平之分，鼓声丰富多变。表演中鼓的伴奏独具特色，其节奏在音乐的上下句落尾处出现强拍无重音的现象，悖于音乐节拍之常理，在中外音乐史上也比较罕见。2006 年 5 月被国务院收入第一批"国家级非物质文化遗产名录"。

坐鼓　坐鼓系丧礼中的一种丧歌，坐着演唱，堂鼓和拍，亦称"坐丧鼓"或"唱孝歌"，湖区华容等地流行。《光绪华容县志·风土篇》载："丧家殡夕，通夕围坐，张金击鼓，设领呼唱，谓之孝歌。"此民俗活动，延续至今。通常在丧礼期间出殡前夕，请歌师围坐丧堂唱孝歌。演唱时至少两人，演唱过程中自发加入一些"赶歌的"，有时多到几十人轮唱、对唱、斗唱。歌手们各有自己师承的"本头"（歌词节目）。斗唱，讲究见识、口才，即兴发挥、即景成词、出口成章。伴奏乐器或单独一面堂鼓，或一鼓一唢呐。演唱时，歌师一人拿一根鼓槌敲击鼓面或鼓边，按拍压节，烘托气氛，帮助行腔。华容坐鼓分南腔、北调两种。北调调式为徵、羽，高亢激昂；南腔调式为商、羽，深沉婉转，以唱为主，只有简单插白。东山、集成一带流行北调，县城及三封寺、胜峰、万庾、鲇鱼须等地流行南腔。

跳丧鼓（跳鼓）　旧时习俗，成年人死后要在家"停灵"3～7天。守灵时，不仅灵前要灯火通明，而且往往要请会唱孝歌的歌师击鼓唱歌，通宵达旦，彻夜不息。荆州、华容等地流行一种又唱又跳的丧歌仪式，当地人称"跳鼓""跳丧鼓"。跳丧鼓既唱又跳，表演中舞蹈成分甚多，唱腔独特，声区较高，曲调明亮、悲怆，调式以商代羽，每段唱腔中，频繁地采用调式交替的手法，多演唱幽默、伤感的故事。演唱的主要曲目有《叹亡比古》《黑虎山》《赌博十害歌》《红灯照》《树新风》《大老五剃头》等，乡民皆很喜爱。跳丧鼓系三人表演。一人坐着打鼓，伴奏伴唱；两人一手拿一面钹，一手执一根筷，一边打钹，一边轮唱。每唱完一段，似走似跳地交换位置，通常在死者的灵堂内夜间进行。一般是在灵堂中央放一张方桌，俗称"歌台"。三名歌师中有一人坐在歌台旁边击鼓，鼓径二尺许；另二人则一手持铜钹、一手持竹筷在歌台前边歌边跳。跳丧鼓具有完整的表演程序和成套的唱腔及舞蹈动作。先由击鼓的歌师（一般是长者）击鼓三通，并高声"叫白"，念一些哀悼之词，表示丧歌开台。击钹的歌师则由歌台两边出场，向死者灵位躬身拱手，然后就开始按照鼓点节奏边击钹边舞蹈。鼓声一停，舞步则止，跳舞的歌师就开始唱孝歌，击鼓歌师负责帮腔。唱完一段再跳一段，跳完一段又唱一段，循环反复，直至天明。在表演过程中，丧家要不时燃放鞭炮，烘托气氛。跳丧鼓唱和舞的节奏由鼓师掌握，唱则一拍一鼓，舞则一拍四鼓，舞师在舞蹈过程中要和着鼓点击钹。拿钹的方法很有讲究，一般都近似"端碗"，用左手的食指和中指缠紧铜钹上的绸带，再用拇指控制钹的发音。拇指与钹分开时击钹，声音清脆明亮，称为"明击"，拇指顶住钹敲击，声音沉闷，称为"闷击"，每段击乐有五小节。跳丧鼓的鼓师和舞师均为男性，舞蹈动作刚劲有力，主要舞步为"颤步"（俗称"一步二颤"），其他的舞步还有"四大步""滚身子""吆耶嗬""风摆柳"等，这些动作均源于生产生活，如"扯萝卜""倒线耙子"等，也有模仿飞禽走兽的姿势，如"老鹰散翅""吊鹰掌"等。

　　渔鼓　渔鼓系主要流行于湖区农村的一种民间演唱娱乐形式。表演者脖子上挂一个长形的皮鼓，一手持鼓，一手有节奏地拍打鼓乐，同时唱各种腔调，有时还加以步法、走场、转身等动作。唱腔为江汉平原的歌调，内容有祝贺的、赞颂的、诉说苦情的，按对象而现编词，也有唱整段故事戏文的。有时也可两人以上进行表演。渔鼓演唱有不同的表演形式：有的地方是演唱者左臂怀抱渔鼓筒，左手拿云板（亦名简板）和一面锣，右手大拇指和食指捏一筷子，以筷子打锣，中指、无名指和小指击打渔鼓筒，左手的云板打节奏；有的地方则是演唱者左臂怀抱渔鼓筒，左手持云板打节奏，用右手指击打渔鼓；还有一些地方则是演唱者左手怀抱渔鼓筒，右手指敲击渔鼓。渔鼓由一根约2尺多长的竹筒做成，一端凿空，一端以蛇皮或大鱼皮绷在竹筒口，击之有声。唱腔分上、下句，每唱完一句，即敲击渔鼓，一人自唱自奏。过去的渔鼓艺人，走村串户，以此营生。演唱曲目有民间百姓喜爱的小折戏，或是《封神榜》《济公传》等大部头戏中之散折，也有艺人见物见人即兴编唱的道喜恭贺之类的唱词。

公安说鼓　公安说鼓亦叫"公安说鼓子"。其演唱以说为主，说中带唱。说，即在本地方言声调上加以适度的夸张，有起有伏，带有韵味，富有节奏感，快而不乱，慢而不断，吐词清晰，层次分明。唱，一般是夹在每个小段落的结尾处。往往是在一段有韵律的说白之后，以两句唱腔来结尾，收腔后用唢呐重吹一遍下句的旋律，打一阵鼓，然后再起下一个段落。公安说鼓的音乐分为唱腔曲牌和唢呐牌子两部分。唱腔曲牌又分为主腔、花腔和哭腔三类。传统曲目内容丰富，题材广泛，一是取材于街谈巷议，闾里琐事，笑话趣闻；二是源于民间传奇故事；三是源于武侠及历史演义小说。此外，也有从地方戏曲和外地曲种中移植的题材。经过百余年的积累演变，已形成了很多固定的曲牌。公安说鼓的器乐采用鼓和唢呐配合伴奏，地方乡土气息浓郁。①

松滋说鼓（子）　松滋说鼓（子）原名"说古书"，由元、明时

① 《公安县志》编纂委员会编纂《公安县志》，汉语大词典出版社，1990，第525页。

期的"词话"演变而来，并逐步成为一种民间说唱形式。1862 年前后开始在松滋境内的大岩嘴、西斋、街河市、纸厂河一带流行，传承至今。其演唱形式、内容、风格等都较传统的说鼓子有一些变化。采用的是方言俚语，起初是以说为主，在末尾一句或两句加上唱腔，并以松滋"南五场"的地方语言为基调，乡音土调，幽默诙谐，通俗易懂。20 世纪 50 年代后经过改进的松滋说鼓（子），韵白采用松滋南部方言，说唱并重，音乐吸收松滋民歌部分曲调，伴奏除唢呐外，还增加了管弦、弹拨乐器。融演唱、音乐、击鼓于一体，形成独特表演风格，深受民众欢迎，在湘鄂边界广为流传。

围鼓　围鼓自清代中叶开始盛行于湖区城乡。因艺人自操文武场面而围坐一堂，充当生、旦、净、丑、末等角色，有唱有白，不化妆，不表演，故曰围鼓。围鼓艺人大都有职业，不以此谋生，受办红白喜事的家庭或店铺开张和茶楼酒肆的邀请而演唱，有时也自娱自乐。所唱剧目多是地方大戏中的传统戏，声腔有巴陵戏和湘戏两种。汨罗市新市街的"清音堂"颇负盛名。

道情　道情是流行于湖区的一种民间说唱艺术。在江汉平原一带，多为一人唱，有时也有三人五人唱的，其余人有帮打板的、有帮腔的，一般为小型演唱形式。表演时，表演者手持两块长形的响板，有节奏地打板，随着唱各种内容的腔调，从江汉平原民间小调作腔，内容有现编的祝词、颂词、赞词，也有述说各种事物的，也有唱完整故事的。安乡一带的道情表演，或在固定茶馆演唱，或挨家流动演唱。由一艺人抱渔鼓、执铜板、敲小钱，自奏自唱。唱词一韵到底，曲调一曲到底，一般只唱不说，后逐渐在传统程式中加入道白和表情。①

---

① 《公安县志》编纂委员会编纂《公安县志》，汉语大词典出版社，1990，第533页。

（四）盛行古今的竞技游艺

湖区民间传统竞技及游艺娱乐活动十分丰富，竞技民俗以赛龙舟最为普遍，龟牛拳则是一种很有特色的地方拳种。民间游艺娱乐民俗活动有扑蝴蝶、八闹鲢、老背少、唱春堂、故事会等。

龙舟竞渡　民间俗称划龙船、赛龙舟，以汨罗龙舟赛最为有名。传说屈原五月初五在汨罗江投江后，当地人驾船相救，由此相沿成俗。以后每年的这一天，人们都要举行龙舟竞渡，祭奠屈原。

进入清代，洞庭湖区已出现饰有龙头凤尾、专供竞渡的龙舟。民间习以"翘划子"装饰成龙舟，参加竞渡。翘划子，又称"鱼划子""草划子"。竞渡前，在船身中部装一对翘杠，以绳索牵拉，使船头和船尾翘起，以减少行进中的阻力，故称"翘划子"。每船配桡手 10～16 人，加锣鼓手和舵手，一般不超过 20 人。

龙舟竞渡一般是村与村、乡与乡沿河不同地方参加。各龙舟赛参加方均设有管事或主事，由他们协调比赛。龙船第一次进入他方码头，先送拜帖，谓"拜码头"，并向客家码头示礼。龙船靠岸，码头"供单"（供给饭菜）。桡手接过饭后，先将一部分泼入河中，以祭奠屈原，余下的自己吃光。饭毕上岸，由码头头人出面招待，并约定时间参加龙舟竞渡。

龙舟竞渡的方式，一般有三种。一为"并船"，即为两船并行时，甲方棹子手对乙方棹子手大喊："并一船！"若对方响应，则应答"来"，即为赛事开始。二为"闷船"，即不声不响地开赛。江中划太平桡子的有前后两只船，后船暗示部分桡手偷偷赶上去，等两船交行时，全体桡手一齐下桡，奋力前划。前船船员见状，立即响应，展开竞渡。三为正式比赛，通常预先划定起点和终点，待信号弹升空后一齐下桡，各行其道，奋棹争先。

评定胜负主要有三种方式：一是"包龙头"，即胜船从负船头包抄而过；二是以船或舱的长度计算，称"快几船"或"快几舱"；三是按赛程计耗时。胜负乃竞渡大事，旧时有"宁愿荒废一年田，不愿输掉一年船"之谚。获胜者兴高采烈，通常将桡子高高举起，俗称"晒桡"，并鸣炮庆贺。败北者则认为输掉比赛是奇耻大辱，往往在五月十五日大端阳出舟邀战，以示不甘屈辱。在很多地方，龙舟建造和赛龙舟活动还有不少特殊而有趣的民间习俗。

送红：旧时一般由宗族祠堂组织建造龙舟，人们采用打"红包"的形式捐款造船，也有送猪、谷、菜的，统称"送红"，不硬性摊派。20世纪50年代后，建造龙舟皆由集体承担，送红习俗不再流行。

偷木：旧时有偷木造龙舟的习俗，特别是龙骨木要用偷来的木料制作。因为人们以为偷盗者跑得快，用偷来的龙骨木造龙舟，划起来轻快，能在竞渡中获胜。当了解谁家存有合适的木料时，便于夜晚选派4人前往，由2人抬起偷来的木料，往造船工地飞奔，另1人将一根红布条拴在木料中部，以祈求吉利，留下1人燃鞭炮给被盗人家报讯。主家得知家里的木料被偷去造龙舟，不仅不予追究，还认为家里有龙气，是好兆头，第二天左邻右舍也会前来道喜。

建造：旧时打造龙舟，忌妇女观看，怕龙舟沾了阴气，会划到河底下去。动工后，连班操作，日夜不停，其寓意一是要快，二是要热闹、响亮。

关头：新造龙舟下水前一天晚上，要举行"关头"仪式。宰杀一只雄鸡，将鸡血淋于船舱各个部位，称为"掩煞"，并行"开光""亮相"礼。然后在船上遍置油灯，通宵照明，俗称"亮墩"。这天晚上，男女老幼均可前来观看，派有专人通宵守护。

赞龙头：龙舟下水前，船头必须指向上游。桡子整齐地摆在舱中。河滩上置一张供桌，插三炷香，安放祭物，取下的龙头也供在桌上。先由木工领班向龙头磕头，并念赞词，再斩雄鸡，淋鸡血。然后，领班向船内船外撒饼干，称"撒饼"。这时，一善游泳者肩扛龙头，冲入水中，朝上游奋力游去。随后，众船员将龙舟推入江，登舟起桡，尾随龙头追去，最后将龙头安放在龙舟头部。

龙头：用樟木雕成。宽为一尺三寸三，上颌长一尺八寸三，或一尺零三，下颌比上颌长三寸三。舌头和眼球都安有弹簧，能够转动。开工雕琢之时，如有人走进雕匠工场，则视为好兆头，说这条龙舟在竞渡时定能取胜。龙头的喉部雕有一个小洞，上覆木盖，称为"口藏"，内装米粒、木炭、碎银、茶叶及书有龙舟建造时间、主持人姓名的红纸，还放有蝉蜕、勾藤、连翘。蝉蜕喻龙舟轻如蝉衣，勾藤喻龙头与船头紧密相连，连翘则寓意赛事连连得胜。龙头不仅是竞赛时的饰物，而且被人们视作神物。每当竞渡结束，母亲们就将孩子带到龙舟边，拔下几根"龙须"缠到孩子的手腕上，相传可以去瘟败毒，保佑孩子无恙无灾。

凤尾：龙舟的尾部称为凤尾，用两根长 3 米、宽约 4 厘米的楠竹装点而成，上下绘点点红斑。相传屈原投江后，其女儿、女婿奋力在江中抢救。两人整天坐在船尾，用竹片划水，手掌磨破了皮，斑斑血迹留在竹片上，最后竹片变成了龙舟的凤尾。

桡子：桡子，即桨，用樟木或松木制成，全长 110 厘米，叶片长约 40 厘米，宽约 18 厘米。柄端的横棒称"桡头"。俗以多少皮桡子表示龙舟的大小，岳阳一般的龙舟多为 34 皮，最大 48 皮，最小 16 皮。

招子：招子，即舵，呈橹状，长 4～5 米，行舟时提出水面，仅在调整方向时下水点拨。

朝庙：在汨罗江下游，每逢龙舟竞渡前，都要到玉笥山上的屈子祠内举行朝庙仪式，又称"祭龙头"。只有朝过庙的龙舟，才能参加当年的竞渡活动。新造龙舟下水前不朝庙，被视为是对屈原英灵的亵渎。朝庙的时间，一般定在农历五月初一，最迟不超过初三。新龙舟下水前的朝庙，不受这一限制。朝庙时，竞渡者划龙舟驶至玉笥山前上岸，由船长扛着从船头上取下的龙头走在前面，其他桡手肩扛桡子，带上供品，列队径至屈子祠中厅，将龙头置于香案中央，龙口朝外，然后摆上供品，点燃香烛，鸣放鞭炮，擂鼓敲钟。全体竞渡人员向神龛上的屈原牌位下跪、磕头，再将带来的对联张贴在神龛的两侧。祠内主持给龙头"披红""点睛"后，由船长肩扛龙头，率队进入后厅，向屈原雕像致敬。然后返回江边，一齐跳入水中，将龙头清洗干净。接着，大家在江中游泳，称"洗端阳澡"，据说可消灾化难，祛病延年。澡毕登舟，将龙头重新安置在船头，朝庙仪式才告结束。

竞渡：汨罗江龙舟竞渡活动，一般从农历四月二十四日开始，五月五日达到高潮。汨罗市长乐镇一带看重大端午，因而在五月十五日也有举行赛事的。龙舟下水比赛前，不少地方要在龙舟的外侧面和底面抹些润滑物，以图减少水流对船体的阻力，称为"抹油"。[1] 汨罗人以猪油或菜油搅拌大蒜籽，把船底擦得精光透亮；湘阴人习用雄黄菜籽油；华容人则打上 300 个鸭蛋，用蛋清擦抹。各有绝招，用意相同。

其他习俗：龙舟在江上闲游，叫"划太平桡子"。停在江心插满各色彩旗的船叫"称船"。参赛龙舟划入竞渡途中，外嫁沿岸地带的妇女为表示对娘家的尊敬，通常在河边竖一竹竿，上系红绸飘带和鞭炮，待娘家的龙舟划近时，燃炮祝贺。受贺龙船下桡划水靠岸，以示回敬。迎接龙舟的户主以包子、粽子、香烟之类相赠，并取下红绸飘带，系在船头上，称"挂红"。也有其他龙舟赶来抢夺竹竿上所挂红绸飘带的，如得手，则系于船头，扬长而去，但不接受馈赠，称作"抢红"。

故事会　故事会系一种大型传统游艺民俗活动，历史传承已久。汨罗长乐故事会表演以地台、高彩、高跷等难度较大的故事颇负盛名。

---

① 汨罗市地方志编纂委员会编《汨罗市志（1978~2008）》，方志出版社，2016，第 727 页。

地台又称"矮故事"，用木料制成约一米高的平台，由四人肩担。平台周围饰以彩色布绸，上面根据所表现的内容布景。如《桃园结义》，即布成桃园景象，桃树下设一长桌，桌上陈设香、烛、果、酒等，人物着戏装，勾脸谱，扮成刘备、关羽、张飞，立于案前作盟誓状。

高彩又称"高故事"，基台高约七米，由四人肩担。用长约两米的铜材，根据表现内容，弯曲成形，下端固定在基台中央，上下各有两人装扮。如《三打白骨精》，即白骨精着戏装居下，双手持双股剑向上交叉，孙悟空手擎金箍棒，棒击双股剑交叉处。

高跷又称"高脚"，用两根 1～4 米不等的长木制成高脚棒，再用布条将双脚与高脚棒捆在一起，徒手自立行走。技艺高超者可以做出抠、跳、弯腰等惊险动作。

故事通常由童男童女扮演，他们身着彩服，化装成各种人物形象，被系于一根铁柱上，由四人抬着走动。故事的内容有游西湖、《八仙过海》、《哪吒闹海》、唐僧取经中的孙悟空和猪八戒等。此游艺活动城乡皆流行。①

三 水上生产习俗：体现社会变迁

长期以来，洞庭滨湖渔户人家皆以渔为业。积涝之乡，不能种植，渔民也多以舟楫为家，专事捕捞。传统的渔业主要靠天然捕捞，自 20 世纪 50 年代末，湖区居民充分利用天然水面，积极发展人工养殖。渔业生产由以捕捞为业发展到以养殖为主，并逐渐由人放天养过渡到湖塘精养。

洞庭湖区鱼类繁多，这从民间传说中可见一斑。汉寿县流传的民间传说《状元鱼》中讲述，宋代农民起义领袖杨幺曾吩咐军师贴出

① 李跃龙主编《洞庭湖志》（下册），湖南人民出版社，2013，第 856 页。

"皇榜"，按照湖乡渔俗，要在"三月十五鱼龙会，单点鱼类状元郎"。到了三月十五日那天，洞庭湖边七州十九县都选派技艺高超的渔民，带上最好的鱼鳖虾蟹，来到龙阳洲（今汉寿县围堤湖农场）总寨，参加鱼龙大会。总寨前面搭起十里长棚，两边棚里摆满了鲫鱼、鲤鱼、鲢鱼、草鱼、鲶鱼、鳜鱼、青鱼、鳊鱼、杆鱼、柴鱼、银鱼、针嘴鱼、柳叶鱼、黄枯鱼……各种各样的鱼应有尽有。杨幺带领各路寨主一路看，一路评。最后，围堤湖的鲫鱼被点为"状元鱼"。

洞庭湖区广泛流传着众多渔事谣谚。"洞庭湖的鱼大得吓死人""洞庭湖边牛大八百斤，鱼大无秤称""洞庭湖的虾子，犁弓大的脚""三桨当不得一橹，三橹当不得一篙，千桨万篙当不得烂布子伸腰""洞庭湖人的本事高，指甲破鱼不用刀"……这些谣谚生动形象地说明洞庭湖鱼类之繁多、鱼形之硕大以及捕鱼人的本领之高强。

湖区居民捕鱼手段很多，勤劳智慧的渔民在长期的捕捞生活中总结摸索出了许多实用的捕鱼方法，或网捕，或扳罾，或鸬鹚捕鱼，或花篮捕鱼等，以网捕最为普遍。捕捞工具亦以网类为主，兼有篾类、钓类等。

洞庭湖区渔业发达，当地居民重鱼之俗甚浓。民间祭祀天地神灵和祖宗，鱼必是"三牲"之一。渔业对大自然有着极大的依赖，由是，湖区渔民信仰甚重，渔事禁忌颇多，习以成俗。为求渔事作业安全和捕鱼丰收，渔民都有敬水神之俗，每每开湖捕捞都要卜吉日鸣鞭炮，祈求水神赐福。有些传统习俗至今犹存，有的则随着科学知识的普及和科学养殖捕捞的推广，日趋淡化，部分陋习渐被革除。

（一）历史悠久的捕捞习俗

洞庭湖区渔业捕捞历史悠久，渔民在长期的捕捞活动中，总结了丰富的捕捞经验并逐渐形成了一定的风俗习惯。滨湖渔民深谙湖区鱼性和水性，他们根据不同的水域条件，不同的季节气象，摸索出了各种捕鱼方法。湖区捕捞以捕鱼为主，兼捕虾、鳖等。沿湖居民历来有撒网、下钓、赶罾之俗，亦有喂养鸬鹚捕鱼者。据 1942 年《滨湖渔业现状》载："滨湖一带渔民共约七八万。沅江一地达万人之谱。"枯水季节，渔民皆在湖洲上搭临时茅棚，行行列列，俨如街市。一时渔船涌集，商贾众多，弦歌酒肆，交易旺盛。到捕捞季节，渔民各备渔船，生产生活均在船上，习称"连家船"。渔民按不同渔具组成"护子帮"、"架子帮"、"麻簧帮"和"挂钩帮"。旧时，各帮按地域设帮头，每到一地，即由帮头向湖主买股划定水域，确定捕捞期限，届时开捕，到期撤走。20 世纪 50 年代以后，帮会解散，水面归国家或集体所有，渔民由政府管理，统一作业。20 世纪 80 年代后，渔民普遍定居陆上。

湖区捕鱼，在四季鱼汛中，渔民看好秋汛，谓之"走秋俏"。旧俗，每年中秋之夜，以月亮的阴暗，预测当年捕鱼之多寡，俗称"中秋卜鱼"。夏汛水面宽阔难结网，为捕鱼淡季，有"神仙难捕六月鱼"之说。冬至前后，湖水涸浅，是开湖捕鱼的黄金季节。渔民根据约定的日期，统一下湖捕鱼，习称"开湖"。20 世纪 50 年代前，湖泊均为湖主私有，开湖时，皆兴"开湖"祭祀。头船停泊湖中，桅杆上挂红、黄两面旗帜，用三牲（鸡、鱼、猪）、水酒祭祀洞庭王爷。湖主一手抓雄鸡，一手持刀，将鸡头砍入湖，鸡血洒于网上，将米饭沿船舷撒到水里，称为"杂腥"敬神。随后，火铳连响，鞭炮齐鸣，渔船争相入湖捕捞。20 世纪 50 年代后，开湖改由水产部门组织，宣布开湖纪律，指挥船上鸣放鞭炮后，成百上千只渔船一齐出动，各自开始作业。湖区捕鱼也有按农历分为四期的，三、四、五月为春汛期；六、七、八月为高水期，九、十、十一月为落樵期（即"禁湖期"），十二月和次年一、二月为冬捕期。起风、涨水之日，均不下水作业，有"涨水三天莫下河，退水三天安排箩""风小布挂钩，满水打行钩，大水打撒网，高水打卡钩，低水挂麻篆"的说法。这些捕捞习俗代代相传，不少方法沿用至今。后随着捕捞条件大为改善，渔季渐无明显淡旺之分，一些捕捞习俗也在传承中发生些许演变。

洞庭湖区渔民使用的捕鱼工具，大体分为网、篓、钩等几大类。常见的渔具有浮网、麻布网、架子网、稀大网、撒网、拦网、赶罾、虾米罾、撑篙罾、麻罩、挂钩、流钩、卡钓、花篮、鱼叉等。昔时江湖鱼多体大，盛行网目较大的网具和流钩。20世纪60年代开始，网具多由棉、麻、棕线改为尼龙、腈纶线等，网目逐渐改小，古老的手坑、脚坑、花篮等捕鱼工具和方法渐被淘汰，风网、大型围网、拖网等联合作业和三层刺网、张网、万能网等渔具和捕鱼方法逐渐兴起。渔民根据水文气候等变化，采用不同的捕鱼方法。[①]

湖区捕鱼，以网捕最为普遍。网为渔人家当，渔家很重渔网编织。旧时，渔网多是渔民自织自补，用麻线编织而成。因麻线久渍水中易断，编织好的渔网一般要再蒸煮，以猪血浆过，或用桐油渍浸，使之经久耐用。近年大多改用尼龙线、化纤绳等编织渔网，抑或购买成品化纤网。

夹网　夹网也称"围网""拉网"，系湖区集体捕鱼方式，其网又称大网、麻布网。旧时，每至入冬，渔民依约定之俗，集聚湖港沙洲，推举头人，集中人力和渔具，议定分工，各执其事，约期下网。下网前一天，头人召集众人齐聚"红棚"（临时搭建的渔事之棚），在哪吒太子（俗谓哪吒为渔业保护神）像前举行祭祀。翌日清晨出发开工，有的投网（网长约百余米），有的上架（浮于水面木架上面的披网，以免鱼跃出网外），有的牵绳拉网。网很大，下网常用船载网，

---

① 湖南省地方志编纂委员会编《湖南省志》第二十六卷《民俗志》，五洲传播出版社，2005，第188~198页。

从湖边一直下到湖中间，然后将网放成弧形至岸边，绳上缀以木制浮标，网底沿缀"铁脚"。收网时，众人在岸上从两端收网，船沿网边行驶，待网收拢，鱼在其中。取鱼之时，或将船围于网周围，用捞网捞鱼，或在网内直接用手捉鱼。一网可围湖面数百亩。一网多者可得鱼上万公斤。除去所有开支后，按人头、渔具多少分鱼，头人按最高码倍分。此俗旧时兴盛，今少有遗留，规模已大不及往昔。大型水库、鱼塘捕鱼也常用拉网围捕。

撒网　撒网俗称"撒网子"，也叫"施网""天打网"，一般有手网、靠网两类，以手网居多。渔者或划小舟，或立于水中，或立滩边，或躲岩后，凭借经验，伺机撒网，一网撒开，慢慢收拢，鱼在网中，提网取鱼，少则几条，多则数十条。有的渔民习惯夜晚撒网捕鱼。打夜网通常用菜油或猪油炒饭，撒于沙滩上或浅潭之中，并树标识，以便夜晚寻标撒网。一般江河湖区，渔民划小船撒网；浅滩之处，多站在水中撒网。有的则在岸边向水中撒网。池塘、水库也有撒网捕鱼的。

拦网　靠近河流、湖泊、水库闸门的渔民，习惯于拦网捕鱼。其方法是在河流下游或在湖泊、水闸的出口处置拦网捕鱼。拦网是用长网阻截鱼的去路，兼以饵料诱捕。此网机动性大，可以多种形状拦网捕鱼。

丝网　丝网又称"麻网子"。丝网呈长条状，深约两米，长度不等，几米，几十米长的皆有，上有白色浮标，下有"铅脚"，鱼撞在上面，即被卡住。此法主要用于捕捞浮在上层水面的小鱼。网格有大有小，不受四季限制，实用性较广。丝网分单层、三层两种，单层网网孔较小，用于捕捉小鱼；三层网分左、中、右三层，中层网孔细小，左右的网孔较大，大鱼小鱼皆能卡住。

拖网　拖网一般呈三棱锥形，中轴长约 10 米，锥底三边缀有粗钢绳，其中一边系在一根长约 6 米的钢管上，钢管对边角系一根拖绳，机船通过拖绳牵引拖网快速前行。过去都使用风帆船牵引，亦称"风网"。此外，还有一种类似机拖网的"虾拖"，长不足 10 米，用竹篙代替拖绳，适用于一个人在浅水滩作业，此法多用于捞虾。

挡网　挡网俗称"挡网子"。挡网为长条形，每隔一定距离，装一长方形网。此法适用于湖汊、浅滩退水时捕捞小鱼，鱼获以毛花鱼、针鱼、游鱼为主。

针鱼网　针鱼网捕鱼，一钢绳上缀以羽毛，两端分别系于两条船上，钢绳中有一长篓，当船快速前行时，钢绳上羽毛翻飞，浮游的针鱼唯恐被"天敌"侵害，四处逃游，一时难快速逃离，纷纷进入钢绳上的长篓中。

江网　江网也称"簖"，多设置于湖泊、河流之中。此法捕鱼俗称"迷魂阵"，这是一种适应性很强的捕鱼方法。其法为先在水中插一长方形长帘，长者几百米，短者几十米。长帘一端有一椭圆形网体，利用鱼喜挨边游动的特点，网体的长弧边开一双向内卷的口子。网体分三节，一、二节圈上装有倒挂须，鱼能进而不能出。此法捕鱼可不必抽干水，而于固定时间取鱼。因网结较密，捕鱼不分大小，捕量甚大。这种方法对鱼类资源破坏很大，人称"绝业"。渔政部门已明令禁止此法捕鱼。

晾网　晾网使用的网宽 2 米左右，长十几米、几十米、百余米不等，呈"U"形，网两头之角系绳，分别挂于水中的小树、芦苇或人工插置的竹木杆上。网的底层落入水里，鱼类游动触及芦苇、网具等障碍物时，往往起飞，不意落入网凹里被关住。使用晾网捕鱼，需砍掉施网处周边芦苇等水生作物，对水生作物资源有破坏性，亦属禁业。

扳罾　扳罾系网捕方式之一。用四根竹竿，上端交叉捆紧，下端与方形网的四角系扎，竹竿上端交叉处再扎一根长木棍，顶端系一拉绳。捕鱼时，将拉杆末端放于岸边，网放入水中，不时拉起罾网，罾中有鱼，即用捞网将鱼捞出。有些地方扳罾的方法则是将两根等长的弧曲竹竿交叉，方形网体四角缀于竹竿端头，再将一根粗长竹竿一端插于岸边，一端系于曲杆交叉点上，再在交叉点上系一根拉绳。使用时，罾沉于水底，鱼入时扯动拉绳，使罾露出水面，然后以捞具捞鱼。过去，进罾而不能单独上称的鱼（半斤以下），一般放回水中。20 世纪 50 年代后，大型扳罾渐少。随着鱼类资源的减少，扳罾捕鱼时，进罾的小鱼也常被留下。

赶罾　赶罾系一种小型渔具，一般呈三角形，也有圆形、半圆形的，下有网兜。网兜深约 1 米，大小不等，上有竹片攀住网兜。使用时，沿着水流向前推进，至终点迅速提出水面。此种方法多用于小沟、浅水捕捞。

虾捞　虾捞又称"虾瓣"。此法是在赶罾上固定一根三五米长的竹竿，再在赶罾上架两根小木条并与竹竿联结，以牢固竹竿对赶罾的使用。虾捞适用于深水或洪流处捕捞鱼虾。

生物捕鱼法系古老的专业捕鱼之法，有鸬鹚捕鱼、水獭捕鱼。因鸬鹚、水獭体力有限，只能捕到小鱼和中等鱼，对十几斤、几十斤重的大鱼则无能为力。

鸬鹚捕鱼　鸬鹚又名"鱼鹰""水老鸭"。鸬鹚须经驯化方能下水捕鱼。鸬鹚驯化通常在有水草的地方，用草扎成姿态各异、栩栩如生的假鸬鹚，以诱捕野生鸬鹚。驯养时，将捕到的野鸬鹚脚上系上绳，绳的另一端系在小船上，驱鸬鹚下水捕鱼，鸬鹚得鱼后，渔民尖叫以示赞许，并顺手将鸬鹚扯上船，喂以小鱼，然后又驱其下水捕鱼。如此反复，鸬鹚便渐知捕鱼之乐。渔民还会给鸬鹚起名，以让其熟悉主人声音。经过一两个月的训练，鸬鹚基本熟悉捕鱼程序，并听从主人呼唤，驯化便告成功。有的渔民则是取鸬鹚蛋回家，由母鸡代为孵化小鸬鹚，将小鸬鹚置于架上（一般用破船做架），将剁碎的黄鳝、泥鳅、小鱼去骨刺，用汤勺喂食。此种家养鸬鹚，100天左右便可随同老鸬鹚下水捕鱼。捕鱼时，渔民将鸬鹚置于小船上，并在其颈部套上绳环，使其叼得鱼时只能吞进小鱼，较大的鱼则积存于喉囊中，集鱼满囊后，将鱼挤出，或从嘴中拿下，再驱鸬鹚下水捕鱼。渔民驱鸬鹚捕鱼颇讲方法，一般当某一鸬鹚捕得较多的鱼后，主人都要唤其回船，用竹篙将其挑到船上，让其稍事休息，并酌喂小鱼。如遇大鱼，往往数只鸬鹚分别啄头摄尾，将鱼叼出水面，渔民将鱼捉住后，分别给鸬鹚喂以小鱼，以示犒劳。此时，切不可让大鱼跑掉，不然鸬鹚就不再捕捉大鱼。好的鸬鹚一次也只能叼上3～5公斤的鱼。[①]

水獭捕鱼　水獭，俗称"懒猫"，是两栖兽类，擅游泳。渔民捕捉幼水獭，从小驯养训练，待其长大后用其捕鱼。水獭训练成熟后，用一根绳索或篾、藤制成的紧箍套在其颈部，使其只能咬住鱼而不能吞食鱼。捕鱼时从船沿放入水中，待捕到鱼后再收上船（因水獭不在水中吞食），从嘴中取出鱼后，以小鱼奖励水獭，鼓励其再捕。有的水獭对捕鱼流程纯熟，不用套绳、箍，下水捕到鱼后便主动上船。通常，捕鱼前，先将水獭关闭于深沟斗门内，待其饥饿时再放其捕鱼。有的渔民驯养水獭达十余只，捕鱼时，主人在船上拍掌而呼，群獭闻声入水叼鱼。

用篾具捕捞鱼类，多为湖区农民利用农闲或早晚空余时间进行。此法捕鱼，主要是解决自家食鱼，少量出售。篾具种类有"采罶"、花篮、挂、罩、篆、夹子等。

"采罶"　对于大型水库和能够控制水位的大湖，多用此法捕鱼。具体方法是：在水位的控制处外侧，即闸门的最低水处，搭起宽度与

---

① 满大启、罗祚韩编《常德地区志·民俗方言志》，中国文史出版社，1994，第15页。

闸口相等，长约 20 米的竹片架，竹片架的左右两侧和前后各置一挡折防止鱼儿逃遁。这竹片架，俗称"罾子"。启用闸门，鱼即随水而下，落入竹片架上，然后成批量地取鱼。

花篮捕鱼　捕鱼的花篮系用竹篾编制而成，两头均有进口，口呈喇叭状。花篮中间用扣子扣上，解扣就可取鱼。花篮一般置于河流、湖泊的岸边或出口处，或在流水中激起水花，鱼群嬉戏，钻进花篮，因有倒须，鱼只能进而不能出。花篮有大有小，鳝鱼用小花篮捕捉。

挂捕　"挂"类似花篮，以竹篾编制而成。一般装在网帘或堤坝水流口、流水沟口间，水从中流过，因内有倒须，鱼能进不能出。民间有一谜语，正是此法捕鱼的形象描绘："进去一条冲，回来路不通。丢掉儿和女，死在竹鸡冲。"

罩捕　罩捕方式多见于湖泊、池塘、河流的浅水区。罩因材料不同而分麻罩、竹罩。一般用竹片或麻网编成上小下大的圆柱形状，类似大吊钟。使用时执罩入水捕鱼，一下一下罩至水底，然后用手将罩住之鱼从顶上的小口中抓出。

赶篆　篆系用篾做成，敞口。使用时用竹子做成一个三角架，一手拿篆，一手拿三角架，类似扫地一样把鱼赶进篆中。

鳝鱼篆　鳝鱼篆用篾制成，一般长约 80 厘米，直径约为 10 厘米，锥底有倒须，另一段可开口。使用时，用一根长 50 厘米的小竹篾穿上烧熟了的蚯蚓，从锥顶放入篆中，再用一竹圈套住开口处。傍晚时放入水中，鳝鱼闻到蚯蚓的香味钻进篆中，次日早晨取篆。

夹子　夹子是一种需要强壮劳力操作的深水捕鱼工具。上有网一面，长 4～5 米，宽 2 米左右，固定到两片富有弹性的长 4～5 米的竹片上。竹片中部各有一铁圈。使用时，人站到船舷将两根长 5～6 米、中部有松紧带的竹竿插入铁圈并拴牢固，下水前利用杠杆原理支开竹片，张开网，使之形如大蚌，然后用力将它余入水底，提出水面前又用竹竿合拢，夹住网，关住所捞之鱼。

钓具捕鱼有挂钓、砣子钓、卡子钓、垂钓等方式。

垂钓　垂钓之俗素已有之，这是一种谋生与娱乐相结合的捕鱼方式，江河、湖泊、池塘处处皆宜。一竿、一绳、一浮标，辅以鱼饵，即可放钓。鱼竿用竹竿做成，约拇指粗，长 3～5 米。竿端系以马鬃线，线端系一小铁钩，钩上穿水底虫、蜘蛛、蚯蚓或其他饵食，离钩 30 多厘米处，系以小锡坨等浮标一颗。手执竹尾，竿尖悬于水面之上，放钩入水中，鱼见饵食之。鱼食鱼饵，浮标下沉，鱼嘴上钓，起竿就可取鱼。随着人们生活质量的提高，垂钓捕鱼不再是单纯的谋生捕捞手段，而成为人们休闲消遣的生活方式。

挂钓　挂钓也称"挂钩"。其法是将长约 5 厘米的锋利的大挂钩，通过长约 30 厘米的线密集地系在钢绳上，形成一个屏障。钢绳上系有浮筒，鱼撞在挂钩上，即被钩住。此法捕获的鱼一般都比较大，四季皆可作业。通常用船只布钩和收鱼。

砣子钓　砣子钓俗称"牛屎钓"。其法为用泥巴做成直径约 2.5 厘米的泥团，中穿一小眼，再烧制定型成砣，用一根长约 40 厘米的线穿过小眼拴住，一端系钓，一端系在钢绳上，钢绳每隔一定距离有一钓，使用时在砣上包一层牛屎，粘上一些秕子谷，把钓嵌在牛屎中，依次投入水中。一般夏秋使用较多，主要以鲤鱼为捕获对象。

歪嘴钓　用一根长约 40 厘米的小线，一端系在一歪嘴钓上，另一端系在钢绳上，钢绳每隔一段距离有钓，使用时，钓上用蚯蚓做诱饵。用船依次投入水中，夏秋使用较多。

卡子钓　卡子钓是一种比较特殊的钓鱼方式，系用一根长约 2.5 厘米、两端尖锐、弹性较大的小竹篾，中间拴一根长约 40 厘米的小线，线的另一端系在钢绳上。钢绳上，每隔一定距离有一钓。使用时，把钓的双尖合拢，套上小芦苇筒，筒内嵌一粒熟米食，行船依次

投入水中，鱼咬钓，芦苇筒破裂，钓猛地弹直，遂卡住鱼的咽喉。

　　游鱼钓　用一根长约2米的透明丝，一端系一小钓，另一端拴在一根约2米、柔韧性极好的细竹竿之端。使用时，钓上以蛆或蜘蛛丝做成的饵团做诱饵。

　　团鱼钓　团鱼，即鳖的俗称。团鱼钓通常有两种方法。方法之一是用长约1寸的花针作钓，将线穿过针眼，再在针的中间拴结一下，用猪肝或其他酒料、香料做钓饵，团鱼食之，遂被针拴住。方法之二是将几十米长的线一端拴在一根带有转盘的木杆上，放钓时发现团鱼露出水面，就迅速地甩钩，钩住团鱼。钓团鱼时，观察水面有无团鱼，可在岸边连连击掌，团鱼听见响声后，会上浮或钻入泥底，水面随即会冒气泡。在沙滩边，还可用观察脚印的方法找到团鱼的行踪。

　　还有用大钓钩钓柴鱼、用沉水钓系浮标钓沉水鱼等方法。除上述捕鱼之法外，湖区民间还流传一些非专业的捕捞方法。如白船、捉鱼、干塘等。有些捕鱼方法已被禁止使用。

　　白船　白船是一种船体较长、较窄、舱浅的小划子，夏秋夜晚，一人划着白船沿河湖岸边划行，时不时会有鱼儿跳入船中，并沿"U"形船板溜入槽内。

　　叉鱼　有的地方，渔民习惯划小船在河、湖、塘、水库中用叉子叉鱼，又或在岸边叉鱼。此法适宜捕捉较大的成鱼。所用鱼叉由铁叉头与木长柄（或竹柄）组成，叉齿数目不等。一般常用两齿、三齿、四齿鱼叉。其法是看到鱼，就像投掷标枪一样叉住鱼。

　　捉鱼　在有鱼的水面用泥块围起来筑成坝，鱼围其中，然后用桶、盆等把水戽干，若水很多也可用抽水机抽干，水干鱼现，就可用手捉鱼。

　　捞虾　虾子喜欢生活在水草间，捞虾者就在水边间放些虾把，引虾群聚而捞取。虾把系用青草、树枝捆扎成束。捕捞时，将虾把放入水中，虾会藏聚其中，捞取时再用网兜连同虾把一起捞上来，即可得虾。春、夏、秋季都是捞虾的好季节，白天可捞，夜晚捞虾往往收获更丰，因虾习惯在夜晚游聚岸边觅食。

捉团鱼 捉团鱼有两种方法。其一是先观察好团鱼的行踪，在团鱼晚上爬行的必经之路做一陷阱，俗称"团鱼陷阱"，利用陷阱逮住团鱼。其二是在水面见到团鱼就用竹篙扑水，判断团鱼的位置，游到冒水泡的水面插好篙子，此时，潜入水底就可以抓到团鱼。

干塘 干塘之法主要用于池塘捕鱼。其法先用网具拦住塘口，将塘水放干或用机械抽干，然后用手捉或网捞。

捉鳝鱼 捉鳝鱼白天晚上均可。白天，鳝鱼藏在泥中，有两个以上的洞眼，有经验者可以寻踪把鳝鱼从泥中抠出来捉住；晚上，鳝鱼会出来觅食，捕者用灯照，见有鳝鱼就用特制的鳝鱼夹夹住鳝鱼。鳝鱼也可用钢丝做钓具，以蚯蚓为诱饵从洞中钓出来。

炸鱼 炸鱼之法系在水中投入自制的炸药包，将鱼炸昏，即可得鱼。此种方法既不安全，又对鱼类资源造成很大破坏，已被禁用。

药毒捕鱼 药毒捕鱼系在大水里投入毒药毒鱼。药杀捕鱼常常殃及鱼苗，严重破坏鱼类资源，且污染环境，并影响到人身安全，已严禁使用。

电鱼 电鱼是在船上装上电机，将裸露的电线伸入水，船快速行驶，鱼触电上翻后，用网兜捞起。此法对鱼类资源有很大的破坏性，已严禁使用。

（二）不断演进的养殖习俗

旧时，湖乡并不重视渔业养殖，湖泊、沟港中的鱼多属自然生长。20世纪50年代后，水产养殖业迅速发展，湖区很多地方都有专门的渔场养鱼，并逐步由人放天养改良为渔场、池塘精养。除普通养鱼之外，各地陆续开始特种水产养殖，包括养蚌、养蟹、养鳅、养蟮、养甲鱼等。随着水产养殖业的发展，一些传统的养殖习俗亦在逐渐改变。

洞庭湖区历来是淡水鱼苗的主要集散地。鱼苗来源有两种，一是捕捞江河天然鱼苗，二是人工繁殖鱼苗。岳阳荆江段历来是捕捞天然鱼苗的好埠头。捕捞鱼苗的埠头在荆江南有洪水港、广兴洲、钟家门、七洲子、楼西湾，在荆江北有监利县熊家洲、潭家洲、杨林子、新洲子、观音洲等。昔时，每至清明芒种，这些埠头湖区各地捕捞鱼苗的渔民云集。鱼苗人工孵化，一般在春末夏初繁殖。常德一带，每年鱼苗繁殖期，渔民在江上回水处，放下团团青草，诱使母鱼产籽。待公鱼"盖白"（受精）后，将鱼籽收回，放入孵化池内孵出幼苗。这种人工培育的鱼俗称"家鱼"。鱼苗的叫法很多，依养殖时间长短不同而不同。益阳一带称 10 天内的鱼苗为"水花"，大的称"黄瓜子"，饲养 15～20 天称"夏花"或"才子"，到了秋季称"秋片"，至翌年春天称"春片"。"水花"与"夏花"习称鱼苗，"秋片"与"春片"俗称鱼种。常德叫法则有所不同，孵化不久的幼鱼，俗称"春花"，喂养到夏末，长一两寸，俗称"夏片"或"寸仔"。

以往，湖区不少地方都有专门的鱼苗鱼种交易场所。湘潭小东门鱼苗交易场生意十分兴旺，每到春季，远近客商云集，买卖贩运鱼苗鱼种。每年立春后，该集市有 100 天左右的鱼苗交易期，俗谓"鱼逢百日春"。为保鱼苗养殖和交易兴旺，每年六月初六渔民都在东岳庙办酒会，祭祀盘公菩萨，并用红纸剪成"和袋"夹置于竹竿顶端，插入鱼池。每到鱼苗产销旺季，岳阳城内的韩家湾、吕仙亭、塔前街、梅溪桥等街道两旁摆满装鱼苗的帆布桶、鱼篓、鱼盆。

刚孵化出来的鱼苗幼小如蚁，买鱼苗时全凭眼力、经验辨别鱼的种类，"草鱼尾巴尖，鲢鱼尾巴圆，鳙鱼眼扁宽，杂鱼扎乱窜"，这都是民间总结并流传的识别鱼种的民谚。

买卖鱼苗，其计数方法普遍是："夏片数条数，春花用碗舀。"春花鱼小，数不胜数，一般连鱼带水舀入碗中数数，连数三碗，取其平均数。以后只记碗数，最后算总数。湘潭小东门鱼苗交易场买卖鱼苗，是由卖方将"鱼水"一碗一碗舀进买方鱼盆，边舀边唱数。唱数有一特殊习俗：每个数字前，都要唱一个"多"字，如六碗则唱成"多六碗"。一碗"鱼水"内有两百条左右的鱼苗。该市买卖鱼苗有一良好习俗，卖方皆讲诚信，宁亏自己不亏买方，鱼苗数总是足足的。常德一带，买"春花"有八月会账之俗，因买鱼苗时很难辨别所买鱼苗是否为所要的鱼苗种类，待到农历八月时，大多始能认出。望城县新康一带有捞养鱼苗的专业户，每年在捞鱼苗时节，渔民都会敬奉"唐公菩萨"。

"清明鱼开口，白露鱼嘴闭。"三春渐暖之际，池塘水温适宜，投放"春花"，成活率高。夏季为鱼类生长旺季，鱼苗生长最快，宜放"夏片"，此所谓"鱼长三伏猪长秋"，也有"寸鱼一斤"之说。旧俗，鱼苗放入养鱼池塘时，卖方总要赞"年长千斤""恭喜发财"等吉语；投放鱼苗时，忌讲"鱼鹰""水獭""吃鱼"等不利之语。

洞庭湖内湖水水位稳定，水草丰富，天然饵料充足，是鱼类生长繁育的良好场所。但历史上内湖普遍只捕不养，望天收鱼。20世纪50年代后，部分内湖建闸筑堤，湖泊渔场养鱼渐成规模。

近湖乡村，池塘养鱼甚多，或利用宅旁天然池塘，或利用藕塘莲池，或人工围堰，或挖掘坑池，放养各种鱼类。池塘养鱼多采用混合放养，主要有鲢鱼、鳙鱼、草鱼、鲤鱼，俗称"四大家鱼"，以草鱼、鲢鱼为主，此法系利用"草鱼吃草、鲢鱼吃屎"的特点混养鱼类。有谚云："一鱼养三鲢。"鲶鱼、泥鳅、黄鳝、柴鱼等谓之"无鳞鱼"，民间旧俗，此类鱼婚丧寿庆皆不上席，亦不做祭品，养殖不多。20世纪80年代后，随着人们生活水平的提高和社会观念的变化，龟、鲶、鳅、鳝类成为餐用佳品，人工养殖量增多。

池塘养鱼，一般根据不同时期投青（投喂浮萍、菜叶、瓜藤、蔗叶等），撒猪牛粪、豆饼等饲料。鱼池大多置有饵台。塘鱼饲养，习重看天、看水、看鱼情，投饵一般讲究定人、定点、定时、定量。养鱼人每日都会巡塘、捞渣、施肥（喂食）。池塘水都保持水常流动。有的地方，养鱼还有一些特殊俗信。每年农历三月初三、九月初九，或刮大风下大雨之际，养鱼人习惯在池塘周围撒些稻谷或大米，谓五谷大神可镇邪，保护鱼群。

湖区捕鱼有"禁湖"之俗，禁湖，旨在养鱼。渔民按农历将一年渔季分为四期（春汛期、高水期、落樵期、冬捕期）。落樵期（9～11月）禁捕，为养鱼季节。届时，湖泊鱼塘皆插上旗标，并于四周贴出红色纸条，湖塘周围布满树枝树杈等，以示养鱼季节禁止捕捞，禁止鸭群下塘，此为"禁湖"之俗。

（三）鱼龙混杂的俗信俗规

旧时，渔民出行、作业对自然极为依赖，"靠天"意识很浓。为祈求平安和捕鱼丰收，渔民"春祭三江，秋祭五湖"，信仰很多，且严守禁忌。各地渔业信仰、禁忌与渔民生活息息相关，民俗事象颇为丰富，有的反映了湖区人们朴实、善良的美好愿望，有的则带着极浓的封建迷信色彩。这些根植于人们思想深处的风俗习惯，随着时代的变迁、渔民抗拒自然威力的能力和捕鱼能力的提高，也逐步演变，迷信色彩较重的民俗事象逐渐减少或消失。

神灵祭祀　旧时，渔民出行作业都有祭祀神灵祖先之俗。四时祭，年节祭；造船祭，织网祭；禁湖祭，开湖祭；出船祭，归来祭；年初"起福"，腊尽"还福"。所祭神灵，或为龙王，或为关帝，或为赵公，或为杨泗将军等。

渔民驾船捕鱼，不仅辛苦，还十分危险。旧时，在艰辛和险境中打鱼谋生，旧时，渔民作业只好将自己的命运托付给神灵。渔家舵房都设置神龛，供奉"鲁班先师""杨泗将军""赵公元帅""关帝圣君""水母婆婆"之中的三位，以敬祭"杨泗将军"最为普遍，并将其奉为水神。有的地方河岸还建有"杨泗庙"，岳阳、常德等很多地方的塔阁之中都供奉杨泗将军。渔家神龛"天地君亲师"旁亦都立有杨泗将军牌位，逢大年大节，家中老人常要将一些祭肉摆在厨房大水缸下，点上香烛，磕头揖拜，以求水神荫佑全家。船行江河，见庙必敬。逢庙会亦必祭祀，如洞庭宫庙会、江神庙会、将军庙会、平浪宫庙会等。

渔事禁忌 旧时，渔民捕鱼规矩严，禁忌多。随着科学的进步和渔业生产能力的提高，部分旧俗已经废止。有的习俗则沿袭至今。

渔民作业对出船日子颇为讲究，普遍俗信"七不出，八不归，九日出门空手归"，故多有"七九不开船"的习俗。民间喜双忌单，渔民大多忌讳单日开业，渔家还忌初六行船。如益阳一般在正月初四始业，有"单日不开头，初六不开船"之俗。

渔民对每日捕捞的第一网也很看重。渔民普遍忌头网捕到蟹、虾，认为开网捕蟹、虾，这一天就会空手而归。常德一带渔民认为在同一个地方一次捕鱼特别多，系意外不利之财，要放回一些，称为"放生"。

水上捕捞有危险，渔民对于行船捕鱼禁忌尤多。船上就餐，舀汤水喝的汤勺不能覆置；吃鱼时吃了一面，另一面不能挑翻过来吃，而要去掉鱼骨再吃；碗在桌、案上均不能倒扣；筷子不能横架在碗上；盛饭时要注意看当时的风向，饭勺要从顺风的那边挖饭，谓之"开顺口"。这些禁忌皆取顺风之意，避翻船之忌。渔船上坐人也有忌讳，不能坐"七男一女"，认为这是"八仙过海"；龙王要抢亲，常采取抱狗抱猫或提鸡上船凑成"九"的办法来消灾。渔船初到人生地不熟的外地水域，若有外地人叫了自己姓名，也认为不吉利，为避讳，当天就不下船。此外，下湖捕鱼，还忌讳妇女站船头，故女人只能在船后摇橹掌舵，妇女上下船，不能走船头，只许走船两边。渔具、舱底亦不能让妇女踩。行船捕鱼，对跳上船舱的鱼不能捡，而要将其放回水中。上船下水也都有讲究，上船要穿鞋，下水要戴帽。

渔民行船、捕鱼，语言禁忌甚多。清早起床不能说龙、蛇、虎、豹、妖魔、鬼怪之类的话；平日皆忌说"沉""翻""劫""霉""泼""落""洗""倒""龙""虎""鬼""梦"等字眼及其谐音字，故"搭船"应说"赶船"，"盛（谐音沉）饭"说"添饭"，"帆"称"篷"，"倒水"叫"清水"，"倒桅"称"眠桅"，"洗澡"叫"筛凉"，称"虎"为"猫"，"鬼"则称"田儿子"等。

"开湖"祭祀习俗　湖区湖泊鱼塘落樵期皆兴禁湖。旧俗，禁湖后，冬至前后湖主张榜出示，定下下湖捕鱼日期。届时，渔民咸至，聚集捕鱼，俗谓"开湖"。开湖祭祀隆重，要举行祭祀仪式，祈求水神赐福。是日，各帮渔民聚集湖边，渔船多达数百只。头船停泊湖中，桅杆上挂红、黄两面旗帜，湖主一手抓雄鸡，一手持利刀，手起刀落，将鸡头砍入湖，鸡血洒向渔网；接着将备好的米饭沿船撒到水面，是谓"杀腥"敬神。随后，火铳连响，鞭炮齐鸣，各船竞发，各业齐下，争相捕捞。捕鱼所获，依渔民各自所捞之鱼，按比例分账（一般为三七开，业主得三成）。亦有业主不想零收，就择渔民议价承包，写下字据，此谓"写湖"。20 世纪 50 年代后，仍有"开湖"之俗，但大多仅以鸣炮作为开湖信号，其他祭祀习俗逐渐废弃。

造船织网俗信　船和网是渔家必备家当。造船织网乃渔家大事，渔民十分看重，造船规矩、俗信甚多。新船造好下水，如同农家新居落成，主家要向造船师傅和周围人群抛撒荞粑或馒头，以表庆贺并兆日后生活丰裕，米粮有余。而后，造船师傅在船头两侧用上等材料给船“装眼睛”，是谓装了眼睛，船就不会碰撞。对于造船师傅，渔家皆待其如上宾，俗语云：“造船砌屋，多打唇福。”民间俗传，造船师傅身具法力巫术，若渔家招待周到热情，他们便使法术念咒语，兆船只一帆风顺；若渔家招待不好，他们就会暗地里作怪，日后渔船下水便不得安宁。新船造好下水时，还要摆满祭品，进行祭祀。

渔网编织也有讲究。渔网织成后，主人会抛撒糖果于网上，引来众多孩童哄抢。俗信来哄抢糖果的小孩越多越热闹越好，争抢得越激烈越有兴头越好，兆示主家日后就可用此网捕到很多活蹦乱跳的鱼儿。民间还传网罟为伏羲所造，一些地方渔民无论是织网还是捕鱼归来晒网时，还兴敬祀伏羲。

重征兆　渔民作业都十分注重预兆。如认为第一网捕鱼多，预兆好运来临；天上的星星明亮，预兆第二天是捕鱼的好日子；岸上槐花开得多，预兆鱼儿捕得多。

开（打）牙祭　旧时，殷实渔家一般在初一和十五的中餐要添加荤菜，改善伙食，俗称“打牙祭”，或称“开唇福”。“打牙祭”吃鸡时，通常渔老板吃鸡胗，少老板吃鸡腿，撑篙师傅吃鸡头，舵工师傅吃鸡尾，牵缆师傅吃鸡翅，走船面的师傅吃鸡爪，皆不乱俗。①

（四）旧时传统行船习俗

洞庭湖水域宽广，舟楫便利，湖区水乡人们的劳作、出门、祭祀、娱乐以及人们的衣、食、住、行都与船息息相关。千百年来，水乡人们在生产劳动和日常生活中形成了许多特殊的船俗。

湖区人家造木船很有讲究。船体浸入水中的部分一般用枥木，舱

---

① 湖南省地方志编纂委员会编《湖南省志》第二十六卷《民俗志》，五洲传播出版社，2005，第200~204页。

面不经常浸水的部分用梓木，而最憋劲的舵杆夹则用枞木。椿木、梓木、楠木这些都是上等的好木料，俗谓"要得子孙船，就得椿梓楠"。造船施工的先后顺序也有讲究，"鲁班造船先造底"，然后依次植龙骨，上拉扣钉，装板铺面，封头封尾，再把桐油、石灰、麻绒糅合锤打成捻子，一条一条地清缝，刷桐油浸透木料，刷锈油巴缝起光。造一条20吨左右的船，十来个工匠，大约需要一个月的工期。

湖区造船用材大多从湘中、湘西山区采伐，经大河放排而下。进山采木，要备称为"神福"的鱼、肉、茶、酒祭祀。木以椿木为上，若用樟木、楮木、杉木、枣木等其他树木，也要钉椿木一方用以祈福。凡寺庙、道观前后的树，称作"神树"，无论材质多好，皆不砍伐造船，以防"神树发神水"，造成舟覆人亡。

木头砍回后，择吉日开工造船。掌墨师（又称主墨师）为造船的总设计师。开工时，掌墨师对各种用料打上墨线，手捧《鲁班书》置鲁班神像于案桌上，焚香秉烛，三叩其首，然后拿量木用的"界尺"（俗称"鲁班尺"）往案上一摆，大喊："开山子（斧头）一响天门开，请得先师鲁班下凡来。"此乃开工仪式。仪式结束后，所有造船工匠由船主做东，喝酒吃肉，掌墨师上座，船主作陪，第一杯酒必敬掌墨师，掌墨师一饮而尽后，大家才可开怀畅饮。

船体合成后，要搭台唱戏庆贺。船壳完成后，如碰上岸上有人家建房架梁，须行"关头"仪式，即在船头披红，掌墨师傅于船头一面唱"赞词"，一面给船的两边各钉四口钉子，其唱词是"钉头口，添人添口；钉二口，荣华富贵；钉三口，清吉平安；钉四口，四季发财"。随后刀宰雄鸡，淋血于船头，并将雄鸡掷于船舱内，口赞："雄鸡进船舱，快卸快装。"

新船下水，称为"试水"，也要择吉日。新船下水前一天，船舱两侧贴"九曲三弯随舵转，五湖四海任船行"的对联，于船头和东西南北五方，燃烛照明，谓之"亮墩"，并在船上祭祀鲁班，祭祀有"摇钱树"之称的桅杆以及舵和橹；次日新船下水，要在凌晨露水未干之际，推船驶向河心。试水前，船主要浴身斋戒，下水时要大放鞭炮。

湖区人称开船叫"开头"。正月初三，是新年的开船之日。开船时必须燃放鞭炮，敬奉水神，起锚向上移动，预祈生活向上，日子越过越红火。正月十一日为"船爷爷"的生日，以红绸系船头，奏鼓乐敬神，全船休息一天，不动工具，以示一年平安顺遂。

上船不能走船头，要搭跳板从船腰上船。特别禁忌妇女从船头走过，更不能坐在船头，如果走了、坐了，要请师公敬菩萨"退煞"。装货前擦洗船，由船头向内，卸货后由内向外擦洗船。

旧时，从益阳开船到汉口，或从宝庆（邵阳）发船至益阳，开船时，船主通常都要预备一只大红冠雄鸡，点香火、蜡烛，斟满酒，燃放爆竹，祭祀洞庭王爷或魏公菩萨，一边宰杀雄鸡，一边念道："神灵保佑，开船清吉太平。"然后，提着宰杀了的雄鸡从船头走到船尾，转一个圈，将鸡血滴在船板上，以示避邪。从益阳横过洞庭湖到汉口水程远，一般天还没亮，船老板就要杀鸡焚香，叩头作揖，敬了菩萨方能开船。下汉口的船，有大船和小船两种。在大船的船头上，挂着一面大铜锣，专门有船工司锣。一开船，船老板点香烛、烧钱纸、鸣鞭炮、杀公鸡，司锣船工则开始打铜锣。司锣工打铜锣，首先敲一长声，船主嗑一响头；接着连敲四长声，船主应声跪拜；然后紧密敲锣，船主念道："有请洞庭王爷，开船不遇风暴，不撞险滩，保佑我船一路平安！"锣声停下，祷告结束，即可开船。小船则点香烛，烧钱纸，先拜魏公菩萨，再拜洞庭王爷，但不打铜锣。

行船途中很多规矩和讲究亦是习以成俗。行船规矩：开船敬菩萨，上船绕船头，说话避禁忌，睡觉分高低。

开船前，船主按名单给每个船工备好猪肉半斤、白干子两片、白酒二两至四两，蔬菜一两样。敬菩萨用过的雄鸡烹好后，算作一道正菜。行船的第一餐，船主要给船工"开牙祭"。这餐酒肉要特别丰盛，据说这餐吃得好不好，关系到行船能否一帆风顺。开船时，船主与船工同桌共餐，也有一些习俗、规矩。如吃鸡，鸡胗是船老板吃的，它象征财喜；鸡腿子是给小老板吃的，意思是尊敬小主人；鸡头是撑头篙师傅吃的，它象征抬头便是顺风，清吉平安；鸡屁股（称"跷子"）是舵工师傅吃的，象征舵把掌得好；鸡翅膀是给牵缆师傅吃的，象征缆轻如翅膀上的羽毛，拉纤行走如飞；鸡脚是给背纤走在后面的师傅吃的，象征背纤刚劲有力。吃饭时，盛头一碗只能装一大瓢，不能装锅巴，第二碗则可随便吃。因避禁忌，用碗叫"赚钱"，用筷子叫"拿篙子"，用调羹叫"拿鸡婆"，用饭瓢叫"拿抓巴"。

船上睡觉也有一定之规。如果是有凉棚的船，船舱里睡老板，高板处睡船工和厨工，腰板火舱睡背纤的；如果是没有凉棚的船，老板睡在高板，船工、厨工、背纤的睡在火舱前。

行船时，船工可以随性自由地唱水路歌、防风歌、渔歌、情歌，但不能唱"牧羊调"，渔民认为唱了"牧羊调"会使洞庭王爷发怒（《柳毅传书》中洞庭龙王之女曾受辱于牧羊人）。为了不犯禁忌，船上每项构件取名都很讲究，有的则取了别名。如"舵顿板"，因"顿"与翻船后船插入水中而竖起之意相近，则改名"水井板"；切菜板称"好吃板"；钉风篷的索称"千斤索"；背纤用的绳缆，无论是竹篾的还是麻绳的，因"缆"与"烂"谐音，均称"拉纤索"。有"眼"就会漏水翻船，因此"眼"在船上也是犯禁的，对于全明眼、聪明眼、风明眼、段双眼这"三个半眼"，在船上称呼时皆省去"眼"字，只称全明、聪明、风明、段双。

船开出后，不能随便往回划。如有事需要返回，即被认为不顺利，当天便不行船了。行船途中，见庙必敬。均由船老大净手祭拜。船头摆上条盘，内放供酒、供饭，焚香点烛，撒斋饭，望庙遥拜。据说行船时，不能哼唱《牧羊调》，否则，河里就会拱出"屋角"，有碰撞船只的危险。每停靠一个码头，船老大都要上岸进庙祭拜。船平安抵达码头，被认为是"菩萨的神灵保佑"。之后，船工们吃上比平时丰盛的"牙祭"，叫作"到岸神佛"。

船上说话禁忌很多，俗称"口风""撞口话"。"龙、虎、鬼、梦、翻、滚、倒、沉"为船上"八大忌语"。船民中凡姓"陈""程"的，一律改叫"浮"，姓"龙"的改称"佘（蛇）"，城陵矶亦改称"浮陵矶"；"扭河里""翻身""翻边"，称"斢边""转身"；"滚动""滚水"称"开动""开水"；对船主，只称"东家"，而不称"老板"，因"老板"含有陈旧易烂之意。"帆布"称为"抹布"，煎鱼、吃鱼不得翻面，下水作业不得翻卷裤脚，锅盖因要翻扣，被称为"捂气"。用的巴斗、碗，只能仰放。吃菜时，第一筷子夹荤，不许说话，夹到的不论是精肉、肥肉还是骨头都要吃下，不能吐掉；第二筷子起，方可说话和吐弃不食之物。"打牙祭"称"开牙祭"，因"打"与"凶"相联系，与"打烂"相关联，为避忌，改"打"为"开"。每天早晨和开船时，忌讲不吉利的话，忌打破锅碗、打断用具等。①

（五）独具特色的船帮及船工称谓

洞庭湖畔的岳阳港是内河主要港口之一，20 世纪 50 年代初期，岳阳港的船主主要分为六个"帮"系。

船帮 铲子帮：因船得名。这种船是洞庭湖水运的主力船只，

---

① 湖南省地方志编纂委员会编《湖南省志》第二十六卷《民俗志》，五洲传播出版社，2005，第 243 ~ 252 页。

"帮"民大多是岳阳本地人，东边新墙一带人。划子帮：主要由城陵矶一带和对江湖北监利的划民组成，他们的业务是接送停泊江心的大船的货物过艚。划子帮又分为上、中、下帮。一共有100多条木划子经营穿梭在三江口。五七帮：以湖北渔民为主的木划子帮，停泊在南津港一带，接送旅客过渡。永和帮：监利螺山一带的渔民组成的船帮，主要行驶于岳阳至观音洲一线，以在轮船与木划上接送旅客为主。渡口帮：以岳阳本地人为主，活动在岳阳楼下，以西门、南津港、城陵矶渡口沿湖接送旅客、货物、过渡为主。重阳帮：活动在塔前街、马家湾一带，以接送货物为主。

船工称谓　船老板：船主，负责掌舵航行。只经营物资运载的称为"装货老板"，直接参与经营活动的称"自货老板"。老板娘：船主的妻子，掌理水上家务。大师傅：又叫"一掌作""一头公"，主要任务为撑篙、摇橹、拉纤等，船老板不在时也可掌舵航行。二师傅：大师傅的下手，又称"二掌作""二头公"。大师傅不在船上时，可以代替大师傅。小伙计：又称"烧火佬""搭巴子"，主要任务是摇橹、背纤、抹洗船板和买菜做饭。舵巴子：船主请的临时工。[①]

四　食鱼习俗

洞庭湖区江河纵横，大小湖泊星罗棋布，渔产极为丰富。湖乡的人们靠水吃水，居水为渔，食鱼之俗自古盛行。在他们的饮食生活中，吃鱼堪为一方食俗。宋《岳阳风土记》载："湖湘间，宴客燕集，供鱼羹。"清光绪《华容县志》记："以食宴客，只鸡鱼。"以鱼宴客是湖乡生活习俗中一大特色。湖区人民总结了很多吃鱼的经验，如

---

① 李跃龙主编《洞庭湖志》（下册），湖南人民出版社，2013，第832页。

"鲇鱼拖瘦鲤鱼嘴，鳊鱼肚皮味最美""宁愿晚间不睡床，不要丢掉柴鱼汤""柴鱼肠，鳜鱼花，吃到口里味最佳"等。吃鱼对于"鱼米之乡"的人们而言，不仅是他们日常饮食习惯，而且寄托和承载着他们对美好生活的愿望和憧憬。鱼者，谐"余"也，农家渔家人最朴实的愿望就是"五谷丰登，年年有余"。

生活在湖乡的人们，自古就有食鱼之俗。《楚辞·招魂》对包括今洞庭湖区在内的楚地食俗有相关记载；《史记·货殖列传》称荆楚一带"民食鱼稻"；《汉书·地理志》则有"饭稻羹鱼"之记载。到唐宋之时，鱼不仅是人们日常生活中的寻常食品，而且已经开始讲究吃什么鱼和怎么吃鱼。

宋以后，洞庭城乡居民设宴已是无鱼不成席，常以鱼的大小论筵席的丰盛与否，以鱼作"压底"之肴，有"鱼到酒止"之说。其时，席上置鱼，只限于鲤鱼、鳊鱼、青鱼、鳜鱼四种，鳖、龟、柴鱼、鳝鱼、野鸭概不上席。

湖区人们对于鱼的吃法有很多讲究。同样一种鱼，什么时候吃最合适，吃多大的鱼口感最好，鱼的哪个部位最好吃等等，都有讲究。这从民间流传的一些顺口溜中可见一斑，"一个鲫鱼脑壳四两参""伏天团鱼九月龟""三月螺四月鳝""猪吃叫，鱼吃跳""马蹄团鱼笔杆鳝""鱼味四季香，春鲢、夏鲤、秋鲫、冬鳊""鲇鱼拖瘦鲤鱼嘴，鳊鱼肚皮味最美""黑眼睛鱼味最美，红眼睛银鱼不可比""鲫鱼一肚子籽，旁皮一肚子屎""鱼肉无盐，吃也不甜""要得发，生盐擦""腊鱼腊肉，见火就熟""会打官司要有钱，会做咸鱼要有盐"。

湖区的人们很会吃鱼，炖、煮、蒸、炸、熏、烧、滑、鱼余（鱼丸子）等各种烹饪方式皆成习俗。湖区人们以鱼为料，可以烹饪出数以百计的鱼类菜肴。广为流传的风味鱼肴有：瑞雪迎春、鳜花飘香、繁星伴月、蝴蝶飘海、油炸凤尾、银鱼炒蛋、银鱼炒肉丝、银鱼红枣汤、酸辣虾饼、火焙鱼、酸辣凤尾汤等。此外，还有各类风味独特的腌制"坛子水产"，如粉渣鲜虾、酒糟鱼块等。环洞庭湖区菜系如今已是湖湘主要菜系之一。湖区炖菜颇为有名，常德，乡间的"蒸钵炉子"（也叫"炖钵钵儿"）尤具湖乡风味。别的地方的火锅，只是桌上普通的一道菜，而湖区人餐桌上的"炖钵钵儿"是全席的重心，于是，人们赴完酒席后往往会有这番问答："今天吃了什么菜？""一个脚鱼（甲鱼）钵、一个黄鳝钵……"其吃法通常是边煮边吃边下料，滚热鲜嫩，津津有味，民间有"不愿进朝当驸马，只要蒸钵炉子咕咕嘎"的民谚。究其源，湖区人常赖船只而生活，在船上吃饭，只能用砂钵就着河水或湖水煮鱼。年长日久，这种自然、古朴的烹调方式，渗透进厨师的烹饪技艺。洞庭湖区口味代表菜有"洞庭金龟""网油叉烧洞庭桂鱼"等。湖区名菜有岳阳全鱼席、常德鱼翅席、荆沙皮条鳝鱼、安乡多味鱼丸、石首笔架鱼肚、公安三鲜头、龙凤呈祥、菊花柴鱼等。①

---

① 李跃龙主编《洞庭湖志》（下册），湖南人民出版社，2013，第836页。

第六章

重要使命：守护一湖清水

洞庭湖是三湘儿女的"母亲湖"，肩负着维护长江流域防洪安全、水生态安全和国家粮食安全的重大责任。进入新的发展阶段，进一步加强洞庭湖保护与治理研究，构建新时代洞庭湖区现代化发展新格局，既是落实习近平总书记治水重要论述的必然要求，又是实施"三高四新"战略、奋力把习近平总书记考察湖南重要讲话精神变成美好现实的必然要求，也是推进长江经济带发展、中部崛起、乡村振兴等国家重大战略的必然要求。

一 洞庭湖湖泊湿地生态现状及生态立法

作为地球三大生态系统之一的湿地，是国土生态安全的基本屏障，也是推动经济社会可持续发展的物质基础。湿地是"地球之肾"。许多自然湿地生长的湿地植物、微生物通过物理过滤、生物吸收和化学合成与分解等，把人类排入河湖等湿地的有毒有害物质转化为无毒无害甚至有益物质。湿地是淡水之源。中国湿地维持着约 2.7 万亿吨淡水，占全国可利用淡水资源总量的 96.0%。湿地是"物种基因库"，据估计，全球 40.0% 以上的物种生存在湿地中。湿地是"储碳库"，由于其特殊的生态特性，在植物生长、促淤造陆等生态过程中积累了大量的无机碳和有机碳。据湿地国际北美部 1999 年研究表明，占全球陆地总面积 6.0% 的湿地储存了约 7700 亿吨碳，占陆地生态系统碳储量的 35.0%。湿地是"物产宝库"，为人类社会提供了丰富的生产生活资料，对经济社会发展起到了重要的推动作用。湿地提供的直接物质产品，如动物（鱼类）、植物、航运、药品、能源等，为中国社会发展进步做出了重要贡献。据估计，中国约有 3 亿人直接从湿地获取物质产品。据专家研究，中国湿地生态系统年服务价值为 2.7 万亿元。[①]

　　洞庭湖湿地是湖南湖泊湿地的重要组成部分，也是中国重要湿地之一。该湿地位于湖南省东北部，长江中游荆江段南岸。南近湘阴、益阳，北抵华容、安乡、南县，东滨岳阳、汨罗，西至澧县、沅江等县（市），湖洲草滩是其重要组成部分。湖水的涨落地带，即为湖洲草滩。洞庭湖湿地中部的季节淹没带是以洪水期被淹没、枯水季节出露的湖洲草滩为主，面积为 11.57×10^4 公顷，占湿地总面积的 13.5%。由于湖水位的季节性变化，草洲植被类型呈现季节性交替。洪水季节草洲被淹没，湿生草本植物转入休眠状态，形成以沉水植物黑藻、苦草等为优势种群的水生植物群落；枯水季节洲滩逐渐显露，水生植物枯死，湿生植物竞相萌生，形成以苔草为优势种群的湿生草本植物群落。洲滩间的浅碟形洼地在洪水过后仍有积水。在水域环境中，挺水、浮叶或漂浮、沉水植物群落构成了水生植被的基本骨架，而湖洲滩地则由多年生根茎丛生苔草、禾草和大量随洪水侵入的陆生杂草组成草甸与沼泽植被，栽培植被及防护林带又是湖泊平原植被的主体，这样就形成了一个特殊的湿地生态环境。

---

　　① 杨邦杰等：《中国湿地保护的现状、问题与策略——湿地保护调查报告》，《中国发展》2011 年第 1 期。

洞庭湖湿地在不同季节差异很大。在冬枯水季节，湿地的水位低，芦苇地和草滩地全部露出水面，河汊湖凼星罗棋布；在春末夏初平水季节，水位随春雨涨落，草滩芦洲时淹时露；在夏末秋初洪水季节，来水量大，水位高，草滩和芦洲全都被洪水淹没。随着一年四季水位的变化，草滩芦洲或淹或露，纷呈多态，构成了优良的生物链。洪水带来的营养沉积和广阔的草洲中的湿生植物为浮游动物、草食动物、底栖动物提供丰富食物。每年 5～6 月长江中、下游鱼类进入洞庭湖静水或缓流环境中觅食和产卵，这些鱼类繁殖率高，一般都产出数万甚至几百万粒卵，使得长江鱼量相当丰富。每年繁殖季节，成鱼和产卵孵出的鱼苗，在饵料丰富的洞庭湖摄食和成长，直到秋末水位下跌时，才游到干流深水处越冬。优良的生态使洞庭湖成为长江湿地生物的基因库，是长江流域湿地生物生长不可缺少的环境。这也是鄱阳湖、太湖等湖泊不可代替的。[①]

洞庭湖在历史上曾是中国最大的淡水湖泊。据《湖南资料手册》记载，洞庭湖在鼎盛时期，湖泊面积曾达 60.00 万公顷。由于泥沙淤积和围垦，1949 年减少到 43.50 万公顷，1977 年萎缩至 27.40 万公顷，1984 年继续缩小为 26.91 万公顷，1995 年减至 26.25 万公顷。由于湖区容积、湿地面积的萎缩和生态质量的下降，洞庭湖湿地生态功能降低，调蓄能力减弱，洪涝灾害加剧，垸老田低现象日益突出。洞庭湖区域又是中国物种最为丰富的湿地和沼泽森林区之一。天然水面和季节性洲滩草地缩小，芦苇地增加，湿地生态系统破坏和逆向演替较为严重，物种和资源减少，有些物种已经濒临灭绝。

随着洞庭湖湿地生态系统重要性的日益凸显，为应对越发严重的湿地功能问题，湖南省也陆续出台了相关法规，如《湖南省湿地保护

---

① 李跃龙主编《洞庭湖志》，湖南人民出版社，2013，第 587～589 页。

条例》《湖南省生态保护红线》《关于加强洞庭湖渔业资源保护的决定》《湖南省洞庭湖区水利管理条例》等。

值得注意的是 2005 年 7 月湖南省人大常委会通过《湖南省湿地保护条例》（2005 年 10 月 1 日起实施）。该条例共有 30 条，明确了林业行政主管部门为湿地保护的行政主管部门，负责湿地保护的组织、协调和监督；确定了湿地禁猎区、禁渔区、禁采区和禁猎期、禁渔期、禁采期等湿地管理制度；规范了湿地保护规划、湿地监测与研究、湿地保护情况报告以及行政处罚等湿地管理手段；界定了湿地保护区的职责与管理权限等。该条例内容涵盖了湿地保护与管理的诸多方面，为洞庭湖湿地保护与管理提供了法规保障，是湖南省进入 21 世纪以来湿地保护所取得的一项最重要成果。

2021 年 5 月 27 日，湖南省第十三届人大常委会第二十四次会议表决通过了《湖南省洞庭湖保护条例》（以下简称《条例》），《条例》的出台为保护和改善洞庭湖生态环境，促进人与自然和谐共生提供有力的法制保障。《条例》的第三章，专门对洞庭湖区的污染防治提出了全面具体的要求，尤其是针对洞庭湖总磷控制从多个方面做出了明确的规定。

除了省级层面的立法，洞庭湖区各市也结合实际，制定相应保护条例，如 2019 年 10 月 25 日常德市第七届人民代表大会常务委员会第二十五次会议通过，2019 年 11 月 28 日湖南省第十三届人民代表大会常务委员会第十四次会议批准的《常德市西洞庭湖国际重要湿地保护条例》，旨在加强西洞庭湖国际重要湿地保护，维护生态系统功能和生物多样性，促进湿地生态与经济社会协调发展。2018 年 9 月 27 日岳阳市第八届人民代表大会常务委员会第十四次会议通过，2018 年 11 月 30 日湖南省第十三届人民代表大会常务委员会第八次会议批准的《岳阳市东洞庭湖国家级自然保护区条例》为东洞庭湖国家级自然保护区的管理工作提供了强有力的法治保障，标志着东洞庭湖保护区的管理从此有章可循、有法可依，进入了新的发展阶段。该条例明确了东洞庭湖生态环境保护和治理中的机构与职责、规划和保护以及法律责任，禁止围湖造地或者围垦湿地洲滩等改变天然湖泊现状、影响湿地生态服务功能的活动。违反规定的，责令停止违法行为，限期恢复原状，拒不恢复或者恢复不符合国家有关规定，构成犯罪的，依法追究刑事责任。该条例还规定，经营水上餐饮以及在湿地洲滩越野、野营、野炊等破坏保护区生态环境者，没收违法所得，责令停止违法行为，限期恢复原状或者采取其他补救措施；对保护区造成破坏者，可以处以三百元以上一万元以下的罚款；候鸟越冬、越夏期，在候鸟主要栖息地捕鱼，拣拾鸟蛋、雏鸟，捣毁鸟巢，以鸣笛、轰赶方式惊吓鸟类等危及鸟类生存、繁衍者，责令停止危害行为；情节严重者，可以处一千元以上一万元以下罚款。条例从细处着笔，既遵循上位法，又符合实际，体现了地方特色。

二　融入长江经济发展带是湖区发展的战略支撑

随着工业化的发展，以大江大河大湖沿岸沿线城市经济为支撑点，以沿岸水陆交通物流体系为基础和纽带，推动沿岸沿线经济综合发展为使命的流域经济开放开发，是当代世界经济发展的重要趋势。长江经济带横跨中国东中西三大区域，覆盖上海、江苏、浙江、安徽、江西、湖北、湖南、重庆、四川、云南、贵州 11 个省（市），面积约为 205.23 万平方千米，占全国的 21.4%，人口和生产总值均超过全国总量的 40.0%。具有独特优势和巨大发展潜力。改革开放以来，长江经济带已发展成为我国综合实力最强、战略支撑作用最大的区域之一。

作为长江水系重要组成部分，洞庭湖横跨湖南和湖北两省，接纳湘、资、沅、澧四水，贯通长江，其突出特点是江湖联结、交汇与缓冲。将洞庭湖生态经济区建设全面融入长江经济带建设，对湖南发展的全局至关重要。

（一）国家战略：环洞庭湖生态经济圈

环洞庭湖地区是我国粮食安全的重要保障基地，是我国最大的水稻种植区和重要的商品粮、棉、油、麻、鱼、生猪等大宗农产品生产基地。洞庭湖素有"长江之肾"之称，环洞庭湖地区是长江中下游生态安全的重要屏障，又是中部崛起的战略支点，其区位优势日益凸显，现已形成石化电力、食品加工、机械制造、生物制药、循环产业等优势产业，加快环湖地区建设，对充分发挥湖区区位、农业、生态、矿产等综合优势，探索加快推进新型工业化、新型城镇化和农业现代化"三化"融合发展，实现中部崛起具有重要意义。

早在 20 世纪 90 年代，就有学者建议建设洞庭湖经济带，将之打造成为湖南省世纪之交和 21 世纪实施开放带动、兴工强农战略的示范区。随着长株潭城市群被列为国家级两型社会建设综合配套改革试验区和江西鄱阳湖生态经济区进入国家战略层面，将洞庭湖纳入国家战略层面的呼声越来越高。

2012 年全国政协十一届五次会议上，在湘全国政协委员建议从国家战略层面加大对水资源的优化配置和政策项目的支持力度，将环洞庭湖生态经济圈建设上升为国家战略。建设国家优质商品粮生产示范基地、生态经济示范区和跨区域合作发展示范区。由国家发改委牵头，协调湖南、湖北两省共同编制环洞庭湖生态经济圈经济社会发展总体规划和专项规划，推进圈内经济一体化、基础设施一体化、生态保护一体化和水资源管理一体化；加大环洞庭湖地区基础设施建设力度，启动湘、资、沅、澧四水整治工程，加快实现环洞庭湖地区交通同网，继续实施长江中游航道整治，重塑长江"黄金水道"形象；支持环洞庭湖地区大力发展生态产业，建立粮食主产区利益补偿机制，做好农产品精深加工，大力发展生态工业，建立环洞庭湖旅游战略联盟，发展有湖乡特色的生态旅游业，抱团做大环洞庭湖旅游经济总量。

2014年4月14日，国务院批复同意《洞庭湖生态经济区规划》，要求湖南、湖北两省及国务院有关部门把洞庭湖生态经济区建成"更加秀美富饶的大湖经济区"。国务院在批复中指出，"推动洞庭湖生态经济区建设，是深入实施促进中部地区崛起战略的重大举措，对于探索大湖流域以生态文明建设引领经济社会全面发展新路径，促进长江中游城市群一体化发展和长江全流域开发开放具有重要意义"。根据规划，洞庭湖生态经济区建设要以推进生态文明建设为主题，以创新体制机制为动力，立足保障生态安全、水安全、国家粮食安全，着力构建和谐人水新关系、现代产业新格局、统筹城乡新福地、合作发展新平台，加快解决血吸虫病、城乡饮水安全等突出民生问题，加快提升区域整体实力和基本公共服务均等化水平，加快推进以人为核心的城镇化，加快推动发展方式转变。

（二）一湖清水润万家：从洞庭湖生态经济区到长江经济带

洞庭湖生态经济区已然上升至国家战略，与长江经济带的国家战略不谋而合，如果说长江经济带是一串美丽的珍珠项链，洞庭湖正是长江经济带上那颗最明亮的珠子。作为长江经济带特色鲜明的组成部分，洞庭湖生态经济区是湖南融入长江经济带的重要板块，万里长江从洞庭湖生态经济区的腹地穿过，八百里洞庭凭"三口"和城陵矶吞吐长江，推动长江经济带发展是洞庭湖生态经济区最直接、最实际、

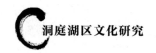

最重大的历史机遇，也是洞庭湖生态经济区不可推卸的责任担当。

2014年，国务院正式批复同意《洞庭湖生态经济区规划》，这个规划突破了行政区划限制，是湖南湖北两省合作创新的成果，成为"一湖两省"创新合作的新起点。

《洞庭湖生态经济区规划》明确提出要"深化区域合作"，指出"加快构建区域统一市场，推进产业、交通、管理服务等全面对接，加强能源开发、信息网络、生态保护等合作共建，支持有条件的省际边界地区设立跨省经济合作区，打破行政、地域界限和市场壁垒，建立区域统一市场，推进一体化发展。依托长江黄金水道和京港澳大通道，积极融入长江经济带，对接长三角与珠三角地区，不断扩大与武汉城市圈、长株潭城市群、鄱阳湖生态经济区的全方位、多层次合作互动。加大承接产业转移力度，支持与东部地区采取多种形式合作共建产业园区。支持岳阳、荆州等地区在条件成熟时按程序申请设立海关特殊监管区域，推进电子口岸建设，加强与沿海沿边口岸通关协作，探索建立沿长江大通关模式，推动区域通关一体化"。

同时，《洞庭湖生态经济区规划》强调了要强化组织领导，"湖南、湖北两省人民政府要切实加强组织领导，制定实施方案，明确责任分工，完善工作机制，建立考评体系，健全两省高层协商机制，建立湖区四市联席会议制度，协调解决生态经济区建设中的重大事项。组织编制具体实施方案和重点领域专项规划，加强相关规划之间衔接。逐级建立目标责任考核制度，加强对规划实施的跟踪分析，完善社会监督机制，确保落实规划目标任务"。

随着规划的逐步实施，省际合作也不断深入，新型两湖关系正在不断构建。

一是省际高层领导合作交流日益频繁。湖北湖南两省就洞庭湖流域经济社会协调发展开展互访，旨在加强流域合作，解决湖区水安全、"三农"问题、生态环保等一系列难题，促进湖区一体化发展。

二是建立联席会议制度。如 2018 年，湖北湖南两省建立了洞庭湖生态经济区（四市一区）政协主席联席会议制度。联席会议成员单位由湖北省荆州市和湖南省岳阳市、常德市、益阳市、长沙市望城区政协组成。联席会议设召集人，召集人由成员单位政协主席轮流担任，每年轮换一次。联席会议主要围绕国家和两省关于洞庭湖环境治理、保护和生态经济区建设、发展重大政策的制修与落实，结合存在的问题和面临的困难，组织专题研讨，提出建议意见，供党委、政府决策参考；搭建洞庭湖环境治理、生态保护、开发建设重大项目协调对接平台，为项目申报和建设推进建言献策、汇智聚力；聚焦洞庭湖区域生态环境方面存在的突出问题和急需解决的重大事项，研究联动治理和综合施策办法，形成建议或提案向党委、政府和上级政协组织提交。2018 年，两省四市一区政协建立了助推洞庭湖生态环境联动治理和绿色发展联席会议机制，携手开启合作之旅。当年 8 月，洞庭湖生态经济区政协主席联席会议第一次会议在湖南岳阳召开。2019 年 7 月，洞庭湖生态经济区政协主席联席会议第二次会议以"守护一湖碧水，助推绿色发展"为主题，在湖南常德召开。2021 年 5 月，洞庭湖生态经济区政协主席联席会议第三次会议在湖北省荆州市召开，会议以"楚山楚水楚文化、大江大湖大旅游"为主题，围绕深化湖区文化旅游合作、建立"无障碍旅游区"进行充分协商，达成了"荆州共识"。

三是签订框架性合作协议。2018 年 9 月，在最高人民法院指导下，长江经济带 11 省（市）和长江源头的青海省共 12 家高院签订《长江经济带11＋1 省市高级人民法院环境资源审判协作框架协议》。长江全流域以及重点区域的司法协作模式已经基本形成。2019 年 7 月，湖南、湖北两省高院共同签订了《环洞庭湖环境资源审判协作框架协议》，根据协议，湖南与湖北两省将按照坚持生态优先、促进绿色发展、推动区域协作、注重高效务实的协作原则，建立环洞庭湖环境资源审判协作机制，协调解决环洞庭湖环境资源审判工作的重大事项，合力保护洞庭湖担负的长江流域生态安全、水安全和国家粮食安全，促进洞庭湖生态经济区高质量发展。

作为洞庭湖乃至湖南省融入长江经济带的"桥头堡"，岳阳在湖南省委、省政府的领导下，整合岳阳港与长沙港以及省内其他港口资源，和上港集团合作组建湖南城陵矶国际港务集团。2015 年 5 月 13日，湖南城陵矶国际港务集团正式揭牌成立，2016 年 1 月 8 日正式运营。目前，湖南城陵矶国际港务集团拥有岳阳城陵矶新港有限公司和长沙集星集装箱码头有限公司两家子公司，经营着湖南长沙和岳阳城陵矶两大集装箱港口。

目前，港口开通了城陵矶港至日韩、港澳直达航线，岳阳至东盟各国、澳大利亚等接力航线，城陵矶港至上海"五定班轮"航线，通过发展多式联运，实现水、公、铁、空无缝对接，形成立体联运体系。2016 年，全年完成吞吐量 29.44 万标箱。2020 年实际完成集装箱吞吐量 50.80 万标箱，从而成为长江中下游集装箱大港。

在离城陵矶港码头不远的地方，便是 2.98 平方千米岳阳城陵矶综合保税区。这个保税区含通关监管作业区、保税加工区、保税仓储物流区、保税服务区 4 个功能区，目前已正式封关运营。

目前在城陵矶新区，中部地区唯一的进口肉类指定口岸查验平台已经启用，城陵矶综合保税区、启运港退税政策试点港、汽车整车进口口岸、进口粮食指定口岸、固废进口指定口岸，即"一区一港四口岸"已成功获批并投入使用。依托这些开放大平台，岳阳市持续扩大开放，2020 年，全市 GDP 达到 4001.55 亿元，经济总量稳居全省第二，主要指标增幅居全省第一方阵。岳阳市成为湖南对外开放的"桥头堡"，融入"一带一路"的重要节点，也是湖南全力打造的通江达海新增长极。

三 建设美丽洞庭湖是湖南省重大战略

人类对于水具有天然的亲近心理冲动和原始本性，《管子·水地篇》云"地者，万物之本原，诸生之根苑也……水者，地之血气，如筋脉之通流者也。故曰：水具材也"。水孕育了生命，维系着人类的生存与生活，又寄托着人类对诸多美好事物的向往与追求。因此，古今中外，亲水成为人类近于本能的行为。洞庭湖孕育了悠久的湖湘文明，滋润了灿烂的湖湘文化。新中国成立以来，湖南围绕洞庭湖治理、建设亲水文化方面做了不少工作。

（一）治污染，还洞庭一湖清水

水污染和水体富营养化是洞庭湖治理面临的难题之一，直接影响到洞庭湖湿地的可持续利用。洞庭湖水体富营养状况较严重，主要是由于周围城镇和工业较为集中，大量排入的工业废水、生活污水中含有高浓度的氮、磷生化耗氧量数值也很高。

洞庭湖盛产芦苇，从而使环湖区域造纸业发达。大批造纸企业没有污染处理设施，废水未经处理长期直排入湖，导致洞庭湖整体水质下降，局部水域甚至出现劣五类水质。洞庭湖生态安全岌岌可危，湖区人民饮用水源受到威胁。

造纸业为全省废水排放四大重点行业之一，污染问题由来已久。2000 年以后，洞庭湖区造纸业发展迅猛，企业数量由 2000 年的 40 多家增加到 101 家，其中化学制浆造纸企业 25 家、废纸造纸企业 76 家，分布在岳阳、常德、益阳三市的 15 个县（市、区）。洞庭湖区造纸企业多数没有采取有效的污染防治措施。25 家化学制浆造纸企业中，碱回收等环保设施齐全且能正常运转的仅有 2 家，其余化学制浆和废纸造纸企业化学需氧量排放浓度超标几倍甚至十倍以上。在整治前，湖南省湖区共有造纸企业 236 家，这些企业中，只有 2 家有比较完善的环保处理设施，其余 234 家均没有有效的污水处理设施，废水未经处理直排入湖。据初步统计，2005 年洞庭湖区造纸企业年排放生产废水达 1.07 亿吨，化学需氧量为 17.4 万吨，除了泰格林纸集团的两家子公司拥有较为完善的污水处理设施外，其余造纸企业经常违法直接向洞庭湖排污，洞庭湖区造纸企业污染问题已对该区域的生态安全和饮水安全构成了严重威胁。

2006 年下半年开始，洞庭湖造纸业的污染问题引起了各方面的高度关注。12 月，洞庭湖区造纸企业污染整治行动正式启动，湖南省委、省政府下达命令：2007 年 3 月 31 日前，湖区所有达不到环保要求的造纸企业一律停产关闭。

2006 年 12 月，湖南省政府全面安排和部署了洞庭湖区造纸企业污染的整治工作，并下发了《洞庭湖区造纸企业污染整治工作实施方案》等文件。整治分四个阶段进行，2006 年 12 月 31 日前为第一阶段，凡无有效的污染防治设施或长期超标排污的化学制浆造纸企业一律停止生产。省政府随文下达了 8 家停止生产企业名单，由企业所在地市政府责令停止生产。2006 年 12 月 31 日至 2007 年 3 月 31 日前为第二阶段，凡无碱回收装置或有碱回收装置、但污染排放不能稳定达标的废纸造纸企业一律停止生产，第二阶段停止生产的造纸企业共 146 家。

整治行动一开始，省环保局就代表省政府与湖区常德、岳阳、益阳三市政府分别签下责任状，三市"统一思想、统一目标、统一标准、统一行动"，表达政府全力支持的决心。各部门更是齐抓共管，环保部门加大执法监管力度，先后对 10 多家顶风违法的造纸企业进行了处罚。经过 3 个月的扎实工作，236 家造纸企业已关停 234 家，只剩 2 家环保达标企业生产。通过这次整治，洞庭湖区造纸行业可削减废水排放量 4000.0 万吨，削减化学需氧量 10.0 万吨，削减二氧化硫 1.2 万吨。

2007 年初，湖南发布《湖南省新型工业化考核奖励办法（试行）》，将生态环境治理作为一项政绩列入其中，各县（市、区）党委政府和规模以上独立核算工业法人企业的领导干部，都成了"减少污染物排放"的考核对象。生态环境保护，被提高到空前高度。3 月 30 日，以"关注洞庭湖"为主题的"三湘环保世纪行"活动在湖南省人大常委会机关正式启动。省人大环资委、省环保局、省政府督查室组成的联合检查和督查组，于 4 月 2～9 日前往益阳、岳阳、常德三市，督查列入洞庭湖地区造纸行业第一、第二阶段停止生产的 154 家造纸生产企业的治污落实情况。同时，湖南省将这次规模空前的环境污染整治行动变成一次产业结构调整的契机。根据相关规划，湖南省政府在洞庭湖区造纸企业中选择了 11 家资金技术实力较强的企业进行重点扶持，使其做优做强。在新的结构调整规划中，按照洞庭湖稳定达到地表水三类水质标准的要求，湖南省对湖区造纸行业划定了"环保红线"：所有造纸企业必须做到吨纸化学需氧量排放控制在国家标准以下（吨纸 0.041 吨），力争达到吨纸 0.030 吨的排放水平。2018 年，湖南省政府出台《洞庭湖区造纸企业引导退出实施方案》，要求 2018 年环洞庭湖三市一区，即岳阳市、常德市、益阳市、长沙市望城区，坚决退出制浆产能和落后造纸产能，2019 年全面退出造纸产能。

洞庭湖区是中国最大的芦苇产区，洞庭湖的芦苇产量占全国总产量的 40% 以上，可供生产化学苇浆 40 万吨。湖区每年可提供丰富的造纸用木材，洞庭湖的水文和水动力条件在全国湖泊中也最为优越，湖水换水周期短，自净能力较强。由此，湖南省造纸业名列全国第八,洞庭湖区是造纸产能的密集区,纸和纸板产量占到全省总产量的一半以上。基于这些优势,在达不到环保要求的造纸企业关停后,省政府对洞庭湖区造纸业提出了"统筹规划、控制总量、淘汰落后、扶优扶强、保护生态、清洁发展"的结构调整规划,决定在做好继续关停环保不达标企业、淘汰落后造纸工艺的同时,有选择性地扶持具备条件的企业做优做强,扩大产业规模,并在确保环境质量的同时改善造纸工艺,最终促进了湖区造纸行业实现产业升级换代。通过关停整治和改造提升,岳阳市造纸企业年减排废水近4500.0万吨,年造纸生产能力增加5.0万吨,年上缴税费增长5倍,达到近4亿元。常德市造纸企业化学需氧量年排放总量减少4.0万吨,废水排放总量减少70.5%,产能由整治前的56.4万吨扩大到79.8万吨。益阳市造纸企业减少90家,造纸总产能增加近60万吨,废水排放总量和化学需氧量年排放总量分别减少6000.0万吨、2.0万吨。

2014年4月,国务院批复《洞庭湖生态经济区规划》(国函〔2014〕46号),同年5月2日国家发改委下发《关于印发洞庭湖生态经济区规划的通知》(发改地区〔2014〕840号),从此洞庭湖生态环境保护有了顶层统筹。2016~2017年,省委、省政府部署开展洞庭湖水环境综合整治五大专项行动,2018~2020年,全面推动实施十大重点领域和九大片区综合治理,并将洞庭湖生态环境整治作为"夏季攻势"的重要内容,拉条挂账,强化监督检查,严格考核奖惩,纵深推进各项工作。2021年5月27日经湖南省第十三届人民代表大会常务委员会第二十四次会议通过的《湖南省洞庭湖保护条例》更是让洞庭湖治理有法可依,有章可循。

湖南省强力推进洞庭湖生态环境专项整治,取得了良好的效果,251个砂石码头拆除复绿,取缔入河排污口近1000个,洞庭湖再现江豚翔泳、麋鹿群集的动人场景。2020年底,全省森林覆盖率为

59.96%，森林蓄积量达 6.18 亿立方米，湿地保护率达 75.77%；全省累计退耕还林 2161.49 万亩，洞庭湖区累计清退欧美黑杨 38.64 万亩，修复清理迹地及洲滩、岸线 44.42 万亩；完成 255 座尾矿库、545座长江经济带废弃矿山污染治理，完成矿山生态修复总面积 9795 公顷，建成国家级绿色矿山 55 座；54 个国家重点生态功能区县域生态环境总体保持稳定，黑鹳、中华秋沙鸭和银杉、南方红豆杉等珍稀动植物种群保持稳定，洞庭湖越冬候鸟达 28.8 万只，创同步调查记录以来数量新高。湖南省环境监测数据表明：2020 年全省 60 个国家考核断面水质优良率为 93.3%，国考断面全面消除劣 V 类水质，长江干流湖南段和湘资沅澧干流全面达到或优于 II 类水质，洞庭湖总磷浓度下降到 0.06 毫克/升，较 2015 年下降 46.4%[①]。湖南省环境监测结果表明，2021 年 5 月，环洞庭湖河流水质总体为优。37 个监测断面中，35 个达到或优于 III 类水质标准，南茅运河的南州桥以南和华容河的南堤拐断面水质为 IV 类。西洞庭湖湖区和洞庭湖出口水质为良好，南洞庭湖、东洞庭湖湖区和全湖水质均为轻度污染。全湖共监测断面 11 个，III 类水质断面 6 个，占 54.5%；IV 类水质断面 5 个占 45.5%。污染指标为总磷。洞庭湖共监测 17 个内湖断面，其中，III 类水质断面 12 个，占 70.6%；IV 类水质断面 4 个，占 23.5%；V 类水质断面 1 个，占 5.9%，为华容东湖断面，主要污染指标为总磷。[②]

（二）送瘟神，消杀血吸虫，营造健康的水环境

血吸虫病是一种严重危害人民健康、阻碍社会经济发展的寄生虫

---

① 《湖南省人民政府办公厅关于印发〈湖南省"十四五"生态环境保护规划〉的通知》，湖南省人民政府网，2021 年 9 月 30 日，http：//hunan. gov. cn/hnszf/xxgk/wjk/szfbgt/202110/t20211022_ 20838349. html。

② 《湖南省 2021 年 5 月地表水水质状况》，湖南省生态环境厅网站，2021 年 6 月 18 日，http//sthjt. hunan. gov. cn/sthjt/xxgk/zdly/hjjc/hjzl/shjzl/dbs/202106/t20210622_ 19720454. html。

病、地方病和传染病。据研究，早在西汉时期，血吸虫病就已在洞庭湖区流行。20世纪初期，防治先驱们对洞庭湖区血吸虫病流行情况进行了初步调查。[①] 不过，当时因战争频仍，血吸虫病的防治工作近于停滞，加上公共医疗基础条件和医疗技术落后，洞庭湖区血吸虫病广为流传，严重地区甚至出现"路上无人走，死者无人埋，处处断炊烟，村村荒草生"的悲惨景象。

新中国成立后，党和政府高度重视血吸虫病防治工作。20世纪50年代，湖南对洞庭湖区的血吸虫疫情进行大规模的调查。据估测，新中国成立初期，洞庭湖区血吸虫病流行区以洞庭湖平原为中心，向周围地区呈辐射状分布，几乎遍及整个湖区，涉及沅江县、澧县、汉寿县、常德县、华容县、益阳县、南县、岳阳县、望城县等17个县（市、区）及大通湖、西湖、建新3个国有农场。[②] 据估算，中华人民共和国成立初期洞庭湖区血吸虫病患者数有60万人，79.3%的村为重度流行区（居民感染率 >10%）。[③]

1958年6月30日，《人民日报》发表了通讯《第一面红旗》，报道江西省余江县消灭血吸虫病的经过。毛泽东读罢通讯，心潮起伏，激情赋诗二首《送瘟神》，并专门写了一段《后记》，"六月三十日《人民日报》发表文章说：余江县基本消灭了血吸虫，十二省、市灭疫大有希望。我就写了两首宣传诗，略等于近年的招贴画，聊为一臂之助。就血

① 王小军：《血吸虫病与长江中游地区的社会变迁（1905～1978年）》，博士学位论文，华中师范大学，2008；王小军：《简论民国时期对血吸虫病灾害的调查》，《兰台世界》2011年第16期。

② 周杰等：《湖南省鏖战血吸虫病的历史记忆与防控经验》，《热带病与寄生虫学》2019年第4期。

③ 易平等：《洞庭湖区血吸虫病疫情指标的演变趋势》，《中国血吸虫病防治杂志》2012年第3期；彭先平：《湖南省血吸虫病防治概况》，载王陇德主编《中国血吸虫病防治历程与展望——纪念血吸虫病在中国发现一百周年文选》，人民卫生出版社，2006，第145～149页。

吸虫所毁灭我们的生命而言，远强于过去打过我们的任何一个或几个帝国主义。八国联军、抗日战争，就毁人一点来说，都不及血吸虫。除开历史上死掉的人以外，现在尚有一千万人患疫，一万万人受疫的威胁。是可忍，孰不可忍？然而今之华佗们在早几年大多信心不足，近一二年干劲渐高，因而有希望。主要是党抓起来了，群众大规模发动起来了。党组织，科学家，人民群众，三者结合起来，瘟神就只好走路了"。①

洞庭湖区也迅速开展大规模防治工作，依靠广大人民群众和防治工作者，与血吸虫病展开了艰苦卓绝的斗争，历经消灭钉螺为主、人畜同步化疗为主、控制传染源为主3个防治阶段。②

2004年起，湖南省开始实施以传染源控制为主的血吸虫病综合防治策略，经过十几年的艰苦工作，取得了显著成效。据统计，2004～2019年湖南省血吸虫病综合防治措施累计投入经费711092.65万元；完成药物灭螺277437.12公顷，人群扩大化疗6927230人/次，牛扩大化疗2116247头/次，建造无害化厕所954850座，圈养牛290359头，淘汰牛136666头，以机代牛141905套，水改旱39048.63公顷，灌区改造724.12公里，安全饮水覆盖人口399.43万人，种植抑螺防病林191102.89公顷，土地平整38535.27公顷。2004年，湖南省人群血吸虫感染率为4.29%，耕牛感染率为4.48%，垸内有螺面积2449.37公顷，感染性钉螺面积3423.74公顷；2019年，全省人群和耕牛血吸虫感染率均下降至0.00，垸内有螺面积较2004年下降了77.92%（540.92公顷），感染性钉螺面积下降至0.00。③

2015年以来，全省未发现当地感染的新发确诊病人、病畜，未查

① 刘汉民：《毛泽东诗词佳话》，人民出版社，2013，第175～176页。
② 胡本骄等：《洞庭湖区血吸虫病防治历程》，《中国血吸虫病防治杂志》2020年第3期。
③ 汤凌等：《2004—2019年湖南省血吸虫病综合防治效果》，《中国血吸虫病防治杂志》2020年第3期。

出感染性钉螺。2019 年，全省 41 个血吸虫病流行县（市、区、场）中，除澧县外，均达到传播阻断或消除标准，其中慈利县、武陵区、西洞庭管理区、石门县、开福区、长沙县、天心区、芦淞区、石峰区、岳阳经济技术开发区 10 个县级流行区达到消除标准。① 2020 年 10 月，澧县通过考验验收，达到了血吸虫病传播阻断标准。②

在与血吸虫这个"瘟神"的艰苦斗争中，洞庭湖区通过不断摸索，创造出了"君山—安乡模式""洞庭湖区血吸虫病综合治理""渔船民精准防控"等一批血吸虫病防治模式，为我国血吸虫病防治贡献了"湖南方案"。③

根据《湖南省消除血吸虫病规划（2016—2025 年）》，到 2025 年，全省所有血吸虫病疫区县（市、区、场）达到血吸虫病消除标准。届时，为害数千年的"瘟神"将被湖区人们送走，还洞庭湖一个健康的水体。

（三）寻求亲水休闲方式，提升湖区生活品质

自古以来，中国人对山水就情有独钟，形成了独具中国意味、中国风格的山水文化，"智者乐水，仁者乐山"正是这种文化的真实写照。数千年以来，中国人对山水十分喜爱，除了赋予其优美的诗词歌赋，还在人工打造的居住环境之中努力营造出山水的意境。

与西方营造思想不同，中国传统社会在营造人工环境时，往往试图接近自然的原貌，最大程度保存自然山水的意味，清代李渔在《闲情偶寄·山石第五》开篇写道："幽斋磊石，原非得已。不能致身岩下，与木石居，故以一卷代山，一勺代水，所谓无聊之极思也。然能

---

① 胡本骄等：《洞庭湖区血吸虫病防治历程》，《中国血吸虫病防治杂志》2020 年第 3 期。
② 何荣：《澧县血吸虫病传播阻断达标》，常德市人民政府网站，2020 年 10 月 16 日，https://www.changde.gov.cn/cdzx/qxdt/content_786488。
③ 周晓农：《洞庭湖区消除血吸虫病迈向新时期》，《中国血吸虫病防治杂志》2020 年第 3 期。

变城市为山林，招飞来峰使居平地，自是神仙妙术，假手于人以示奇者也，不得以小技目之。且磊石成山，另是一种学问，别是一番智巧。尽有丘壑填胸，烟云绕笔之韵事，命之画水题山，顷刻千岩万壑，及倩磊斋头片石，其技立穷，似向盲人问道者。"① 这段话将传统社会士人对自然山水的崇尚与向往表现得淋漓尽致。

近年来，随着生活水平的提高，人们越来越向往"小桥流水"诗意般的人居环境，向往"水天一色，辽阔旷远"的美致景观。洞庭湖区各地也注意寻求亲水休闲方式，提升湖区生活品质。

1. 将洞庭湖区基础设施建设纳入城乡整体规划

2014 年获国务院批复的《洞庭湖生态经济区规划》中，明确提出"依托洞庭湖山水独特风光，利用滨水资源优势，体现尊重自然、顺应自然、天人合一的理念，融入传统、现代要素，让城市融入自然，营造具有洞庭山水特色和湖乡人文特质的城镇风貌，着力提高城镇建设水平。推进重点城镇扩容提质，提高城镇土地利用效率和城镇建成区人口密度，提高城镇人口素质和居民生活质量。将资源条件、人口规模纳入城市总体规划，提升城镇综合承载能力，科学研判未来人口、产业集聚，适当超前、高标准建设功能完善、安全高效的给排水系统、能源系统、信息系统、地下管网系统。推行绿色低碳建筑。优化城镇交通体系，大力发展公共交通和城市慢行系统，将人均公共设施拥有量纳入城市控制性详规，加强城镇园林绿地和河湖堤岸、防护林带、道路绿廊等生态廊道建设"。

其中，串联区域内重点城镇、重要景点、重要港口和交通动脉的环洞庭湖公路正在快速建设中，长达 899 公里环湖路就像一串项链戴在"长江之肺"上，把东洞庭、南洞庭、西洞庭连为一体，将分散的

---

① 〔清〕李渔：《李渔全集》（第 3 卷）《闲情偶寄》，浙江古籍出版社，1992，第 195 页。

景点连成一片，并与湘江风光带相连。当地政府还开发了环湖自驾游、环湖自行车游、环湖绿道步行游等项目。

此外，各地政府根据自身特点，纷纷建设具有水乡田园风光的亲水设施，如《常德市西洞庭管理区总体规划（2015—2030年）》中，西洞庭将构建"林、渠、田、水"为一体的"城乡大海绵"。疏通沙河河道，恢复毡帽湖水面并使其兼具生态景观，保护管理区大小水塘及现有水面，构筑海绵城市基底；恢复经纬渠道的畅通，城区内适度增加东西及南北向的水系，使内外水脉相通；沙河退塘还湖后，经一渠在维持现状的情况下连通沙河；沿北环路新建沙河与经三渠的连通道；新建内环水系，重构水系脉络，激发城市活力。高标准规划美丽水乡和塑造悠然田园风光，开辟船游西洞庭的旅游项目，以毡帽湖码头为起点，依次经毡帽湖（特色水街）、经三渠、湿地保育区、龙泉湖、湿地采莲区、采摘园地、水乡田园小镇，到田园花海、朝鲜蓟种植观光区和砖厂艺术聚落，形成一条旅游风光带，进一步优化经纬渠岸线空间。在现有岸线乔木的基础上，增加近水挺水植物的种植，丰富岸线层次，增加亲水垂钓平台、游船驳岸等设施；构建有趣的"桥"网络，水渠交叉处的桥梁设计以平交和立交两种方式为主，桥的命名和设计元素借鉴各地方地名及特色元素。同时，依托中心公园，营造人工与自然相结合的都市田园景观，设置一系列的公共地标建筑与景观元素，打造"记忆花田"景观等。城区内形成"生态基底＋沙河公园，中心公园，毡帽湖公园＋连通节点"的西洞庭"绿环"，构建"公园＋文化＋服务＋运动"于一体的活力空间。

岳阳除了打造以"岳阳楼"为核心的亲水项目外，还将洞庭湖小镇作为城市发展和整合"一湖两岸"旅游资源打造文化旅游示范区的"主战场"，洞庭湖小镇以南湖和巴陵记忆为依托，以生态田园为基础，以湖湘文化为内涵进行设计规划区位于岳阳洞庭湖旅游度假区芷兰路，处于南湖西南沿线，以楞伽山为主体，区位良好，风景独特。项目规划总用地面积 3200 亩，总投资约 7.8 亿元，预计年接待游客40 万人次。洞庭湖小镇以"一核两轴三带"的总体空间结构打造六大主题分区，涵盖文化体验、特色产业、农耕体验、自然科普、农业观光、健康运动等功能，并以洞庭水文化为依托，传承湖湘文明，秉承文化特色，重构湖、港、坊、村、野等洞庭水乡元素。

2. 广泛开展各项体育节事，扩大洞庭湖影响力

随着经济社会的快速发展，洞庭湖资源得到进一步开发，人们不再局限于湖区丰富的自然资源，现代旅游业的发展使得水上运动暨相关项目开发也得到了高度重视，开发洞庭湖体育休闲旅游，丰富洞庭湖第三产业具有重要的现实意义。

洞庭湖跨越湘鄂两省，号称"八百里洞庭"，它浩瀚迂回，山峦突兀，其最大的特点便是湖外有湖、湖中有山、芦叶青青、渔帆点点、水天一色、鸥鹭翔飞，春秋四时之景不同，一日之中变化万千。洞庭湖其风光之绮丽迷人，是发展旅游事业的好地方。同时，洞庭湖拥有赛龙舟、划船等与水密切相关的水上民俗运动项目，将这些民俗运动项目与现代运动项目相结合，开发体育休闲旅游，给洞庭湖区带来了巨大的经济效益和社会效益。

2012 年，由湖南省委、省政府安排，省旅游局主持的《洞庭湖生态经济区旅游发展规划》提出"推进以环湖观景公路、旅游景点和休闲度假基地为重点的旅游兴区工程，构建以洞庭湖为中心的大旅游网络，成为世界级的著名观光休闲度假旅游目的地"等主要建设任务，争取将洞庭湖生态经济区建设上升到国家战略层面，这些政策支持将转化为推动该地区生态体育旅游产业发展的内生动力。2014 年，国务院正式批复同意的《洞庭湖生态经济区规划》明确指出，要"发展文化体育业，兴建环湖自行车赛道、马拉松赛道、生态体育公

园、水上训练基地等设施"。

环洞庭湖区大型体育节事不断增多，品牌知名度越来越大。岳阳国际龙舟赛、大云山登高节、国际皮划艇大赛、环湘自行车赛等赛事影响全国。岳阳是龙舟运动的发源地，1987年起，在国家体育局和国家旅游局的大力支持下，岳阳市开始在南湖组织举办集体育、文化、经贸、旅游于一体的大型龙舟节（赛）活动，该活动被国家旅游局确定为中国面向境外市场的23个重要节庆活动之一。龙舟文化已被全球华人、华侨所认同。现在，龙舟文化活动扩展到世界许多地方。澳大利亚、法国、意大利、加拿大、德国、英国、南非、瑞典、俄罗斯、美国等国也拥有了龙舟竞赛项目，龙舟赛成为一项世界性的文化旅游活动和现代体育活动。20世纪80年代以来，龙舟赛事"寻根问祖"，在"龙舟之源"的岳阳先后举办了10次国际性龙舟大赛。海内外近1000家有影响的媒体先后报道了在岳阳举行的龙舟赛事实况。岳阳是世界上举办高规格、高水平龙舟竞赛活动最多的赛地。随着国内外龙舟竞技、健身活动热度的上涨，汨罗的龙舟产业迅速发展，知名度、销售量逐年上升。在汨罗市屈子祠镇，5万人左右的人口中，从事龙舟赛事、培训、制造、配套设施等相关产业的人数就达到了3000多人。2016年开始举办的环洞庭湖国际公路自行车赛是湖南参赛人数最多、里程最长、影响最广的公路自行车比赛。洞庭湖区将环洞庭湖国际公路自行车赛计划打造成为2.HC级洲际顶级自行车赛事，包括将800公里赛道拓展至3500公里，赛事市值超过100亿元，也是洞庭湖区打造国际赛事的目标之一。洞庭湖区还打造了"洞庭湖生态文化旅游暨水上运动节"，其中就包括了皮划艇大赛等水上运动项目，意在全方位展示大湖经济区建设的发展实况，展现绿色经济的湖区生态文明，通过节会聚人气、上项目、促建设、创品牌，打造一批创意新颖、特色鲜明、文化科技含量高、与国际标准接轨的全域旅游新亮点，推动以乡村休闲文化旅游为主阵地的大旅游格局和全域旅游基地快速形成，持续推进洞庭湖生态经济区快速健康和谐发展。

除了运动节事的打造，洞庭湖区还广泛开展划船、赛龙舟、荡秋千、放风筝等群众喜闻乐见的群众性体育活动。目前湖南省体育局重点打造的围绕自行车、轮滑、龙舟、划船等健身项目，把生态旅游和环湖健身有机结合起来的"环洞庭湖生态健身圈"这一极具湖南特色的全民健身活动新品牌，为体育爱好者提供了更优质的体育锻炼环境，助推洞庭湖区生态体育旅游提质升级。

四　洞庭湖治水文化

作为一种自然资源，水在人类发展历史上起着重要作用，但是水本身无法形成文化，随着人类在漫长的历史中，对水资源的开发与利用，对水的治理和管理，对水的认识和思考，不断累积形成各种文化，这些文化最终可以归成水文化。中国是历史悠久的文明古国，拥有着无可比拟的历史与文化，同时，灿烂而独特的水文化也是中华传统文化的重要组成部分，滋润着华夏五千年历史。习近平总书记指出，"一个国家、一个民族的强盛，总是以文化兴盛为支撑的，中华民族伟大复兴需要以中华文化发展繁荣为条件"。[①] 传承与保护好水文化，积极推动生态文明建设，为生态文明建设提供文化支撑，繁荣中华传统文化，具有极其重要的意义。

（一）洞庭湖治水文化是中国治水文化研究版图重要组成部分

作为中国内陆淡水湖翘楚的洞庭湖，有着保长江安澜、民生安宁

---

① 《习近平强调：一个国家、一个民族的强盛，总是以文化兴盛为支撑的》，中国文化交流网，2013 年 11 月 29 日，https：//www.whjlw.com/2013/11/29/12742.html。

的重要作用,同时还是中国治水文化研究版图中不可或缺的重要组成部分。

数千年以来,从来没有哪个水体像洞庭湖这般,在人类在与泥沙、洪水长期的混战中盈缩不定。在这一历史进程中,人们对洞庭湖或惧、或憎、或恶、或喜,构成了洞庭湖独特的治水文化的时代画卷。

长期以来,围绕洞庭湖的治理、开发和保护,学界和政界予以充分关注,并随着时代的前行和科技的进步取得了很多的成果,这些成果无疑为我们认识、了解洞庭湖的治水文化提供了很多的视角。

1. 历代治水方略

从荆江九穴十三口逐渐湮塞的宋、元两代开始,有关江湖治理意见众说纷纭,争论很大。可列举者有塞口还江、堵支并流、南北分流、挖湖调蓄、四口建闸、裁弯取直、开辟分洪道、废田还湖、蓄洪垦殖、湖垸互换、挖湖抬田、引洪放淤等等。争论的焦点集中在治理的指导方针上,是采取"舍南救北"或是"南北兼顾",是以蓄为主还是以泄为主,或蓄泄兼顾等;在具体的措施上,或塞口还江或退田还湖,或开河分流或浚湖与疏江并举等。王恢先在《湖南水利问题之研究》、汤鑫华在《荆湖关系的历史评鉴》中进行了较为系统的研究。1976年《洞庭湖水利史料》和1981年史杰撰写的《认识洞庭湖、改造洞庭湖》两文将历代争论意见归纳为:废田还湖与塞口还江,舍南救北与南北兼顾以及以蓄为主与以泄为主、蓄泄兼顾三个方面。

一是废田还湖与塞口还江。在废田还湖与塞口还江问题上争论最多,各执一说。长江中游地区的湖泊围垦起步较晚,废田还湖之说迟至明代还未见于史籍,如《天下郡国利病书》中反映明代地方志中各种治理江湖的议论,但对废田还湖之说没有记载。明嘉靖三年(1524),荆江北岸穴口全部淤塞或堵闭,只留下南岸的虎渡和调弦口，江水集中向洞庭湖分流，湖泊淤积加快，洲滩不断增长，围垦之风渐兴。至清康熙年间（1662~1722），湖泊围垦已趋于饱和，围垦与水利的矛盾渐显，有人提出加以节制，如湖南巡抚蒋溥在奏折中提出："湖地垦筑已多，当防河患，不可有意劝垦。"乾隆年间（1736~1795），"与水争地"的现象十分严重，湖区"凡稍高之地，无不筑围成田，滨湖堤垸如鳞，弥望无际"。乾隆七年（1742）、十七年（1752）、二十年（1755）、二十九年（1764）、三十二年（1767）、三十四年（1769）、五十三年（1788）等，荆江均发生大洪水，洞庭湖宣泄不及，坏田庐无算，于是禁止围垦和废田还湖呼声高涨。乾隆十二年（1747）湖南巡抚杨锡绂奏请："沿湖荒地未经圈筑者，即行严禁，不许再行筑垦。"次年，湖北巡抚彭树葵也就江汉平原圈湖围垦上奏曰："水性浊多沙，最易淤积，有力者因之取利如鹜，始则于岸脚湖心多方截流以成淤，继则借水粮鱼课，四围筑堤以成垸。在小民计图谋生惟恐不广，而不知人与水争地为利，水必与人争地为殃，川壅而溃，盖有自矣……至此后遇有淤滩，原系民间纳粮之地，或种麦豆或取柴草，均听自便，但不得另筑垸塍，以妨水路。"但有禁不止，堤垸仍有增无减。乾隆二十八年（1763）以后私筑堤垸多达数十座，"令其多刨水口，与外湖相连，使成废壤"，并"勒碑滨湖，永远示禁"。清代御史朱逵吉是力主废田还湖者。朱氏在道光十三年（1833）的奏疏中称："荆江南岸有彩穴、虎渡穴、杨林穴、宋穴、调弦穴诸口，皆可疏江水以达洞庭，洞庭增长一寸，即可减江水四、五尺，江水势减，则江陵、公安、石首、监利、华容等县俱可安枕。"道光年间（1821~1850）任高邮州知州的魏源则主张有原则地废田还湖。魏氏在《湖广水利论》中称："不去水之碍，而免水之溃，必不能也，欲导水性，必掘水障。"所谓"掘水障"，就是将阻碍水流的垸田毁掉，但对高位洲滩且已垦种多年的垸田，则仍予以保留。

民国时期，傅汝霖就江湖的治理问题，也提出废田还湖建议，傅氏指出："人民之任意围垦，设置圩田，应制定法规，设法禁止之，必要时应牺牲少数人民之利益，以保全大众之福利。在可能范围内，并设法改善各湖泊，使其容量增加，以减下游之灾患。"1932 年，国民政府召开废田还湖会议，后由当时的内政、实业和交通三部做出相应决定，令湖南省执行。但因"窒碍甚多"，认识不一致而不了了之。

与废田还湖截然对立的观点是塞口还江。荆江四口南流的格局形成之后，荆北水患略有纾解，大量水沙南注洞庭湖区，湖泊洲滩迅速淤积，湖泊围垦形成高潮，湖区水患也明显加剧。在围垦和水患呈恶性发展的形势下，塞口还江的呼声和议论遂起。清光绪中叶，南洲厅杨荫亭上书请求恢复南岸江堤，南岸江堤一旦恢复，四口也就自然全塞，但杨氏主张并未被采纳。光绪十八年（1892）刑部郎中张闻锦和汉寿乡绅胡树荣等人提出堵塞藕池口，时任湖广总督的张之洞予以拒绝，张氏言："自咸丰二年溃口以来，四十余年南北相安无事。若（藕池口）一旦堵塞，荆民必群起相争。南省依堤为命者，北省必将以堤为仇。即欲强行议堵，此工亦恐难成……且工费过巨，断非数十万金所能办。纵使办成，盛涨亦难深恃。"宣统元年（1909），朝廷提出迁城废垸以疏浚洞庭湖水道，湖南反对，认为迁城废垸"窒碍甚多"，难以实施，相反提出"迅将南岸各口堵塞，挟（湖南、湖北）两省全力以疏江"。至此，始于光绪中叶的塞口还江与废田还湖的争论正面对立化。民国时期，塞口与废田之争更为炽烈。1932 年，国民政府召开废田还湖会议不久，王恢先发表了《湖南水利问题之研究》。文中称："占水量者非圩堤而乃淤洲，至水患者非垸田而乃沙泥。欲除水患，必自去泥沙始。垸田之存废，关系于洪水之涨落也至属轻微……现既无移民之地，又无移粟之区，遽夺其田而废之，非但不智，抑且难能。"湖南救灾委员彭懋园也是塞口还江的积极倡导者，彭氏在《对于水利的我见》一文中说："洞庭湖水灾之来源，不在湖田之围垦，而在于泥沙之倾积。无荆江四口，即无大量泥沙，无大量泥沙即无湖田，不责荆江四口而罪及滨湖垸田，舍本求末，殊欠公允。若不亟图补救，坐令荆江大量泥沙输入，行见已淤成洲者，日益高涨，未经受淤者，亦将逐渐成洲，虽不围垦成田，势必无地储水。田虽可废，而湖终不可还，故与其废田还湖，不如塞口还江。"无论是废田还湖，还是塞口还江，都不可能根治江湖问题。废田还湖固然不失为江湖治理的一项重大举措，但事关湖区民生，应当因地制宜，不可一概而论。塞口还江又影响到长江中游洪水调节，事关全局，绝不能因小失大。两种治水理论研究存在地域方面因素，把江湖治理问题绝对化，在实践中则无法贯彻。

二是舍南保北与南北兼顾。舍南保北是指为确保荆江北岸大堤及江汉平原地区的安全而将荆江洪水引向南岸之洞庭湖。这种思想与做法早在南宋时期就已存在。明嘉靖年间（1522～1566）荆江北岸唯一的穴口被堵，清咸同年间（1851～1874）形成四口南流局面。清朝时期历任湖广总督也强调荆江大堤的维修加固，1840年湖广总督甚至建议拓宽虎渡、调弦二口，荆江洪水能直入洞庭。这种思想根源与其社会和自然条件有关。荆北江汉平原比荆南洞庭湖平原开发早，经济地位较南岸重要，正如《读史方舆纪要》中所言"湖广之形胜……以天下言之则重在襄阳，以东南言之则重在武昌，以湖广言之则重在荆州"。楚国曾在荆州城附近建都，西汉时荆州又成为全国十大商业中心之一，唐朝中叶还被定为"陪都"，在明清时期也是南方尤其是湖广地区屈指可数的都市之一。江汉平原面积远比洞庭湖平原大，荆北一旦溃废，洪水一泻千里，损失巨大。荆南平原则有明清时期江水南浸而形成的洞庭湖，可蓄一定水量，且环湖丘岗可抑制洪水在一定的范围内。"舍南保北"自然形成。舍南保北的指导思想带来的结果，

主要体现在：荆江北岸江堤高大坚固，上下连接一线无间断。南岸江堤矮小残缺，堤顶高程比北堤低 2～3 米。荆江北岸所有穴口全部堵闭，南岸穴口屡溃不复，而且反对口门建滚水坝和建闸控制。限制荆江与洞庭湖出口——城陵矶的防洪控制水位不能提高，逼大量洪水滞留在其附近地区。历代朝廷和民国中央政府的水利资金分配不均，荆江北"吃皇粮"，荆江南"吃救粮"。舍南保北仍然是一种狭隘和片面的治理江湖思想，虽然在实际贯彻中大行其道，但在水利实践中往往事与愿违。不少研究者认为在江湖治理上"舍了南、救不了北"。因为四口泥沙倾积在洞庭湖，已逐渐形成了今日荆江北岸低于荆江南岸二丈多的险恶局面。民国时期的扬子江水利委员会工程师章锡绶等人还认为，由于四口的淤积，荆江水宣泄不及，必然择其他地势低洼之处而灌注之，北岸之堤势必自然溃决。长江流域规划办公室主任林一山在 1978 年《人民长江》第 1 期发表的《荆江河道的演变规律》一文中也指出："特别是近数百年来，由于历代治水方针的错误，舍南救北和治水不治沙、用水不用沙，结果未能舍南救北，走向反面，使荆江处于南高北低的境地，造成荆江大堤处于洪水威胁的局面。"

三是以蓄为主与以泄为主。对荆江与四水入湖洪水，采取以泄为主还是以蓄为主，或蓄泄兼顾的问题，有着不同认识。主张以蓄为主的人提出，欲免除荆江水患，不能无四口之分泄，亦不能无洞庭湖的调蓄，否则就会影响长江洪水的出路，涌高荆江水位，危及荆江安全。蓄者，主张废田还湖，反对荆北放淤、四口建闸。主张以泄为主者认为洞庭湖天然湖泊面积和江水入湖流量，随着时间推移正在由大变小，逐渐走向消亡。以泄为主才能解决荆江和洞庭的防洪问题，增泄就要疏江、浚河、退堤。清宣统元年（1909），湖南咨议局提出，"江横洲亘，已有故道就淹之势，若不急于疏治，则江何以安？然疏而塞则北岸雄峙，南岸无对峙之势，必不能束水东行，逼而入海；然既疏且塞矣，而不以浚湖竟其功，则洞庭原有河流无畅达流通之日"。当时湖南咨议局曾派议员与湖北咨议局协商，提出"先疏江，次塞口，后浚湖"，湖北省则主张"先浚湖，次疏江，再塞口"，双方各持一说，互不相让。清王朝垮台，协商半途而废。民国4年（1915）湖南李国栋《两湖水利条陈》中提出："欲治湖南水患，必先治江，欲治江，必先求鄂人同意，必先图无碍于鄂，而后可有利于湘……别辟新河以杀江流，留口待淤以分江怒。"他还就疏江、浚湖提出了规划，包括对荆江河道进行全面整治。

利用洞庭湖停留洪水的另一争论，1936年水利专家李仪祉应邀视察洞庭湖，随后发表《整理洞庭湖之意见》，李氏认为："洞庭湖在沿江诸湖中为停蓄江水最有力者，然上有湘、资、沅、澧四水直接入湖，赖以停蓄，四水为主也，故停蓄必以主为先。扬子江虽大，然客也，故必主能容而后可以及容。"故李氏对扬子江水利委员会所倡导四口建滚水坝之议，甚以为是，并就如何具体实施的问题，提出"须与洞庭湖内部设施互相呼应，不能不相为谋而各行其是"。李氏建议着手定湖界、定洪道、定四口调节之水量。湖北学者涂允成在《书李仪祉先生整理洞庭湖之意见后》中反驳说："洞庭湖是公认的天然蓄水库，那么，干流的蓄水库，必定先要让支流满足了他们的需求，然后才能剩一点残余的容量。"则"未免本末倒置"。1938年扬子江水利委员会据李氏的建议提出了《划定洞庭湖界报告》，但四口筑滚水坝之事并未实施。1948年，长江水利工程局提出《整治洞庭湖工程计划》。该工程计划对李氏的建议持有疑义，就控制荆江四口对减少入湖沙量之效，认为"似有检讨之必要"，同时也担心限制四口入湖洪水会危及荆江的安全。

上述之争可以看出，始于南宋乾道年间（1165～1173）的舍南保北治水主张始终占主导地位，并一直延伸至明清与民国时期。历代治

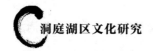

水之争，也随着江湖的演变，有的已失去实际意义，有的至今仍然存在，并对洞庭湖的治理产生一定影响。

2. 当代治水文化

中华人民共和国成立后，党和政府十分关心洞庭湖的治理。新中国成立之初，毛泽东、周恩来就关注两湖平原，决定建设荆江分洪区。1950 年初，长江水利委员会正式在武汉成立，不久后就在中央政府的组织下，开展了江汉平原与洞庭湖区的水利工程规划工作。1950年 2 月底以前该委员会查勘了江汉和荆江大堤，初步提出了荆江分洪工程方案。1952 年 3 月，中央做出了兴建荆江分洪工程决定，毛泽东、周恩来为工程开工题词。周恩来的题词是"要使江湖都对人民有利"。[①] 该工程根据"江湖两利"原则，几十万劳动大军日夜奋战，仅用 75 天胜利竣工。与此同时，毛泽东、周恩来亲自谋划兴建长江三峡工程，以期根治长江中下游和洞庭湖水患，使过去"舍南救北"的思维成为历史。1954 年长江流域规划办公室在编制《长江流域规划要点报告》中，明确指出长江中下游防洪，必须采取"蓄泄兼筹，以泄为主、江湖两利"的治理方针。

20 世纪 50 年代，湖区的治理以堵口复堤、整修堤防、并垸合流为中心，通过兴修大规模水利工程，改变了历史上洞庭湖水系紊乱、堤防残破的局面。仅 1949 年冬至 1950 年春，共修复堤垸 347 个，堵溃口 709 处，培修堤长 3210 公里，将湖区原有 993 个垸合并为 831个，缩短了防洪堤线。1952 年所建大通湖蓄洪垦殖区，合并环湖 108个小垸，建成防洪大圈。防止水患，兴修水利，恢复发展农业生产，工程效益显著。60 年代主要从事垸内电排建设、渠系调整和渠系建筑物配套，改造低产田，实现田园化。到 70 年代，湖区堤垸合并为 215

---

① 洪庆余主编《中国江河防洪丛书长江卷》，中国水利水电出版社，1998，第 114～116 页。

个，一线堤防长度由 6400 公里减少到 3740 公里，新的防洪格局基本形成。湖区粮食、棉花、油料、芝麻等农产品连年增产，这一时期的水利建设功不可没。

20 世纪 80 年代开始，湖区治理以防洪、蓄洪建设为中心，对洞庭湖进行综合治理。1980 年 6 月，长江中下游防洪座谈会在北京召开。会议确定，若发生类似 1954 年严重的洪水，应当确保重点堤防安全，努力减少淹没损失，同时落实了蓄洪措施，其中洞庭湖区蓄洪容积为 160 亿立方米，与洪湖区共同成为长江中下游蓄洪最多的区域。与此同时，洞庭湖区重点堤防工程也纳入了规划。

特大洪水除降水强度大、范围广、时间长等自然因素外，人为因素依次被研究梳理。归纳起来有：（1）长江上游和四水流域森林植被破坏严重，产生严重的水土流失，造成中下游泥沙淤积，河床湖床抬高，而且植被破坏造成植被涵养水土功能丧失，径流汇集加剧，使洪水汇集加快、涨势猛，峰高量大；（2）人为开发利用江滩江洲，挤占河道，使过水断面缩狭，阻洪碍洪，延长洪峰滞留时间，造成相同流量条件下水位抬高，高洪水位持续时间相应延长；（3）大规模围湖垦殖减少了湖泊调蓄容积，降低了湖泊的天然调蓄功能，导致洪水位抬高。生态环境严重破坏成为湖区防洪形势日趋严峻的根本原因。

1998 年特大水灾过后，中共中央发出灾后重建、整治江湖、兴修水利若干意见，提出 "封山育林、退耕还林；平垸行洪、退田还湖；以工代赈、移民建镇；加固干堤、疏浚河湖" 32 字指导原则，[①] 洞庭湖治理向综合治理方向跨进。随后中央强调长江中下游防洪治理要坚持 "蓄泄兼筹，以泄为主" 的方针，长江荆江段治理纳入中央财政预

---

① 《中共中央国务院关于灾后重建、整治江湖、兴修水利的若干意见》（中发〔1998〕15 号），载财政部农业司编《农业财政政策法律法规手册》，经济科学出版社，1999，第 119～124 页。

算，由中央直接拨款。2002 年，国务院总理朱镕基视察洞庭湖时提出"恢复洞庭湖的浩浩汤汤"，不久国家发改委配合湖南省政府联合编制出台《2010—2015 年洞庭湖 4350 还原工程计划》，主要目标是将洞庭湖水面恢复到 4350 平方千米。

上升到国家政策，退耕还林工程、长江防护林工程两项除覆盖长江上中游地区外，湖南四水中上游地区也被纳入其中，生态保护成为江湖治理的"治本"之作。解决洞庭湖防洪问题的重大工程项目三峡大坝在 2003 年 6 月 1 日开始运作蓄水至 102 米高程，至 2010 年 10 月 26 日首次达到 175 米正常蓄水位，其中 221.5 亿立方米的防洪调蓄库容，在遭受特大洪水时，通过科学调度，其拦洪削峰作用，将大大减轻洞庭湖区面对长江洪水的压力。湖南省实施的洞庭湖二期治理工程，得到中央政策资金的支持，工程实施后提高了湖区抗洪排涝能力。

在综合治理洞庭湖的指导思想上，要贯彻可持续、标本兼治的理念。湖区治理是一项复杂的系统工程，治湖必治江（河），治江（河）必治江河上游的水土流失问题。防洪调蓄是洞庭湖的主体功能，洞庭湖治理应该以发挥这一主体功能为重心。退田还湖应根据变化了的江湖格局，加强科学研究，分步实施。退人不退耕的单退方式是缓解湖区人水争地矛盾的较好途径。恢复确保堤垸内部分内湖水面，减轻内涝灾害和垸外洪水压力。充分发挥已有水利工程体系的防洪能力，如城陵矶 34.4 米防洪设计水位已经没有意义，适当抬高城陵矶的防洪设计水位可以更加有效发挥现有江湖的防洪能力。在具体水利工程研究方面，湖南省还提出了一些重要的方案，如采取综合手段恢复城陵矶至汉口河段泄洪能力，三口建闸，簰洲长江裁弯，四水上游增加 35 亿立方米防洪库容等，都是具有长远目光的研究成果，有待实施。

（二）洞庭湖水文化的传承与弘扬

水文化是中国文明历史进程的重要组成部分，蕴含着推动文化发展和科学进步的哲学思想、科学思想、艺术文化价值，保护好、传承好、利用好水文化遗产，对于推动独具中国特色的水文化，弘扬中华优秀传统文化具有十分重要的意义。

洞庭湖水文化历史悠久，文化遗产丰富，既有诸如水利工程遗产、治水设施、建筑物等物质性的文化遗产，也有治水理念、治水思想、水文管理与利用的文化内涵，它们早已根植于洞庭湖区政治、经济、社会的方方面面，浸润着数千年的洞庭湖文化，对湖湘文化的发展产生了重大影响。

近年来，湖南省在推动洞庭湖区水文化的传承与弘扬方面不遗余力，积极推动落实中央相关决策部署，不断探索开展洞庭湖区水文化的开发与利用工作。

1. 不断健全制度保障体系

制度是规范和引导人们行为最有效的手段，以约定俗成的公约和习俗，通过制定保护条例、行为规范等，保护水文化遗产，培养人们保护生态环境的意识，唤起人们对水文化的尊重，进而将之内化为日常行动，营造良好的水文化保护氛围。

近年来，我国在推进水文化遗产保护方面制定了一些法律法规和政策，如在《中华人民共和国文物保护法》和《中华人民共和国非物质文化遗产法》作为法律依据的上位法的基础上，国务院及有关部门先后出台了《中华人民共和国水下文物保护管理条例》《大运河遗产保护管理办法》《世界文化遗产保护管理办法》等相关法规和部门规章。

湖南省结合本省水文化遗产的现状，有针对性地在地方性法规中予以侧重，如于 2021 年 5 月 27 日经湖南省第十三届人民代表大会常务委员会第二十四次会议通过的《湖南省洞庭湖保护条例》中明确要求："湖区市、县（市、区）人民政府应当加强历史文化名城名镇名村保护，修复历史文化街区，利用湖区文旅资源，建设体现洞庭湖特色的文化旅游品牌。"

2. 推进水文化遗产普查

湖南省的水域面积有 13600 平方千米，占到湖南地域面积的 6.4%，以洞庭湖为代表的湖南水域中保存有大量重要的水下文化遗产（包括可移动和不可移动文物）。此外，还有数量庞大的湖区周边的水文化遗产，这些水文化遗产是洞庭湖区水文化繁荣昌盛的标志，摸清这些"家底"，意义重大。

按照水利部《水文化建设规划纲要（2011—2020 年)》要求，从 2012 年起各省市开始陆续对辖区内水文化遗产进行资源摸底和调查工作。洞庭湖区各地水利局，协同文旅局、文管所等部门通过多年分阶段的艰苦细致工作，对水利遗产分工程类、管理类（文献类）和非物质遗产进行了统计，将具体分布状况、生存环境等进行了详细记录，摸清了"家底"，为洞庭湖水文化的传承与弘扬奠定了坚实的基础。

3. 推进治水文化研究和宣传

洞庭湖水文化研究向来是学术领域的热点，围绕湖区文化发展，学者开展各项专题研究，成果频出，并形成了一些颇具特色的研究团队。如 2015 年在岳阳成立了"洞庭湖文化促进会"，该会是由洞庭湖区域热心洞庭湖文化研究的个人和单位自愿结成的区域性、联合性、非营利性社会组织，主要针对洞庭湖区的文化遗产、自然生态、水特产品等进行深入研究、发掘和传播，并开展各类文化交流活动。2009 年成立的湖南省洞庭湖区域经济社会发展研究会致力于系统研究洞庭湖区域经济社会发展的战略问题、理论问题和实际问题，为大江大湖综合治理探索经验，为党委、政府决策提供服务。研究会在团队组建中坚持"老中青"相结合、社会科学专家与自然科学专家相结合、理论工作者与实际工作者相结合，会员中有经济、哲学、文化、社会、历史、法律、生态、环保、水利、国土、地质、交通、工业、农业、商贸、城建、金融、规划等多学科多专业专家及实际部门工作者。

有些高校和科研机构成立了专门的研究机构，如长沙理工大学设立了洞庭湖环境保护与综合治理研究中心；湖南理工学院与东洞庭湖国家级自然保护区管理局共建洞庭湖生态研究院；湖南省水利水电勘测设计研究总院设立了洞庭湖研究中心。在一些高校的主办的刊物上，开设了有关洞庭湖研究的专栏，如《岳阳职业技术学院学报》早在 2003 年设置了"洞庭湖研究"专栏，经过十几年发展，成为全国高校文科学报颇具特色的栏目，刊发了许多有关洞庭湖历史文化的发掘、整理及研究的文章，有较高的学术价值和较大的社会影响。

此外，湖区各县（市、区）结合自身实际，充分利用各种设施和传媒资源全方位展示洞庭湖水文化遗产，不断提高水文化在公众中的认知度和关注度。如 2020 年投入运营的，位于岳阳群山的洞庭湖博物馆通过先进的声光电数字化技术，生动地展示了洞庭湖生态经济区的历史文化、风土人情和经济社会发展状况。从三国文化到 1998 年抗洪，再到现代水稻农业，洞庭湖上的故事源远流长。

附　录

一　民间传说

（一）洞庭与巴蟒的传说①

传说在远古的时候，四川的巴山顶上，有两条大蟒，他们是一对同胞兄弟，哥哥名叫巴蟒，弟弟名叫洞庭。后来，他们的爸爸叫兄弟两人去昆仑山拜师，向太上老君学点本领回来。兄弟俩这一去就学了一千九百九十九年零九天。结果，巴蟒的头上长出一对乌沙角，洞庭的身上长出四只蛟龙脚；巴蟒学会了呼风唤雨掀恶浪，洞庭学会了吞云吐雾水底游。

学成后，兄弟两个一同拜别师父回到家里，谁知父母早已死了，房屋也倒了，田园也荒了，整个巴山云遮雾绕，日月无光。洞庭卷衣捋袖，张开大口把满山的乌云吞掉，又吐出甘露，滋润了红花绿草。于是，整个巴山变得山清水秀。接着，洞庭又独自一人干了九九八十

①　根据赵立恒讲述《洞庭与巴蟒》整理，选自童咏芹搜集整理《七十二仙螺（洞庭湖民间故事）》，中国民间文艺出版社，1983，第1~6页。

一天，从东岳泰山搬来楠木大梁，从南海仙岛运来水晶石柱，盖起了一座大宅院，只可惜没有找到盖屋顶的琉璃瓦。而巴蟒却不愿意付出任何力气，只知道偷懒睡觉，挖苦弟弟。洞庭只好跑回昆仑山请教师父，师父告诉他如果想要得到琉璃瓦，就要把身上的鳞片拔下来，盖到房子上。洞庭告别师父回到巴山，忍着极大的疼痛，把全身鳞片拔下来，拔到头顶上的那三片硬鳞时，他痛得昏了三次。

房屋盖好后，巴蟒把洞庭赶到扬子江边去了。善良的洞庭非常伤心，在悬崖上哭了起来，大滴泪珠滚落扬子江里，这时，江水奔腾起来，一群虾兵蟹将拜伏洞庭，一声巨响，洞庭身上又长满了金红金红的、闪烁着光芒的鳞片。那些虾兵蟹将称他们来自云梦泽国，有神仙点拨，有个叫洞庭的善良人要到江边来，让他们迎回去当大王。洞庭到云梦泽国后，严格约束部下，整治环境，从此云梦泽国风平浪静，风调雨顺，百姓丰衣足食。洞庭大王在龙泉潭底花了七七四十九个日夜，建起了一座比巴山宅院更富丽堂皇的水晶龙宫。

不料，巴蟒眼红，率领一群蛇妖水怪杀进龙宫，以百姓为威胁，赶走了洞庭。巴蟒刚坐上龙宫宝座，十二员头上盘着螺形发结的女将杀进来，最终将巴蟒锁在巴丘城外的镇蟒潭里，原来是太上老君过来帮忙，太上老君一再叮嘱洞庭，永远不能动巴丘城外河坡上的那个锁龙枷。

如今，在岳阳楼城门外的河坡上，还有一个永不沉浸、永不生锈的锁龙铁枷。

（二）娥皇、女英二妃的传说[①]

娥皇是四千多年前的舜帝二妃（娥皇、女英）中的一个，尧见舜德才兼备、为人正直、办事公道、刻苦耐劳、深得人心，便将其首领的位置禅让给舜，并把两个女儿娥皇、女英嫁给舜为妻。

传说，舜执政三十九年以后，曾到长江一带巡视，不幸死在苍梧之野，葬在九嶷山上。两位夫人闻此噩耗，便一起去南方寻找舜王。二女在湘江边上，望着九嶷山痛哭流涕，她们的眼泪，挥洒在竹子上，竹子便挂上斑斑的泪痕，变成了现在南方的"斑竹"，又称湘妃竹。舜死了，娥皇、女英痛不欲生，便跳入波涛滚滚的湘江，化为湘江女神，人称湘君（娥皇）、湘妃（女英）或湘夫人。

楚人哀之，将洞庭山改名为君山，并在山上为她俩筑墓安葬，造庙祭祀。其实墓也简陋，墓前立有大书"虞帝二妃之墓"的墓碑。墓前有石级，石级下一条用麻石铺砌的甬道，两旁石碑上刻二妃画像和历代诗人的佳作：北面是屈原《离骚》中的《湘君》《湘夫人》篇，南面则是唐宋乃至近人的咏叹诗词，盛唐之李白、常建、刘禹锡，清代的赵碬，直至近代鲁迅也有"不知何处吊湘君"之句。墓前一对望柱，高近3米，上面刻舒绍亮题写的一副对联："君妃二魄芳千古，山竹诸斑泪一人。"湘妃墓周围多斑竹，竹上有斑斑点点，仿若泪滴、据说是二妃投湘水前哭舜帝洒上的泪滴。唐高骈有诗咏："虞帝南巡去不还，二妃幽怨云水间。当时血泪知多少？直到而今竹尚斑。"1961年，毛泽东主席在听取故乡湖南的同志汇报湖南生产建设情况后，兴奋之余，挥笔写下《七律·答友人》的光辉诗篇。开头就借舜和湘夫人的典故、抒发情感："九嶷山上白云飞，帝子乘风下翠微。斑竹一枝千滴泪，红霞万朵百重衣。"[1]

（三）秦始皇与封山印的传说[2]

封山印位于君山东侧，湖水之滨，有一块状似大印的青石，上刻

---

① 毛泽东：《七律·答友人》，1961。

② 张晓兰、管莉萌编《岳阳民间传说集锦》，中国戏剧出版社，2009，第66～67页。

"封山"二字，旁有一印章。司马迁《史记·秦始皇本纪》《洞庭湖志》也有同样的记载，秦始皇南巡乘船至湘山（即君山附近），突然湖风浊浪，船不能行进，秦始皇问博士："此乃何地？为何狂风大作?"博士答："此地名君山，湘君女神之所在，故作此患。"秦始皇闻之大怒，凭借自己君临天下的威力，不肯求拜湘君女神。而是令三千刑徒伐尽其树，放火烧山，毁尽其庙宇、亭台，并掘出九龙镶金的玉銮，对准岩石用力盖去，留印封山，要使湘水女神不再为患。可是洞庭湖仍湖风大作，波浪滔天，秦王的船队仍受阻于君山。秦始皇深知制服不了湘水神，只得上山求拜，才使得风浪平息，船只畅通。

后来人们将秦始皇留在石壁上的四颗大印，称为"封山印"。经过两千多年的风雨和湖水的剥蚀作用，秦始皇的封山印不脱不落，其中一个长 1.2 米，宽 0.9 米，字迹明显，笔法苍劲。有的释读其文为"永封"，有的视为"封山"，还有的认为是元代"巴思八"文字中的几个字。此印在 1968 年初被炸毁了两颗，至今那石壁上尚存两颗。

（四）巴陵的传说[①]

岳阳古称"巴陵"，这"巴陵"的名称，则源于尧帝为民除害的一个古老的传说。

相传尧做部落首领时，四川的巴山上有一条巨大无比的蛇，这巴蛇全身乌黑，头泛青光，口人如盘，胃口人到可以吞食人象。它出三峡，沿江游玩下来，一路伤害生灵无数。来到洞庭湖，巴蛇更是肆虐无度，掀起狂风巨浪，掀翻渔船，吞食人畜，淹没房屋和庄稼，百姓苦不堪言。尧知道这件事后，决心为民除害，命勇士后羿前往洞庭制服巴蛇。

---

① 张晓兰、管莉萌编《岳阳民间传说集锦》，中国戏剧出版社，2009，第 118～119 页。

神箭手后羿凭着一身武艺来到洞庭湖，独驾一艘小船寻找巴蛇。一天，终于发现巴蛇的踪影，远远地见那巴蛇昂着头，吐出火焰般的舌头，飞速朝后羿的小船游过来，巨大的身体掀起如山的白浪。后羿迅速拉开弓箭，接连射出数箭，箭箭击中巴蛇。负伤的巴蛇凶狂起来，摇头摆尾，浊浪排空。在这紧要关头，一群金闪闪的大鸟飞来，以利爪抓巴蛇的首尾，以锐喙啄巴蛇的眼睛。原来，这是尧随后羿之后派来助战的一群神鸟，名叫金鹗。后羿见巴蛇被金鹗鸟所困，便拉满弓再射，一箭正中要害，巴蛇气绝命归，蛇血染红了湖水。渔民们欢呼雀跃，迎接后羿凯旋。"万民皆喜，置尧以为天子。"后来，人们将巴蛇的遗骨堆积在洞庭湖畔，其状如丘陵，便习惯称这块地方为巴陵。

（五）七十二仙螺的传说[①]

相传很久以前，洞庭湖里住着七十二个仙螺姑娘，她们修炼了九千九百九十九年，个个都变得比月宫里头的嫦娥还漂亮。每天早晨，她们喜欢披着浪花织成的白纱，在碧绿碧绿的湖水里嬉游、跳舞；每天傍晚，她们喜欢扯几片彤红彤红的彩云，在金色的湖水里洗澡、理妆；而到了夜间，她们又嬉笑着游到用珊瑚、玛瑙、翡翠、珍珠做成的仙螺宫里。

谁也记不清是哪一年了，正当稻谷金黄、丰收在望的时候，突然下了三天三夜的瓢泼大雨，八百里洞庭湖水涨三丈。一天，从南边欠江游来了九条恶龙，它们领着许多妖怪，在洞庭湖里兴风作浪。那九条恶龙真是厉害，它们把眼一瞪，半天云里顿时电闪雷鸣；它们打个哈欠，洞庭湖上就浓雾滚滚、日月无光；它们把尾巴摇几下，湖里就掀起九丈高

---

① 根据王益山讲述《七十二仙螺》整理，选自童咏芹搜集整理《七十二仙螺（洞庭湖民间故事）》，中国民间文艺出版社，1983，第10～14页。

的浪涛；要是它们打几个滚，那洪水就像万匹野马，冲溃堤垸，淹没房屋，把男女老少，连那马、牛、鸡、狗，全都冲到湖水里去。于是，湖边的人有的被淹死，有的抱着块木板在湖里乱漂，还有的人爬在大树梢上，哭的哭，叫的叫，真是惨极了。

七十二位仙螺姑娘见状，决心和九条恶龙拼个死活。但等她们游上水面时，九条恶龙已窜到别的地方去了，只听见满湖呼救声。她们认为救人要紧，于是这七十二位仙螺姑娘顾不上修炼近万年的功力，忍着比剥皮还痛千万倍的痛苦，将螺壳脱下来变成了七十二条大船，奋力抢救灾民，她们打捞了七天七夜，救上了九千九百九十九个人。为了安顿灾民，七十二位仙螺姑娘又将大船变成了七十二座山，把头发撒在山峰上，变成了青松、翠竹、瓜果……又把身上美丽的衣裙撕碎，抛在山峰上变成牡丹、金桂、杜鹃……她们的汗水滴在山上，聚在一起，变成了一条条晶莹发亮的小溪。从此，被救的灾民在这些美丽的湖岛上安居乐业。

后来不知道哪个朝代，人们才给洞庭湖里的这座小山取名叫"熊耳山"，后来又叫"洞庭山""君山"。而这七十二个山峰，一直保留着"翠螺峰""碧螺峰""黛螺峰"等美丽的名字。

据说，自那以后，每当洪水泛滥，人们还常常从君山七十二峰的云雾深处，隐约看到七十二位仙螺姑娘在惊涛骇浪中抢救灾民的身影；每当五谷丰登时，在那月白风清的夜里，人们还能隐约听到她们欢乐、清脆的歌声。

（六）柳毅传书的传说[1]

唐高宗仪凤年间（676～678），苏州城里滚绣坊有位书生，名叫柳

---

[1]　根据岳阳政府官网与百科整理。

毅，进京赶考，但名落孙山。打点行装返回吴地前，去京城长安北百余里地的泾阳看望同乡朋友。在泾阳遇一位女子在冰天雪地下牧羊。多次打听，才知其是洞庭湖龙宫的三公主，远嫁泾水龙王十太子。太子生性风流，娶妻之后没有洞房，三公主独守空房，反被翁姑欺凌，被赶去照顾处于雨雪中的羊群，到江边放牧。慑于龙王声威，三公主不敢传书回家求救。柳毅义愤填膺，答应放弃科考，返回家乡送信。但洞庭君碍于与泾阳君多代姻缘，息事宁人。洞庭君的弟弟钱塘君则大表气愤，并带同水军前往解救三公主，并杀了泾水十太子。三公主回宫后，为柳毅奉酒答谢。钱塘君见二人眉来眼去，欲撮合二人。但柳毅碍于没有媒人，以及介怀自己间接杀了三公主的丈夫，拒绝婚事。柳毅离开龙宫，经常望湖兴叹，而三公主亦日夜思念柳毅。双方家长为了子女的前途而大费思量。柳毅的母亲决意为柳毅寻找媳妇，而钱塘君也颇有同感，决意化身媒婆，前往柳家说媒。于是有情人终成眷属。

（七）刘海砍樵的传说①

刘海砍樵传说诞生于常德市武陵区，广泛流传于洞庭湖地区，深受人民群众喜爱。

刘海砍樵传说有多个版本，内容有一定的差异。流传最广、影响最大的刘海砍樵传说，其基本内容如下。

从前，在常德城内的丝瓜井畔，住着刘海母子。刘母因思念亡夫，哭瞎了双眼。刘海成人后，勤劳憨厚善良，事母至孝。每天都上山砍柴兜售，以奉养老母。因家中实在贫乏，一直没有娶妻。

刘海砍柴的地方，在现今常德城内的大高山街、小高山街一带。

---

① 湖南省文化厅编《湖南省非物质文化遗产名录》（一），湖南人民出版社，2009，第116～118页。

相传那一带以前都是山。山上有一狐狸精，修炼多年，已成半仙之体。她炼得一颗宝珠，含在口中，可化身人形。她取名胡秀英，因在姐妹中排行第九，又叫胡九妹。胡九妹见刘海人品好，暗暗爱上了刘海，于是偷偷帮刘海砍柴。有一天，刘海砍柴回家，胡九妹在路上拦住了刘海，称要嫁给他。刘海将家中情况告知胡九妹，担心养不起胡九妹。刘海托词需征得母亲同意，匆忙往回走。胡九妹施法让刘海走不动，执意要和刘海成亲。刘海见胡九妹一片真心，只好带她回家。

回家后，刘海告知母亲。母亲很是欢喜，置办相关物件办婚事。城内鸡鹅巷边有一个小庙，小庙中有十八罗汉，其中十罗汉带着一帮弟子（金蟾）在暗中修炼，他炼得一串金钱，也已成半仙之体，只要得到胡九妹的宝珠，便可飞升成仙。十罗汉得知胡九妹要与刘海成亲的消息后，起了歹心。一天，十罗汉找到胡九妹，先是花言巧语，后是强行掠夺，抢走了胡九妹的宝珠。

失去宝珠的胡九妹担心现出原形，只好向刘海坦白了真相。刘海知道原委后，并没有怪罪胡九妹，而是拿起家中的石斧（石斧也已成精，唤作斧头神），去与十罗汉搏斗，最终在胡九妹姐姐们和斧头神的帮助下，打败了十罗汉，取得了那串金钱。刘海又拿着那串金钱，到丝瓜井钓上十罗汉的弟子金蟾，并一一将其打败。

（八）吕洞宾三醉岳阳楼的传说①

相传，岳阳楼刚刚建好，岳州张太守就准备在这年的五月十八日庆祝一下，借此机会邀集天下名人，聚会岳阳，大宴三天。一来可以使他四海扬名，二来搜括钱财也有了个堂堂皇皇的名目。请柬一发，

---

① 根据《吕洞宾三醉岳阳楼》整理，选自童咏芹搜集整理《七十二仙螺　洞庭湖民间故事》，中国民间文艺出版社，1983，第37～39页。

许多名人都答应参加。特别令人高兴的是，据说吕洞宾也要前来。张太守顿觉脸上生辉，身价倍增。

五月十六日，岳州府下属的巴（陵）、平（江）、临（湘）、华（容）四位县令，都来帮忙迎客。十七日清早，水陆城门大开。大腹便便的达官贵人和文质彬彬、风度潇洒的文人学士，接踵而至。就连衣衫褴褛的渔人、樵夫、叫花子、卖唱的，也成群结队向城内挤来。一时间，城外旱路尘扬一丈，水路河道浪飞八尺，真比过年还要热闹。

张太守洋洋得意，当晚亲自查点来宾名册，唯独没有吕洞宾的大名，心中很不高兴。

十八日那天，岳州城内，笙鼓齐奏、铳炮震天。岳阳楼上摆满了山珍海味，赴宴的人在楼上猜拳行令，饮酒赋诗，有的醉得人事不省、有的狂言乱语，搞得杯盘狼藉，乌烟瘴气。可是岳阳楼下，却又是另一番景象：牵儿抱崽的挤挤拥拥，衣不遮体的瑟瑟缩缩，买儿鬻女的哭哭啼啼，喊冤告状的悲悲戚戚……这时候，只见远处的绿树荫下，有个身着蓝布衣衫，头上纶巾反戴的古怪人，正和三个打鱼的席地而坐。地上摆着几碗鱼虾，一个酒葫芦，酒葫芦上刻着三个篆体字"洞庭秋"。四个人开怀畅饮，说说笑笑，引动得许多人都围过来观看。过了一会儿，那个怪人站起来，捧起酒葫芦走近众人，逢人便敬一杯。众人一见他这么能喝酒，不禁大声喝彩。这声音惊动了岳阳楼上的宾客，他们纷纷推窗观望，一看，原来是几个穷人在闹酒。

张太守觉得自己失了面子，便拉长马脸，命令将那几个人赶出城去。

第二天，岳阳楼上照样开席。正在狂欢之际，楼下又是一片沸腾，引得楼上的客人纷纷离座到窗前来看，又见那个怪人正和几个衣衫褴褛的穷人大杯喝酒。那个怪道人痛饮一气之后，一会儿似醉非醉地指天大骂，一会儿又低头垂首，顿足哀叹……直搅得岳阳楼愁云惨惨。张太守大怒，忙叫手下人将那怪人拿下，送进监狱。这第二天的筵席又闹了个不欢而散。

到了第三天，张太守一面派兵把守，不许闲杂人走近；一面又招来歌妓，陪酒作乐。一天过去，总算没出什么事。撤席之后，张太守在楼下的大坪里，摆起了长桌，放上文房四宝，请贵宾们赋诗志庆。那个怪人拎着酒葫芦慢慢走了过来，写下了四行大字："朝游湘浦暮苍梧，袖里青蛇胆气粗。三醉岳阳人不识，朗吟飞过洞庭湖。"最终有人识得此怪人是吕洞宾。

吕洞宾不理会张太守，拎着酒葫芦，衣袖飘然，风度潇洒，踏波踩浪，径直往洞庭湖中的君山而去。

因为吕洞宾三醉岳阳楼，长了穷苦百姓的志气，又羞辱了达官贵人，所以后人把他三醉岳阳楼的神态，塑了个神像放在岳阳楼上，又在他和百姓一起喝酒的地方，建起了一座"三醉亭"。

（九）孟姜女的传说[①]

嘉山孟姜女传说在湖南津市新洲镇嘉山孕育、产生，并最终以强大的生命力为嘉山增添了浓厚的人文色彩。

秦始皇在北边大修长城，全国到处抽丁，有个名叫范喜良的读书人也被抓去修长城。秦始皇见他识字，也还聪明伶俐，就让他骑着自己的御马每天巡察。随着长城越修越长，巡察的御马被跑死。范喜良便往南逃，逃至澧县一带。后来被孟姜女一家所救。范喜良与孟姜女一见钟情，两人便成了亲。

---

① 杜平搜集整理《澧县的孟姜女传说》，选自中国民间文艺研究会湖南分会主编《洞庭湖的传说》，湖南人民出版社，1985，第139~146页。

孟姜女的一个老表早就觊觎孟姜女，见二人成亲，恨意上涌，跑到县官那里将范喜良告发。县官派兵将范喜良从婚礼现场捉走。失去了丈夫，孟姜女伤心不已，她父母就派了一个家人北上寻找范喜良，而孟姜女则每日爬上屋后的山上远眺，不管风吹雨打，久久矗立。

范喜良被抓回长城工地后，被折磨致死，葬于长城墙脚。孟姜女闻讯，哭得死去活来，后来一个人去找丈夫的遗骨。历尽千辛万苦之后，孟姜女最终到达长城，为寻找丈夫遗骨，哭倒了部分长城城墙，找到了丈夫的遗骨。秦始皇迷恋孟姜女美色，答应了孟姜女的条件，给范喜良修了坟墓，做了道场，孟姜女乘人不备，跳进了火堆，化成了一团绿烟。

澧州人民不知道孟姜女寻夫下落，直到明代，澧州一位大官在京城做尚书，遇到工程难题，孟姜女托梦这位官员告知解决办法，并请他在家乡建一座庙，好让灵魂有所依靠。

这位官员完成了工程后，回到澧州修建了姜女娘娘庙。人们都说，从那时起，姜女娘娘就保佑澧州人了。

（十）洞庭鱼王①

从前，洞庭湖里有一条叫鲟鲟的鱼，全身墨黑，没有一片鳞，嘴巴虽然很大，眼睛却又很小。因为它非常懒惰，常常饿肚子，身体饿得很瘦很瘦。

有天，它饿得实在难过，就欺骗它妈妈，让它吃妈妈的一块肉。鲟妈妈不忍儿子挨饿，就让鲟鲟在尾巴上轻轻咬一口，鲟鲟紧紧抓住

---

① 根据李昆爹讲述《洞庭鱼王》整理，选自童咏芹搜集整理《七十二仙螺（洞庭湖民间故事）》，中国民间文艺出版社，1983，第214～217页。

妈妈的尾巴，对着妈妈那白嫩白嫩的肚皮，使劲地一连咬了三大口。鲟妈妈痛得惨叫起来。鲟鲟装作没听见，还在猛力地撕咬。鲟妈妈的连声惨叫，把满湖的乡亲们都惊动了。什么老鲤头、鲢婆子、鲭伢子、鲫妹子……全都赶来了。这些鱼制止了鲟鲟的大逆不道的行为，但是鲟鲟又欺骗它们，请它们每人拔下一片最大最硬的鳞，沾在它身上，这样就可以到处游水找食物吃了。

众鱼好心忍痛将自己最大最硬的鳞片拔下来，贴到了鲟鲟身上，鳞片刚沾上鲟鲟，顿时就变得又黑又硬，比生铁还硬；鳞片的尾端长得溜尖锋利，就像三条大锯子嵌在身上。从此，鲟鲟成天在洞庭湖里横冲直撞，肆意虐杀其他鱼类，很快长成了一个肥头大肚的"胖子"，被叫作鲟鳇。

后来，老鲤头想了一个好计策，诱骗鲟鳇去洞庭湖与扬子江交界处的金沙滩掠夺金银财宝，不曾想水越来越浅，鲟鳇最终被卡在乱石滩上，在饿了三天后，螃蟹、乌龟、虾都来围攻，鲟鳇求饶，老鲤头这才请虾兵蟹将把鲟鳇拖到扬子江的深水中。从那以后，鲟鳇躲在水底，再也不敢伤害其他水族了。

二 经典诗文

1.《九歌·湘夫人》

屈原①

帝子降兮北渚，目眇眇兮愁予。

袅袅兮秋风，洞庭波兮木叶下。

---

① 屈原（约前340～前278），芈姓，屈氏，名平，字原，又自云名正则，字灵均，出生于楚国丹阳秭归（今湖北宜昌）。中国历史上一位伟大的爱国诗人，中国浪漫主义文学的奠基人，"楚辞"的创立者和代表作家，开辟了"香草美人"的传统，被誉为"楚辞之祖"。

登白蘋兮骋望，与佳期兮夕张。

鸟何萃兮蘋中，罾何为兮木上。

沅有芷兮澧有兰，思公子兮未敢言。

荒忽兮远望，观流水兮潺湲。

麋何食兮庭中？蛟何为兮水裔？

朝驰余马兮江皋，夕济兮西澨。

闻佳人兮召予，将腾驾兮偕逝。

筑室兮水中，葺之兮荷盖；

荪壁兮紫坛，播芳椒兮成堂；

桂栋兮兰橑，辛夷楣兮药房；

罔薜荔兮为帷，擗蕙櫋兮既张；

白玉兮为镇，疏石兰兮为芳；

芷葺兮荷屋，缭之兮杜衡。

合百草兮实庭，建芳馨兮庑门。

九嶷缤兮并迎，灵之来兮如云。

捐余袂兮江中，遗余褋兮澧浦。

搴汀洲兮杜若，将以遗兮远者；

时不可兮骤得，聊逍遥兮容与！

2.《望洞庭湖赠张丞相》

孟浩然[①]

八月湖水平，涵虚混太清。

气蒸云梦泽，波撼岳阳城。

---

① 孟浩然（689~740），字浩然，号孟山人，襄州襄阳（今湖北襄阳）人。唐代著名的山水田园派诗人，世称"孟襄阳"。因他未曾入仕，又称之为"孟山人"。

欲济无舟楫，端居耻圣明。

坐观垂钓者，徒有羡鱼情。

3.《与夏十二登岳阳楼》

李白①

楼观岳阳尽，川迥洞庭开。

雁引愁心去，山衔好月来。

云间连下榻，天上接行杯。

醉后凉风起，吹人舞袖回。

4.《登岳阳楼》

杜甫②

昔闻洞庭水，今上岳阳楼。

吴楚东南坼，乾坤日夜浮。

亲朋无一字，老病有孤舟。

戎马关山北，凭轩涕泗流。

5.《竞渡时在湖外偶为成章》

李群玉③

雷奔电逝三千儿，彩舟画楫射初晖。

喧江雷鼓鳞甲动，三十六龙衔浪飞。

① 李白（701~762），字太白，号青莲居士，又号"谪仙人"。唐代伟大的浪漫主义诗人，被后人誉为"诗仙"。

② 杜甫（712~770），字子美，自号少陵野老。唐代伟大的现实主义诗人。

③ 李群玉（808~862），唐代澧州人，极有诗才。

灵均昔日投湘死，千古沉魂在湘水。

绿草斜烟日暮时，笛声幽远愁江鬼。

6.《望洞庭》

刘禹锡[①]

湖光秋月两相和，潭面无风镜未磨。

遥望洞庭山水翠，白银盘里一青螺。

7.《岳阳楼记》

范仲淹[②]

庆历四年春，滕子京谪守巴陵郡。越明年，政通人和，百废具兴，乃重修岳阳楼，增其旧制，刻唐贤今人诗赋于其上，属予作文以记之。

予观夫巴陵胜状，在洞庭一湖。衔远山，吞长江，浩浩汤汤，横无际涯，朝晖夕阴，气象万千，此则岳阳楼之大观也，前人之述备矣。然则北通巫峡，南极潇湘，迁客骚人，多会于此，览物之情，得无异乎？

若夫淫雨霏霏，连月不开，阴风怒号，浊浪排空，日星隐曜，山岳潜形，商旅不行，樯倾楫摧，薄暮冥冥，虎啸猿啼。登斯楼也，则有去国怀乡，忧谗畏讥，满目萧然，感极而悲者矣。

至若春和景明，波澜不惊，上下天光，一碧万顷，沙鸥翔集，锦鳞游泳，岸芷汀兰，郁郁青青。而或长烟一空，皓月千里，浮光跃

---

① 刘禹锡（772～842），字梦得，籍贯河南洛阳。唐朝时期大臣、文学家、哲学家，有"诗豪"之称。

② 范仲淹（989～1052），字希文，祖籍邠州，后移居苏州吴县。北宋时期杰出的政治家、文学家。

金，静影沉璧，渔歌互答，此乐何极！登斯楼也，则有心旷神怡，宠辱偕忘，把酒临风，其喜洋洋者矣。

嗟夫！予尝求古仁人之心，或异二者之为，何哉？不以物喜，不以己悲，居庙堂之高则忧其民，处江湖之远则忧其君。是进亦忧，退亦忧。然则何时而乐耶？其必曰"先天下之忧而忧，后天下之乐而乐"乎！噫！微斯人，吾谁与归？时六年九月十五日。

8.《念奴娇·过洞庭》

张孝祥[①]

洞庭青草，近中秋、更无一点风色。玉鉴琼田三万顷，著我扁舟一叶。素月分辉，明河共影，表里俱澄澈。怡然心会，妙处难与君说。

应念岭海经年，孤光自照，肝胆皆冰雪。短发萧骚襟袖冷，稳泛沧浪空阔。尽挹西江，细斟北斗，万象为宾客。扣舷独啸，不知今夕何夕。

9.《雨中登岳阳楼望君山二首》

黄庭坚[②]

其一

投荒万死鬓毛斑，生出瞿塘滟滪关。

未到江南先一笑，岳阳楼上对君山。

---

① 张孝祥（1132~1170），字安国，别号于湖居士，历阳乌江（今安徽和县乌江镇）人，卜居明州鄞县（今浙江宁波）。南宋著名词人、书法家。

② 黄庭坚（1045~1105），字鲁直，乳名绳权，号清风阁、山谷道人、山谷老人、涪翁、涪皤、摩围老人、黔安居士、八桂老人，世称黄山谷、黄太史、黄文节、豫章先生，宋江南西路洪州府分宁人（今江西省九江市修水县）人，祖籍浙江省金华市。北宋著名文学家、书法家、江西诗派开山之祖。

其二

满川风雨独凭栏，绾结湘娥十二鬟。

可惜不当湖水面，银山堆里看青山。

10.《满庭芳·汉上繁华》

徐君宝妻①

汉上繁华，江南人物，尚遗宣政风流。绿窗朱户，十里烂银钩。一旦刀兵齐举，旌旗拥、百万貔貅。长驱入，歌楼舞榭，风卷落花愁。

清平三百载，典章文物，扫地俱休。幸此身未北，犹客南州。破鉴徐郎何在？空惆怅、相见无由。从今后，断魂千里，夜夜岳阳楼。

三 精品艺术

（一）岳州窑②

岳州窑，古代瓷窑之一。地处湖南省湘阴县城关镇堤院一带，北起水门，南至洞庭庙旧址，全长 700 余米。湘阴县旧属岳州，故名。当地居民中至今流传"湘阴是个万窑窝，未有湘阴先有窑"。湘阴县是个古城，湘阴窑窑址发现于 1952 年，1972 年又在窑头山、梨园等地发现了早期窑址，1975 年冬进行了试掘，出土了大量晋至初唐的青瓷器和窑具。它烧造的时间可上溯至汉代、三国，可见其历史久远矣。

---

① 徐君宝妻，南宋末年岳州（今湖南岳阳）人，不曾留下姓名，只留下一首绝命词《满庭芳》。这首词以其深刻的社会内容和强烈的艺术感染力而为后世所瞩目。
② 根据岳阳市政府官网资料整理。

　　岳州窑瓷胎在唐五代时较为轻薄，胎质不如越窑青瓷紧密，胎色早期呈红或米黄色，晚期为灰白色。釉色以青绿色居多，也有青黄色的。釉薄而质细，釉泡较小，玻璃质感很强。釉面有不规则的细小冰裂纹，有流釉现象。不少器具的胎骨和釉面结合不牢固，容易产生剥落的现象。唐代烧制时使用垫饼支烧；五代时用支钉支烧，在盘碗底部留有支钉痕迹。岳州窑器物丰富多彩，有碗、盘、瓶、高足盘、四系罐、八棱短流壶等。碗足以圆饼形和玉璧形为主，高足盘、八棱短流壶具有自己的鲜明特色。它注重装饰艺术，纹饰以印花为主，并配以划花。器物肩腹部往往装饰着由团花和卷叶纹组成的带状纹饰。此外还有浮雕莲瓣纹装饰的，具有独特的风格。1973年湖南省湘阴县出土了一尊罕见的青釉龙首，年代为隋朝。胎骨呈灰白色，施青色釉，开片自然，烧结火候较高。口流作龙首状，手为龙尾形态，器形呈鼓圆，下配有三个高蹄足，十分稳当，生动活泼。此器物造型典雅别致，是岳州窑中的精品，现藏湖南省博物馆。岳州窑在陶瓷史上地位比较重要，上承江浙越窑青瓷，下启长沙铜官窑，这里是华中地区先民用瓷的主要产地，大量出土的器物足以证明这一点。

　　唐代陆羽在《茶经》中品定六大名窑的茶碗时说："越州瓷、岳瓷皆青，青则益茶。"从饮茶所需的器具角度来看，茶圣陆羽把岳州窑排在第四位，由此可见，该窑在唐代显赫的地位。

（二）巴陵戏[1]

　　巴陵戏原名巴湘戏，因艺人多出自巴陵、湘阴和临湘而得名。又因它形成和主要活动的地区是岳阳，民间称之为岳州班，1953年

---

[1]　湖南省文化厅编《湖南省非物质文化遗产名录》（二），湖南人民出版社，2009，第563~572页。

始正式定名为巴陵戏。它是湖南省重要的戏曲剧种之一，主要流行于湖南的岳阳、益阳、常德、湘西、长沙及邻近的湖北、江西部分地区。巴陵戏源于明代万历年间（1573～1619）传入的昆腔，明末清初弋阳腔流入湖南，对巴陵戏高腔的出现产生了较大影响。清代乾隆年间（1736～1795），巴陵戏吸收其他剧种的艺术因素，以唱弹腔为主，兼唱昆腔和杂腔小调，逐渐发展成一个较为稳定的戏曲声腔剧种。

巴陵戏现存传统剧目423个，内容多取材于历史演义和话本，以反映历代政治、军事斗争题材为主，其中的代表性剧目有《打严嵩》《九子鞭》《夜梦冠带》《崔子弑齐》《打差算粮》《张飞滚鼓》《三审刺客》等。巴陵戏的音乐分声腔和伴奏音乐两部分，声腔又分昆腔、弹腔和杂腔小调几种，其弹腔分为南、北路，又各有其反调，同时还有一种特殊的唱腔形式西二簧，其过门能巧妙地将南北路融为一体，南唱北拉，风味独特。弹腔用胡琴、月琴、小三弦伴奏，辅以唢呐、笛子和长杆子等。用于伴奏的打击乐器包括板鼓、课子、堂鼓、大锣、小钞、云锣、马锣等，有一套完整的锣鼓经，成为将唱、做、念、打等表演程式一体的纽带。

巴陵戏的角色分生、旦、净三大行，生行包括老生、三生、靠把、小生、贴补等；旦行包括老旦、正旦、闺门、跷子、二小姐等；净行包括大花脸、二净、二目头、三花脸、四七郎等。巴陵戏用中州韵、湖广音结合湘北方言演唱，特别注重人物性格的刻画，有一套较为完整的传统表演程式，形成了粗犷朴实、细腻生动的艺术风格。其表演有"内八功""外八功"等技巧。"内八功"是指喜、怒、哀、乐、悲、愁、恨、惊八种刻画人物心理、表达人物情感的基本技巧。"外八功"则泛指手、腿、身、颈及胡子、翅子、翎子、扇子、水袖等的运用。巴陵戏的表演特别注重眼神，常用的眼神有正眼、斜眼、喜眼、怒眼、哀眼、病眼、贼眼、妒眼、媚眼、死眼等三十多种。历代巴陵戏艺人在武打戏中吸收民间武术、杂技内容，创造了抛叉、抛椅、钻刀圈、钻火圈、翻桌、叠罗汉、顺风旗等许多表演绝技。巴陵戏的道白除常用的韵白、戏白之外，还有京、苏、川、淮、晋、汩阳、通城等方言白口，用以表现某些人物的地域特征及其身份、性格。

巴陵戏是湘东北地区戏剧的代表，在湖南省乃至全国的地方大戏剧种中占有重要地位。其舞台语言、剧目、声腔、音乐、表演乃至演出习俗中承载着大量与岳阳有关的历史文化信息，是研究岳阳历史文化和民风民俗的"活化石"，又是研究中国戏曲流变和地方剧种成型、发展的宝贵资料。民国中后期，巴陵戏开始走向衰落，1949 年以后经过"抢救"得到复兴。

2006 年，巴陵戏经中华人民共和国国务院批准列入第一批国家级非物质文化遗产名录。

（三）洞庭渔歌①

洞庭渔歌是一种源于古代原始图腾、具有亦歌亦舞表演特征的水泽文化。主要分布在湘北洞庭湖水域，集中分布在今湖南省岳阳市岳阳区洞庭乡、五里乡、北港乡、郭镇乡、梅溪乡一带，以洞庭乡的流传更为普遍和具有代表性。

洞庭湖系湘、资、沅、澧四水排筏、捕鱼的汇聚地，故汇集了各种不同风格的排筏、船工号子和民间小调，既有共性，又有不同地方的差异性。洞庭渔歌吸收了各地的音乐精华，形成了自己独特的演唱

---

① 湖南省文化厅编《湖南省非物质文化遗产名录》（一），湖南人民出版社，2009，第229～237 页。

风格，在湖区广泛流传。

洞庭渔歌属汉语系范畴，历史上曾与民歌、山歌互为影响，形成了独特的演唱风格。岳阳楼区北连长江、西靠洞庭湖，经济发展与渔业有着密切的关系。湖区渔民与渔歌有一种特殊的依存关系，这些渔民终生是扁舟一叶、四海漂流，过着日守孤舟、夜宿河坡的凄苦生活。在辛苦劳作之余，他们没有别的消遣，只有"唱歌不要本，只要舌头滚几滚"。每逢夜泊或织网时，为消除疲劳，蹲在船头哼几支渔歌，借以抒发内心的愁苦和对幸福生活的向往。每逢年节，他们也会将船聚在一起，搭上几块船板，将他们平时所唱的小调、地花鼓歌舞一番。久而久之，便逐步形成了"水泽文化"——渔歌的演唱形式和独特风格。

历代南来北往的游客、商人、船工、民间艺人络绎不绝，为洞庭湖的民间音乐带来了丰富的养料。洞庭湖一带的渔民常常在枯水季节驾盐船上四川、下南京，受到了极为发达的巴蜀、苏杭音乐文化的熏染，使这些地方的音乐精华随着长江干支流源源流入洞庭湖区。渔歌曲调流畅、婉转，体现了浓郁的地方风情，且节奏鲜明，曲调丰富、辽阔，在湖区广为流传。一般由领歌人起首，一唱众和，有对唱、独唱、令唱等。洞庭渔歌代表作主要有《湖风吹老少年郎》《养女莫嫁雷公塘》《养女莫嫁驾船郎》《河水哪有我眼泪多》《十二月渔民苦》《我撒网子妻荡桨》等。

（四）岳州扇[①]

"岳州扇"，全国三大名扇之一，据岳阳县志记载，始于明末清初，是一种优秀的民间工艺品。新中国成立前，主要是利用岳阳

---

① 根据岳阳市政府官网资料整理。

优厚的楠竹资源及快捷的水、陆交通为全国各地扇厂提供扇骨等半成品，远销沈阳、北京、武汉、上海、南京、苏杭等地，早期为全国扇骨生产集散地，也是上海王星记扇庄、苏州扇厂、杭州扇厂定点供应基地。历经几代人努力，特别是新中国成立后由于党和政府的重视，整合楠竹资源，引进人才、培养人才，涌现一批如李忠友等制扇专业精英，岳州扇才真正开始了成规模制成品扇的历史。

扇子总是与文人墨客相关，岳阳楼为闻名全国的三大名楼之首，加之范公的"岳阳楼记"更是名垂宇宙，赋予了岳州扇丰富的文化内涵。人才辈出的苏州、杭州也是全国扇子产地之一，但苏杭本地不产扇骨原料楠竹，原料均须从岳阳等地外运，时间久了会变质，唯岳州扇就地取材，价廉质优，是全国独一无二的集生产、加工为一体的基地。中国歌剧舞剧院赴国外演出用羽绒扇、中央电视台每年春节联欢晚会所需各种扇子道具，均由岳州扇厂定点提供，并出口日本、韩国、西班牙、澳大利亚、东南亚各国及欧美各国，在国际、国内享有一定的声誉。1975 年轻工部召开全国扇子行业评论会，岳州扇因品种繁多、物美价廉，被评为全国三大名扇（苏州扇、杭州扇、岳州扇）之一。如单以白玉扇骨比较能超过杭州扇。岳州扇是一种优秀的民间传统手工艺产品，是全国扇子行业中的杰出代表。它的制作工艺、表现形式等都承载着大量的岳阳历史、文化价值，是岳阳文化和传统工艺的宝贵财富，是研究中国扇业文化、传统手工形成与发展的宝贵资料。恢复、抢救和保护岳州扇，为中国传统手工艺和区域性地方历史文化的继承发展起着极其重要的作用。2009 年申报为第一批市级、省级非遗保护项目。

2021 年 6 月，岳州扇制作技艺成功入选第五批国家级非物质文化遗产代表性项目名录。

（五）南县地花鼓①

南县地花鼓系洞庭湖区汉族的一种民间歌舞形式。地花鼓主要流传在湖南省益阳市南县及周边地区。各地的地花鼓多元一体，既有共性，又有地方差异性，形成了不同的样式。

南县俗有"地花鼓窝子"之美誉。南县地花鼓是其境内人民在劳动中创造出来的一种民间艺术形式。南县地花鼓起源于清代嘉庆三年（1798），是在民间山歌、小调和劳动号子的基础上演化而来的。以其朴实粗犷的动作、明快高亢的音乐、活泼自如的表演、浓郁的生活气息、独特的艺术风格，深深扎根于民众之中。

长沙花鼓戏就是在这种地花鼓的基础上形成与发展起来的，南县地花鼓的启蒙期是对子地花鼓。一丑一旦（丑、旦都是男人扮的）持扇持绢，同歌同舞，配有锣鼓唢呐，欢娱在屋场乃至渔舟之上。它的发展期为清代嘉庆年间（1796~1820）。当时，北河口、牧鹿湖等地马戏团盛行，后与对子地花鼓糅合，演变出了一种新的民间艺术形式，即竹马地花鼓。清代道光年间（1821~1850），境内垸落粗成，移民纷至沓来，闹元宵、庆中秋加围龙与之吻合，便把南县地花鼓推向了兴旺时期。新中国成立后，欢庆土改和合作化人民公社成立的庆典，把地花鼓推向了发展的鼎盛时期。

南县地花鼓主要有对子地花鼓、竹马地花鼓、围龙地花鼓三种形式。动作朴实粗犷，音乐明快高亢，三种地花鼓表演各具特色，表演以反映人们劳动生活、男女之间的爱情生活和祝愿祥和、风调雨顺、五谷丰登的美好愿望等为主要内容的舞蹈，表现形式十分丰富。

---

① 湖南省文化厅编《湖南省非物质文化遗产名录》（一），湖南人民出版社，2009，第397~401页。

2006 年，南县地花鼓经中华人民共和国国务院批准列入第一批国家级非物质文化遗产名录。

（六）常德高腔①

常德高腔是常德汉剧使用的三大声腔（高腔、昆腔、弹腔）之一，属曲牌体声腔音乐。当使用它演唱特有的剧目时，人们又将它作为一个地方戏剧种的称谓。它以今常德市武陵区、桃源、汉寿等县（区）为中心，广泛流布于西洞庭湖区。

传统戏剧常德高腔大概源于明代永乐年间（1403~1424），是在常德本地原始祭祀歌舞等乡土音乐基础上，先后吸收流播到此地的弋阳腔、青阳腔等早期戏曲声腔而逐渐发展成熟的。

在 600 多年悠悠岁月的传承发展中，常德高腔形成了自己的基本特征。其一，它以本地原始祭祀歌舞等乡土音乐为基础，不断地吸收融汇传入域内的弋阳腔、青阳腔等戏曲声腔音乐，使用本地方言演唱，特有剧目如《祭头巾》《思凡》《双拜月》等，构成独自的演剧体系，成为常德本土有特色的文化。其二，在声腔音乐上，形成了较独特的构腔法和演唱法：与时俱进地吸收当地民间曲调如巫腔（《大放羊》）、傩愿腔（《姜女下池》）、渔鼓调等，用于《三元记·雪梅教子》等戏中。有些戏在帮腔尾部融合本地劳动号子如沅水号子、澧水号子、扎号子等音乐成分；有的曲调中常出现由弱拍至强拍的同音进行，强调使用偏高的四度音 "4"；有的曲牌主腔帮腔采用高低不同的"上和"与"下和"，适应表现悲喜不同的情感。其三，多种帮腔形式灵活使用，上板的帮腔必伴以锣鼓。常德高腔早先以吹奏芦管帮

---

① 湖南省文化厅编《湖南省非物质文化遗产名录》（二），湖南人民出版社，2009，第 519~526 页。

和，之后在《目连》《观音》《三国》《岳传》等大本戏中使用唢呐帮腔，伴以大锣大钹。当大本戏中像《思凡》这类单折戏长期独自演出后，渐渐改为人声帮腔，由鼓师率乐手帮和。1952年后，发展为后台演员分男女声或混声帮和等多种形式，伴以小锣小钹名为"溜子"的锣鼓点，增加木管等管弦乐伴奏。帮腔形式长短不一，可繁可简，适应不同板式，反复数遍灵活，依剧情需要而定。

2006年，常德高腔被确定为第一批国家级非物质文化遗产名录项目之一。

（七）华容夹叶点子①

华容夹叶点子是湘北地区最为独特的民间打击乐艺术。它主要流传在华容县的老华容人居住的丘陵山区与相邻地区，如东山、三封寺、胜峰、万庾、鲇鱼须、南山、终南、操军、治河渡等乡镇。

"华容夹叶点子"的原始功能是人们为了防御野兽和抗击"强人"而传递消息、呼吁救助。随着社会的进步，"华容夹叶点子"的原始功能逐渐淡化，并发展成为人们的一种自我娱乐方式，以其热烈、大气、铿锵、激越、声响穿透力强的特点，再加上"点子"（曲谱）多、变化多，和谐动听，适宜营造欢乐、热闹的喜庆氛围，而广泛应用于男婚女嫁、迎宾接客、社日集会、过年过节、龙灯花鼓等一切需要营造欢乐、热烈、祥和、喜庆气氛的场合，是华容城乡随处可见的人们喜闻乐见的民间艺术形式之一，具有很高的价值。

"华容夹叶点子"最先是由两副钹、一面鼓、一面大汉锣和一面

① 湖南省文化厅编《湖南省非物质文化遗产名录》（一），湖南人民出版社，2009，第311～316页。

小欧锣5件乐器按一定节奏和情绪打击出的乐谱。由于这些乐器加起来共由5人操作，再加上一个人背鼓，以便在行进中演奏，人们就习惯地把这6个人叫作"六合班"。

这里的"叶"，是钹的形象称呼。"夹叶"是说两副钹不是同时叩击，而是使两副"叶子"叩击出的声响一前一后相互夹杂。"点子"就是指根据不同节奏和情绪打击出的乐谱，如《凤点头》《红绣鞋》《缕缕金》等。就"点子"而言，华容"夹叶点子"就有"正谱"8个，"水谱"不知其数。就是因为这些"正谱"和"水谱"为华容人所独创、独有，不同于其他任何地方的同类乐器的演奏，成为一朵长盛不衰的"奇葩"。

（八）常德丝弦①

常德丝弦是湖南曲种湖南丝弦的重要分支，因在湖南丝弦中最为发达，影响最大，已然具有了独立曲种的地位。

湖南丝弦流传于湖南各地，因用扬琴、琵琶、月琴、三弦、二胡、京胡等丝弦乐器伴奏而得名。它系由江浙一带流入湖南的时调小曲和湖南本地的民歌曲调融合发展而成，时间约在清代初年。这个曲种用湖南方音表演，在湖南各地的流传中又形成了以常德为中心的"常德丝弦"、以长沙为中心的"长沙丝弦"、以浏阳为中心的"浏阳丝弦"、以平江为中心的"平江丝弦"、以衡阳为中心的"衡阳丝弦"和以邵阳为中心的"邵阳丝弦"等各具特色的支派，其中以"常德丝弦"最为繁盛。

包括常德丝弦在内的湖南丝弦的传统表演形式为多人分持扬琴、鼓板、京胡、二胡、三弦和琵琶等围坐一圈，轮递说唱，座次

---

① 根据中国非物质文化遗产网整理。

及乐器的位置均有一定之规，所谓"扬琴对鼓板，京胡对二胡，三弦对琵琶"，表演以唱为主，间有道白。道白分表白（第三人称）、说白（第一人称）、对白和插白4种，多为散文体式，偶有韵白。节目则多为《西厢记》《二度梅》《秦香莲》等长篇传奇故事。后来湖南丝弦走上高台，变为一至二人以简板等打节拍站唱，另有多人分持扬琴、鼓板、京胡、二胡、三弦和琵琶等专司伴奏，节目也趋于精短，代表性的有《秋江》《追韩信》《徐策跑城》《四季相思》等。

湖南丝弦的唱腔音乐丰富多彩，根据所用的唱腔体式可分为"牌子丝弦"和"板子丝弦"两类。其中的"牌子丝弦"以演唱曲牌为主，曲调非常丰富，有源于南北曲的《普天乐》《清江引》《一枝花》《小桃红》等，有源于明清之际时调小曲的《银纽丝》《九连环》《倒搬桨》《四大景》等，也有源于其他地方曲种和民歌的《莲花落》《凤阳调》《斗把高腔》《安庆调》等。"板子丝弦"又分为"老路"和"川路"两种声腔风格。"老路"为常德一带流行的本地唱法，风格深沉浑厚，代表性的节目有《雪梅吊孝》和《清风亭》等；"川路"相传在民国初期由四川艺人万斌成传来，风格热烈开朗，演唱俏皮风趣，代表性的节目有《拷红》等。"板子丝弦"的基本唱腔板式有"一流""二流""三流"3种。

常德丝弦拥有100多个传统曲目，大部分取材于历史故事和民间传说，其中以《宝玉哭灵》《鲁智深醉打山门》《双下山》《王婆骂鸡》《昭君出塞》等最为著名。中华人民共和国成立后，又涌现出《新事多》《夸货郎》《风雪探亲人》等一批反映现实生活的新曲目。

2006年，常德丝弦被确定为第一批国家级非物质文化遗产名录项目。

（九）岳阳花鼓戏①

花鼓戏是我国各地方小戏"花鼓"的总称，主要流传于湖南、湖北、安徽、浙江等地。明末范文若的传奇作品中描摹了演唱花鼓的戏剧场景，显示了这一艺术形态的最初面貌。花鼓演唱源于民歌，后逐渐发展为一旦一丑表演的"两小戏"。在实践过程中，它借鉴地方大戏的表演模式，吸收各种艺术因素，最终发展成为独立的地方戏曲剧种。花鼓戏的音乐曲调基本上属于曲牌联缀体，同时辅以一些板式变化。表演手段丰富多样，生动活泼，具有鲜明的地方特色和民间歌舞风格。传统剧目以反映生产劳动、男女爱情、家庭矛盾等民间生活内容为主，在后来的发展中也出现了一些反映现代生活的新作品。

湖南岳阳花鼓戏以湘北方言演唱，共有传统剧目 123 个。其声腔音乐分"锣腔"与"琴腔"两大类，"锣腔"有"南路锣腔"、"北路锣腔"与"专用锣腔散曲"之分，"琴腔"也有"正调琴腔"与"琴腔小调"之分。

2007 年，岳阳花鼓戏被国务院确认为第二批国家级非物质文化遗产重点保护项目之一。

（十）荆河戏②

澧州荆河戏是在湘西北及湖北荆州、沙市等地流行的一个戏曲声腔剧种，因流传于长江荆河段而得名，历史上曾有上河路子、大班子、大台戏等名称，抗战期间又曾被叫作楚剧、汉剧、湘剧，1954 年正式定名为荆河戏。荆河戏起于明初永乐年间（1403～1424），明末

---

① 根据中国非物质文化遗产网整理。
② 根据中国非物质文化遗产网整理。

清初秦腔戏班随李自成军来到澧州，艺人们四处流散，到清代初年基本完成了楚调与秦腔的"南北结合"，形成荆河戏弹腔的"南北路"，荆河戏基本成型。

荆河戏的传统剧目较为丰富，保存下来的有五百多出，其中包括整本戏四百五十多出，散折戏六十多出。这些剧目基本出于元明杂剧传奇、章回小说、民间故事，代表性剧目包括《百子图》《楚宫抚琴》《大回荆州》《双驸马》《沙滩会》《翠屏山》《反武科》《秦雪梅》《三娘教子》《一捧雪》《四下河南》等。

荆河戏的角色行当分生、小生、旦、老旦、花脸、丑六行，生分老生、杂生、正生、红生四种，旦分正旦、闺门旦、花旦、武旦、摇旦五种，花脸则分大花脸、毛头花脸和霸霸花脸三种。荆河戏的表演讲究内、外八块的功夫。"内八块"功夫指人物的喜、怒、哀、乐、惊、疑、痴、醉内心情感，"外八块"功夫则指云手、站档、踢腿、放腰、片马、箭步、摆裆、下盘八种外部形体程式动作。荆河戏以武戏见长，尤以各种姿态的"拗军马""抖壳子"最具特色。

荆河戏音乐南北交融，别具韵味。荆河戏北路唱腔保留有秦腔向弹腔演变过渡后期的呔腔，属荆河戏独有的特殊唱腔。另有一种北路唱腔，用南路定弦演唱，名为"南反北"，又称"子母调"，用以表现人物的思虑、悲伤、恐怖等各种情绪，而子调则表现病危、死亡等情绪，这在其他皮簧剧种中亦较为少见。荆河戏南北路唱腔中还有很多特殊唱法，如十八板、十三板、正八句、龙摆尾，南路正反"马头调"、正反"老板头"、正反"八块屏"等。荆河戏唱腔响亮、气势宏大，演员用嗓根据行当不同而有所区别。须生多用边嗓和沙嗓，小生、旦用假嗓，花脸用"本带边"，小花脸、老旦则用本嗓。念白主要采用澧州官话，少数剧目也用京白、川白、苏白和山西白。荆河戏的伴奏乐器包括文、武两种场面，文场面有胡琴、月琴、三弦、唢呐、笛子等，武场面则包括堂鼓、大锣、小锣、马锣、头钹、二钹等。马锣的传统打法极为特别，是将锣抛到空中再打。

四　旅游景观

（一）岳阳楼

岳阳楼，位于湖南省岳阳市岳阳楼区洞庭北路，地处岳阳古城西门城墙之上，紧靠洞庭湖畔，下瞰洞庭，前望君山；始建于东汉建安二十年（215），历代屡加重修，现存建筑沿袭清光绪六年（1880）重建时的形制与格局。北宋滕宗谅重修岳阳楼，邀好友范仲淹作《岳阳楼记》，使得岳阳楼著称于世。岳阳楼自古有"洞庭天下水，岳阳天下楼"之美誉，与湖北武汉黄鹤楼、江西南昌滕王阁并称为"江南三大名楼"，是"中国十大历史文化名楼"之一，世称"天下第一楼"。

岳阳楼主楼为长方形体，主楼高 19.42 米，进深 14.54 米，宽17.42 米，为三层、四柱、飞檐、盔顶、纯木结构，楼中四根楠木金柱直贯楼顶，周围绕以廊、枋、椽、檩互相榫合，结为整体；顶覆琉璃黄瓦，构形庄重大方。岳阳楼内一楼悬挂《岳阳楼记》雕屏及诗文、对联、雕刻等；二楼正中悬有紫檀木雕屏，上刻有清朝书法家张照书写的《岳阳楼记》；三楼悬有毛泽东手书的杜甫《登岳阳楼》诗词雕屏，檐柱上挂"长庚李白书"对联"水天一色，风月无边"，具有一定的观赏价值。岳阳楼作为三大名楼中唯一保持原貌的古建筑，独特的盔顶结构体现了古代劳动人民的聪明智慧及能工巧匠的精巧设计技能。

1988 年 1 月，岳阳楼被国务院公布为第三批全国重点文物保护单位；同年 8 月，岳阳楼被列为国家重点风景名胜保护区。2005 年 1 月

30 日，岳阳楼入选湖南十大文化遗产。2011 年 9 月，岳阳楼景区被全国旅游景区质量等级评定委员会正式批准为国家 AAAAA 级旅游景区。

（二）君山

君山在岳阳市西南 15 公里的洞庭湖中，古称洞庭山、湘山、有缘山，是八百里洞庭湖中的一个小岛，与千古名楼岳阳楼遥遥相对，取意神仙"洞府之庭"。传说这座"洞庭山浮于水上，其下有金堂数百间，玉女居之，四时闻金石丝竹之声，彻于山顶"。后因舜帝的两个妃子娥皇、女英葬于此，屈原在《九歌》中称之为"湘君"和"湘夫人"，故后人将此山改名为君山。总面积为 0.96 平方千米，由大小七十二座山峰组成，被"道书"列为天下第十一福地，现为国家级重点风景名胜区，国家 AAAAA 级旅游区。

君山名胜古迹众多，文化底蕴深厚，相传君山岛有 5 井 4 台、36 亭、48 庙。历代文人墨客围绕君山的"奇""小""巧""幽""古"，或著文赋诗，或题书刻石。君山有在中国发现的历史上最早的摩崖石刻、"星云图"、新石器遗址；有惊天地、泣鬼神的爱情见证——斑竹、二妃墓、柳毅井；有秦始皇的封山印、汉武帝的射蛟台、宋代农民起义的飞来钟、杨幺寨等。每一个古迹都是一段厚重的历史，每一个故事都是一段悠远的记忆，浩气连远古，衷肠诉神州。特别是唐代以来，李白、杜甫、黄庭坚、辛弃疾、张之洞等墨客骚人都曾登临君山览胜抒怀，留下了无数千古绝唱，李白的"淡扫明湖开玉镜，丹青画出是君山"、刘禹锡的"遥望洞庭山水翠，白银盘里一青螺"更使君山名声大噪。岛上古木参天，茂林修竹，仅名竹就有 20 多种，神奇而多情的斑竹就生长在二妃墓的周围。君山茶更是一道亮丽的风景线，一层层的茶园像一条条碧绿的玉带围绕在大小山头，中国十大名茶之一的君山银针就产自这里。

君山自然风光秀丽，春赏奇花异草，夏观浩瀚洞庭，秋赏渔歌秋月，冬观湿地候鸟，君山是旅游度假的天堂，避暑休闲的胜地。

（三）屈子祠

屈原庙，亦称屈子祠，现辟为屈原纪念馆，位于汨罗城西北玉笥山顶。始建于汉代，1765 年重建，占地 7.8 亩，是纪念爱国诗人屈原的祠堂。

战国时期，楚国诗人屈原被流放时，曾在汨泉江畔的玉笥山上住过。后来屈原感到救国无望，投江而死，后人为了纪念他，便修祠在此。

今存建筑有正殿、信芳亭、屈子祠碑等。

屈原庙，正殿为砖木结构，单层单檐，青砖砌墙，黄琉璃瓦覆顶，风格古朴秀雅，全殿三进，中、后两进间置一过亭，前后左右各设一天井，中有丹池，池中有大花台，植金桂。

1956 年列为省级文物保护单位，"文革"中，两翼建筑被拆除，祠内文物及祠周一批古迹遭破坏。

1980 年，湖南省人民政府再度拨款修葺，同时对外开放。此后，相继修复祠及祠周一批古迹，并在祠侧汨罗书院和汨罗中学的遗址上修建仿古式建筑龙舟陈列室和休息室等附属设施。

1988 年，经国务院审定，列为"岳阳楼洞庭湖风景名胜区"一级景点。

（四）左宗棠故里

左宗棠故居柳庄位于今湘阴县樟树镇巡山村柳家冲，离界头铺镇约 15 公里，南距湘阴县城 20 公里。1843 年，左宗棠用教书所得积蓄约九百两白银在柳家冲置田 70 亩，并亲自设计建造了一座占地 4.29 亩、有 48 间房屋的砖木住宅，为砖木结构住宅。砖墙燕瓦，坐西朝东，传统民居格局。屋后是绿色的山冈，门前一汪清澈的池塘。因挚爱柳树不折性格，起名"柳庄"。从建成入住到 1857 年迁居长沙，左宗棠在柳庄居住 14 年。其间，他除研习农事、钻研农桑外，还广泛研究天文、军事、历史、时事，"读破万卷""心忧天下"，通晓治道，通观国事，为其建功立业、名垂青史奠定了深厚基础。

（五）南洞庭湖湿地和水禽自然保护区

湖南南洞庭湖湿地和水禽自然保护区湿地位于长江中游平原最大的过水性淡水湖泊——洞庭湖的南部，涵盖了益阳市、沅江市等地区，面积 168000 公顷，生物种类极其丰富，是白鹳、白鹤等许多水禽的重要栖息地，也是国家一级保护鱼类中华鲟的栖息地。该湿地对长江的洪水调蓄作用极其重要，已被国家列为"湿地和水禽自然保护区"。南洞庭湖上生活着多种珍稀濒危水禽和其他野生植物。南洞庭湖有 118 个人迹罕至的湖洲和湖岛，有植物 863 种，鸟类 164 种，鱼类 114 种，国家一级保护动物有中华鲟、白鳍、白头鹤、中华秋沙鸭等 10 种。

南洞庭湖主要景点有万顷芦荡，百里柳林、万洲迷宫、湖上草原、芦花飞雪、洞庭观日、凌云塔、镇江塔、自然渔村等。

巍然屹立于茫茫洞庭中的凌云塔和镇江塔，以及散布于湖岛之上的范蠡祠、西施墓、杨幺墓等众多的人文景观，演绎着一个个神奇故事和美丽传说，无不使人感叹大自然的神奇与秀美，惊异于洞庭历史的悠远和湖乡文化之绚丽。万子湖原生态湿地景区在沅江市城区东南，是南洞庭湖湿地和水禽自然保护区的核心区域。

2002 年 2 月 2 日，南洞庭湖因拥有目前世界上功能类型最齐全的湿地生态系统与丰富的生物资源被中国政府作为献给地球的第 71 份礼物之一而被列入《国际重要湿地名录》，成为中国 21 块国际重要湿地之一。

（六）西洞庭自然保护区

西洞庭湖自然保护区位于湖南省汉寿县境内，所处地理位置为：东经 111°48′50″～112°16′40″，北纬 28°49′50″～29°08′50″总面积 30044 公顷，其中，核心区面积为 0.9061 万公顷，缓冲区面积为 0.6155 万公顷，实验区面积为 1.4818 万公顷。

西洞庭湖自然保护区于 1998 年 1 月经湖南省人民政府批准成立，2002 年 1 月，被列入《国际重要湿地名录》，成为我国当时仅有的 27 块国际重要湿地之一。2006 年 12 月，保护区与汉寿县湖洲管理局合并，组建为新的汉寿西洞庭湖省级自然保护区管理局。

西洞庭湖湿地是洞庭湖湿地不可分割的重要组成部分，是世界自然基金会（WWF）确认的全球 200 个重要生态区之一，也是长江中下游湿地群的重要组成部分。区内拥有河流、溪流、湖泊、苔草、芦苇、沙滩、水稻田、鱼池、防浪林等多种湿地生态类型。"涨水为湖、落水为洲"是其主要特征。保护区内生物资源极为丰富：据调查，有维管植物 87 科 260 属 416 种。其中蕨类植物 14 科 16 属 19 种；裸子植物 1 科 2 属 2 种（均为引种栽培）；被子植物 72 科 242 属 395 种，分为 3 个植被型组，70 个群系。区内记录到的鸟类有 15 目 50 科 205 种，其中国家 I 级重点保护鸟类 3 种，国家 II 级重点保护鸟类 21 种。鱼类 9 目 20 科 111 种。此外，还记录到底栖动物 4 目 9 科 65 种，两栖动物 1 目 5 科 13 种，爬行动物 3 目 8 科 20 种，哺乳动物 7 目 14 科 26 种。

保护区以水禽、水禽栖息地以及湿地生态系统为主要保护对象，以阻止湿地进一步萎缩退化和实现湿地资源可持续利用为主要目标。先后与 WWF 合作在青山垸开展了退田还湖、恢复湿地示范项目、湿地 GEF 项目、国际重要湿地保护恢复项目以及青山湖垸社区共管项目等，均收到了良好的效果。

（七）常德桃花源景区

桃花源风景名胜区位于湖南省桃源县西南 15 公里的水溪附近，距常德市 34 公里。桃花源风景名胜区留有新石器时期大溪文化遗存，是《辞海》《词源》中《桃花源记》原型地。桃花源风景名胜区总面积 157.55 平方公里，其中世外桃源主体景区 15.80 平方公里，武陵人捕鱼为业的沅水风光带水域 44.48 平方公里。外围保护区 96.90 平方公里。

中国桃花源是陶渊明笔下《桃花源记》所描述的"世外桃源"真迹地，是《辞海》《词源》中唯一添加注释的《桃花源记》原型地，是国务院唯一备案认可的"国家级风景名胜区"。桃花源始于秦，见于晋，兴于唐，盛于宋，历史上就享有"第三十五洞天、第四十六福地"的美誉。千百年来，陶渊明、李白、刘禹锡、苏轼等都在此留下了许多珍贵的诗文和墨迹，其山水田园之美、寺观亭阁之盛、诗文碑刻之丰、历史传说之奇，举世闻名。

1992 年，桃花源被国家林业部批准为国家森林公园。1995 年 3 月 24 日，原国家主席江泽民视察桃花源并题字。2001 年，桃花源获批为国家 4A 级景区。2019 中国旅游产业发展大会上，中国桃花源与北京故宫、西藏布达拉宫、敦煌莫高窟等共同荣膺 2018 中国旅游影响力十大文化景区。

（八）南洲国家湿地公园

湖南南洲国家湿地公园被国家林业局林湿发〔2011〕273 号文件

(《国家林业局关于同意浙江杭州湾等 54 处湿地开展国家湿地公园试点工作的通知》) 纳入试点单位, 于 2011 年开始试点工作, 2016 年 8 月通过国家林业局的验收。

湖南南洲国家湿地公园位于湖南省北隅的南县境内, 是洞庭湖重要腹地和心脏地带, 北依长江, 四面环洞庭, 是东、西洞庭湖走廊地带, 主要包括淞澧洪道, 南从茅草街开始, 向西包括天星洲大部分、再西洲、北洲子、护山洲、顶兴垸、五公滩、张家湾、龙船洲、中洲、乐安垸、大佑垸、年丰垸、达峰洲, 北至马泗脑; 藕池河贯穿南县境内的中支、西支的全部及包含的洲垸; 南茅运河及其沿岸 14 米缓冲区域; 沱江水库及其沿岸 14 米缓冲区域, 规划总面积 11383.5 公顷。

（九）大通湖国家湿地公园

2014 年 12 月 31 日, 国家林业局批复湖南大通湖国家湿地公园开展试点建设工作, 主要包括大通湖湖泊全部、金盆河、老河口运河全部, 规划总面积 9906.9 公顷。

大通湖素有"三湘第一湖"之称, 东临东洞庭、南连南洞庭、西注目平湖、北纳藕池水, 四通八达而名"大通湖", 是洞庭湖的"心脏", 是湖南省最大的内陆淡水湖泊。

湖南大通湖国家湿地公园是以大通湖湿地生态资源为基础, 以自然湖泊的水质与生态功能保护为核心, 以生态教育、生态休闲为重点, 集湿地功能和湿地文化展示、湿地科研、监测和宣教、防洪调蓄于一体的国家级湿地公园。

湿地公园湖泊特征明显, 人文底蕴浓厚, 区位条件优越, 是开展生态旅游和休闲度假的理想场所, 也是科普教育、科学研究、教学实习、观鸟和青少年自然知识教育的良好基地。

（十）张谷英村

张谷英村，属湖南省岳阳市岳阳县张谷英镇，位于岳阳县以东的渭洞笔架山下，专家认为，张谷英村建筑规模之大，建筑风格之奇，建筑艺术之美，堪称"天下第一村"，其已存在500多年。

2001年6月25日被公布为全国重点文物保护单位，2003年被评为中国历史文化名村。有"天下第一村""民间故宫"之称。

张谷英村保留了1700多座明清建筑。

相传明代洪武年间（1368～1397），江西人张谷英沿幕阜山脉西行至渭洞，见这里层山环绕，形成一块盆地，自然环境优美，顿生在此定居的念头。

张谷英是位风水先生，他经过细致勘测后，选择了这块宅地，便大兴土木，繁衍生息，张谷英村由此而得名。

张谷英村几经沧桑，基本上保留了原状。比较完整的门庭有"上新层""当大门""潘家冲"三栋。

规格不等而又相连的每栋门庭都由过厅、会面堂层、祖宗堂屋、后厅等"四进"及其与厢房、耳房等形成的三个天井组成。顺着屋脊望去，张谷英村整个建筑就变成了无数个"井"字。

厅堂里廊栉比，天井棋布，工整严谨，建筑材料以木为主，以青砖花岗岩为辅。

参考文献

［1］窦鸿身、姜加虎主编《洞庭湖》，中国科学技术大学出版社，2000。

［2］王克英主编《洞庭湖治理与开发》，湖南人民出版社，1998。

［3］陶澍、万年淳修纂《洞庭湖志》，何培金点校，岳麓书社，2003。

［4］卞鸿翔等编著《洞庭湖的变迁》，湖南科学技术出版社，1993。

［5］方春明、毛继新、鲁文：《长江中游与洞庭湖泥沙问题研究》，中国水利水电出版社，2004。

［6］施金炎主编《洞庭史鉴——洞庭湖区域发展研究》，湖南人民出版社，2002。

［7］李仪祉：《整理洞庭湖之意见》，扬子江水利委员会，1932。

［8］高碧云：《洞庭湖经济史话》，方志出版社，2005。

［9］李跃龙主编《洞庭湖志》，湖南人民出版社，2013。

［10］熊剑：《洞庭天下水：洞庭湖水文化研究》，湖南大学出版社，2008。

［11］湖南省国土资源厅编著《洞庭湖历史变迁地图集》，湖南地图出版社，2011。

［12］曾继辉修纂《洞庭湖保安湖田志》，何培金点校，岳麓书社，2008。

［13］李琳：《洞庭湖水神信仰研究》，湖南人民出版社，2012。

[14] 李跃龙等：《洞庭湖的演变、开发和治理简史》，湖南大学出版社，2014。

[15] 湖南省水利水电厅：《洞庭湖水利志》，1989。

[16] 湖南省科学技术情报研究所：《洞庭湖的演变及其综合治理》，1981。

[17] 湖南省洞庭湖堤垸修复工程指挥部编《洞庭湖堤垸修复工程重要资料汇编》，1955。

[18] 洞庭湖变迁课题组编《洞庭湖区环境变迁与农业发展概况》，湖南省农业区划办，1984。

[19] 张修桂：《云梦泽的演变与下荆江河曲的形成》，《复旦学报》（社会科学版）1980年第2期。

[20] 连丽聪等：《民国中期湖南洞庭湖区耕地空间格局重建》，《地球信息科学学报》2020年第5期。

[21] 郭海：《1935年洞庭湖地区水灾及其救济研究》，《农业考古》2019年第6期。

[22] 刘志刚：《人与自然的共业：清代至民国洞庭湖区湖田围垦的兴盛与衰败》，《暨南学报》（哲学社会科学版）2019年第7期。

[23] 车群：《西洞庭湖区及沅、澧河道的历史变迁与汉寿县、常德县血吸虫病流行》，《苏州大学学报》（哲学社会科学版）2018年第5期。

[24] 唐潮：《论抗战时期洞庭湖区水稻产量与农业发展水平》，《学理论》2017年第12期。

[25] 刘志刚：《清代以来洞庭湖区渍涝特征与灾害防治》，《华南农业大学学报》（社会科学版）2017年第5期。

[26] 谭勇：《从云梦泽到洞庭湖》，《中国三峡》2017年第5期。

[27] 刘志刚：《清代洞庭湖治理中的政府行为及其影响》，《武陵学

刊》2017 年第 3 期。

[28] 刘志刚：《清代至民国洞庭湖区水利治理的发展与困境》，《东北师大学报》（哲学社会科学版）2016 年第 5 期。

[29] 康琼：《人与自然的和谐文化——洞庭湖水神信仰的思考》，《湖南省社会主义学院学报》2015 年第 3 期。

[30] 余德清：《反演洞庭 60 年变迁史——洞庭湖生态经济区地理国情监测》，《国土资源导刊》2014 年第 8 期。

[31] 李镇：《驰利予民：宋元时期洞庭湖区水面与沙洲的经营理念》，《云梦学刊》2014 年第 3 期。

[32] 严俊杰、黄正泉：《洞庭湖区村落经济转型的历史考察》，《农业考古》2014 年第 1 期。

[33] 管益敏、万敏：《基于洞庭湖流域聚落的乡土文化探索》，《生态经济》2013 年第 5 期。

[34] 李琳、李英：《洞庭湖区杨泗将军信仰的在地化研究》，《文化遗产》2013 年第 2 期。

[35] 王晓天：《民国时期洞庭湖区之渔业》，《求索》2013 年第 2 期。

[36] 刘志刚：《近三十年来洞庭湖地区生态环境史研究述评》，《南京农业大学学报》（社会科学版）2012 年第 4 期。

[37] 李镇：《社会经济史与湖南的区域研究——以明清时期洞庭湖区的宗族与垸田为中心》，《湖南大学学报》（社会科学版）2012 年第 4 期。

[38] 李琳：《洞庭湖区孟姜女信仰的文化人类学考察》，《文化遗产》2012 年第 2 期。

[39] 周书灿：《洞庭湖流域初期社会复杂化与文明化进程研究》，《苏州大学学报》（哲学社会科学版）2012 年第 1 期。

[40] 李琳：《水神信仰与洞庭湖渔业文化》，《云梦学刊》2012 年第

1 期。

[41] 李琳:《洞庭湖流域的文化品格》,《求索》2011 年第 9 期。

[42] 李琳:《洞庭湖水神信仰的历史变迁》,《民俗研究》2010 年第 4 期。

[43] 李云安、柳清:《论洞庭湖区传统年节民俗的人本气韵》,《中北大学学报》(社会科学版) 2010 年第 1 期。

[44] 罗康隆、刘景慧:《13 世纪以来洞庭湖围湖造田的文化逻辑分析》,《船山学刊》2010 年第 1 期。

[45] 戴小兵:《1950—1955 年湖南洞庭湖区血吸虫病防治历史研究》,《湘潭师范学院学报》(社会科学版) 2009 年第 3 期。

[46] 李琳:《环洞庭湖民歌中的民俗及其文化内涵》,《湖南农业大学学报》(社会科学版) 2008 年第 5 期。

[47] 董谋勇:《清代洞庭湖平原水稻生产兴盛原因探析》,《遵义师范学院学报》2006 年第 5 期。

[48] 董力三:《历史时期洞庭湖地区城镇职能的演变》,《经济地理》2006 年第 3 期。

[49] 陈湘源:《浅谈洞庭湖景观文化特色》,《岳阳职业技术学院学报》2006 年第 1 期。

[50] 钟兴永:《洞庭湖堤垸的兴废及其历史作用》,《云梦学刊》2005 年第 6 期。

[51] 程功弼:《江汉—洞庭湖区新石器遗址分布与河湖演变的联系性》,《安徽师范大学学报》(自然科学版) 2005 年第 2 期。

[52] 杜耘:《洞庭湖新石器文化遗址与古环境》,《华中师范大学学报》(自然科学版) 2002 年第 4 期。

[53] 彭民科:《远古湖湘水文化的时空透视与洞庭湖船文化溯源》,《云梦学刊》2002 年第 3 期。

［54］徐红：《宋代洞庭湖区水灾与人口、垦荒的关系》，《船山学刊》
2000 年第 3 期。

［55］杨果、郭祥文：《宋代洞庭湖平原市镇的发展及其地理考察》，
《求索》2000 年第 1 期。

［56］吴小平、吴建民：《洞庭湖区新石器时代遗址的分布与古环境变
迁的关系》，《东南文化》1998 年第 1 期。

［57］何介钧：《洞庭湖区的早期农业文化》，《华夏考古》1997 年第
1 期。

［58］向安强：《洞庭湖区史前农业初探》，《农业考古》1993 年第
1 期。

［59］熊伟民：《清朝洞庭湖区围垦问题》，《益阳师专学报》1992 年第
3 期。

［60］张步天：《洞庭湖区历史时期手工业的初步研究》，《益阳师专学
报》1991 年第 3 期。

［61］张步天：《洞庭湖区历史人口状况分析》，《益阳师专学报》1990
年第 3 期。

［62］何业恒：《洞庭湖区水利事业的历史兴废》，《益阳师专学报》
1987 年第 3 期。

［63］何介钧：《洞庭湖区新石器时代文化》，《考古学报》1986 年第
4 期。

［64］何业恒、卞鸿翔：《洞庭湖自然环境的历史变迁》，《自然杂志》
1984 年第 6 期。

［65］沈玉昌：《洞庭湖之水文》，《地理学报》1950 年第 1 期。

后　记

　　洞庭湖是中国最重要的淡水湖泊，是湖湘文化的重要发源地，是思想的湖、文化的湖。仅从水的权重上说，洞庭湖对湖南省的影响超过长江，这也是湖南省由过去的"江南"变成现在湖南的主要原因。洞庭湖的研究，之前主要聚焦于水文、水利工程、民生和经济建设等方面，随着时代的发展和社会进步，学术界开始关注湖区的文化和生态。仅就文化方面而言，中国科学院南京湖泊与地理研究所倡导在先，他们以湖泊科学研究者身份开展水文化的研究，在 2000 年出版的专著《洞庭湖》中，用专门章节梳理总结湖区水文化。之后，洞庭湖研究园地中文化专题研究取得了一系列的成果，主要有施金炎主编的《洞庭史鉴》，李跃龙主编的《洞庭湖志》，李跃龙、李丹青编著的《堤垸与洞庭湖区社会》，姜加虎等编著的《洞庭湖与古云梦泽的演变及荆湘水文化》，以及李琳的专著《洞庭湖水神信仰研究》等等。我们尽量吸收和运用这一批研究成果，在此向他们表达衷心的感谢!

　　本书各章节编写和附录内容选取分工如下：李跃龙编撰第三、四、五章，杨斌编写第一、二、六章和附录部分。

　　此次湖南省湘学研究院组织规划的"湖南流域文化研究"，把"洞庭湖区文化研究"作为子课题纳入丛书出版，为我们系统梳理总结洞庭湖区文化提供了难得的机会，在学习总结已有研究成果的基础上，形成一个相对完整的框架。洞庭湖文化形成了它独有的核心内容及其体系，为诸湖所无，极其难能可贵，称得上"五湖之首"这个名号，把洞庭湖从中国最重要的淡水湖泊提升到中国传统文化"湖长"的高度，是站得住脚的。

本书编者

2022 年 5 月

图书在版编目（CIP）数据

洞庭湖区文化研究/李跃龙，杨斌编著．－－北京：
社会科学文献出版社，2022.8
　（湖南流域文化丛书）
　ISBN 978 - 7 - 5228 - 0271 - 8

　Ⅰ.①洞…　Ⅱ.①李…②杨…　Ⅲ.①洞庭湖－湖区
－文化研究　Ⅳ.①K928.43

　中国版本图书馆 CIP 数据核字（2022）第 106164 号

湖南流域文化丛书
洞庭湖区文化研究

编　　著／李跃龙　杨　斌

出 版 人／王利民
组稿编辑／邓泳红
责任编辑／吴云苓
文稿编辑／林含笑
责任印制／王京美

出　　版／社会科学文献出版社·皮书出版分社（010）59367127
　　　　　地址：北京市北三环中路甲 29 号院华龙大厦　邮编：100029
　　　　　网址：www. ssap. com. cn
发　　行／社会科学文献出版社（010）59367028
印　　装／三河市龙林印务有限公司

规　　格／开　本：787mm × 1092mm　1/16
　　　　　印　张：21.75　字　数：279 千字
版　　次／2022 年 8 月第 1 版　2022 年 8 月第 1 次印刷
书　　号／ISBN 978 - 7 - 5228 - 0271 - 8
定　　价／98.00 元

读者服务电话：4008918866